Die Vererbung von Anteilen an einer Private Company Limited by Shares

T0326642

Europäische Hochschulschriften

Publications Universitaires Européennes
European University Studies

**Reihe II
Rechtswissenschaft**

Série II   Series II
Droit
Law

Bd./Vol. 4740

PETER LANG

Frankfurt am Main · Berlin · Bern · Bruxelles · New York · Oxford · Wien

Daniel Jenderek

Die Vererbung von Anteilen an einer Private Company Limited by Shares

PETER LANG
Internationaler Verlag der Wissenschaften

Bibliografische Information der Deutschen Nationalbibliothek
Die Deutsche Nationalbibliothek verzeichnet diese Publikation
in der Deutschen Nationalbibliografie; detaillierte bibliografische
Daten sind im Internet über <http://www.d-nb.de> abrufbar.

Zugl.: Göttingen, Univ., Diss., 2008

Gedruckt auf alterungsbeständigem,
säurefreiem Papier.

D 7
ISSN 0531-7312
ISBN 978-3-631-58093-6

© Peter Lang GmbH
Internationaler Verlag der Wissenschaften
Frankfurt am Main 2008
Alle Rechte vorbehalten.

Printed in Germany 1 2 3 4 5 7

www.peterlang.de

für Claudia

Vorwort

Die vorliegende Arbeit wurde von der Juristischen Fakultät der Georg-August-Universität zu Göttingen im Wintersemester 2007/2008 als Dissertation angenommen.

Mein besonderer Dank gilt Frau Prof. Dr. Renate Schaub, LL. M. (Bristol), die diese Arbeit betreut hat. Frau Prof. Dr. Schaub hat trotz ihrer erheblichen zeitlichen Belastung immer wieder die Zeit gefunden, die fertig gestellten Teile der Arbeit zu lesen und kritisch mit mir zu besprechen. Nicht zuletzt diese Besprechungen haben mich immer wieder motiviert, einzelne Gedanken voranzutreiben. Diese Arbeit hätte ohne das Interesse, das Frau Prof. Dr. Schaub ihr und ihrem Thema entgegengebracht hat, so nicht entstehen können.

Frau Prof. Dr. Christiane Wendehorst, LL. M. (Cantab.) danke ich für die Erstellung des Zweitgutachtens.

Stuttgart im März 2008   *Daniel Jenderek*

Inhaltsübersicht

Inhaltsverzeichnis

Abkürzungsverzeichnis

a. A.	anderer Ansicht
a. a. O.	am angegebenen Ort
a.E.	am Ende
ABl. EG	Amtsblatt der Europäischen Gemeinschaften (Ausgabe C: Mitteilungen und Bekanntmachungen; Ausgabe L: Rechtsvorschriften)
Abs.	Absatz
AC	Law Reports: Appeal Cases
AEA	Administration of Estates Act
AG	Die Aktiengesellschaft [Zeitschrift]/Amtsgericht
AktG	Gesetz über Aktiengesellschaften und Kommanditgesellschaften auf Aktien (Aktiengesetz)
All ER	All England Law Reports
Allg. M.	Allgemeine Meinung
AnwaltkommBGB	Anwaltkommentar BGB
AnwBl	Anwaltsblatt
AppCas	Law Reports: Appeal Cases, House of Lords and Privy Council, 15 Volumes, 1875–1890
Art.	Artikel
AS	Amtliche Sammlung des Schweizer Bundesrechts
Az.	Aktenzeichen
BayObLG	Bayerisches Oberstes Landgericht
BB	Betriebs-Berater
BC	Bilanzbuchhalter und Controller
BCLC	Butterworths Company Law Cases
Begr.	Begründer
BerDtGesVR	Berichte der deutschen Gesellschaft für Völkerrecht
Beschl.	Beschluss
Bespr.	Besprechung
BGB	Bürgerliches Gesetzbuch
BGBl	Bundesgesetzblatt
BGH	Bundesgerichtshof

BGHZ	Amtliche Sammlung der Entscheidungen des Bundesgerichtshofs in Zivilsachen
BR-Drucks.	Bundesratsdrucksache
Bsp.	Beispiel
BT-Drucks.	Bundestagsdrucksache
BV	Besloten Vennootschap met beperkte aansprakelijkheid
BVerfG	Bundesverfassungsgericht
BVerfGE	Amtliche Sammlung der Entscheidungen des Bundesverfassungsgerichts
CA	Companies Act/Court of Appeal
Ch	Law Reports: Chancery Division (3rd Series) 1891-
ChD	Law Reports: Chancery Division (2nd Series) 1875–90
CLJ	The Cambridge Law Journal
DB	Der Betrieb
ders.	derselbe
DNotI	Deutsches Notarinstitut
DNotZ	Deutsche Notar-Zeitschrift
DStR	Deutsches Steuerrecht
DTI	Department of Trade and Industry
DZWIR	Deutsche Zeitschrift für Wirtschaftsrecht
EFTA	European Free Trade Association
EG	Europäische Gemeinschaft(en)/Vertrag zur Gründung der Europäischen Gemeinschaft
EGBGB	Einführungsgesetz zum Bürgerlichen Gesetzbuch
EGV	Vertrag zur Gründung der Europäischen Gemeinschaft
EinlIPR	Einleitung zum Internationalen Privatrecht im Münchener Kommentar zum BGB
ErbR	Erbrecht
EU	Europäische Union/Vertrag über die Europäische Union
EuGH	Gerichtshof der Europäischen Gemeinschaft
EuGVO	Verordnung (EG)Nr. 44/2001 des Rates über die gerichtliche Zuständigkeit und die Anerkennung und Vollstreckung von Entscheidungen in Zivil- und Handelssachen vom 22.12.2000

EuGVÜ	Brüsseler EWG-Übereinkommen über die gerichtliche Zuständigkeit und die Vollstreckung gerichtlicher Entscheidungen in Zivil- und Handelssachen vom 27.09.1968
EUV	Vertrag über die Europäische Union
EuZW	Europäische Zeitschrift für Wirtschaftsrecht
EWG	Europäische Wirtschaftsgemeinschaft
EWGV	Vertrag zur Gründung der Europäischen Wirtschaftsgemeinschaft
EWiR	Entscheidungen zum Wirtschaftsrecht
f.	folgende [Seite]
FamRZ	Zeitschrift für das gesamte Familienrecht
ff.	folgende [Seiten]
FGG	Gesetz über die Angelegenheit der freiwilligen Gerichtsbarkeit
Fn.	Fussnote
FS	Festschrift
GA	Generalanwalt
GbR	Gesellschaft Bürgerlichen Rechts
GesE	Gesetzesentwurf
GesR	Gesellschaftsrecht
GewArch	Gewerbearchiv
GmbH	Gesellschaft mit beschränkter Haftung
GmbH & Co. KG	Gesellschaft mit beschränkter Haftung und Compagnie Kommanditgesellschaft
GmbHG	Gesetz betreffend die Gesellschaft mit beschränkter Haftung
GmbHR	GmbH-Rundschau
GroßkommHGB	Staub, Großkommentar Handelsgesetzbuch
GVG	Gerichtsverfassungsgesetz
h. M.	herrschende Meinung
HGB	Handelsgesetzbuch
Hk-BGB	Handkommentar zum BGB
HL	House of Lords
HöfeO	Höfeordnung
Hrsg.	Herausgeber
i. H. v.	in Höhe von
i. V. m.	in Verbindung mit
IntGesR	Internationales Gesellschaftsrecht
IntSachenR	Internationales Sachenrecht
IPR	Internationales Privatrecht

IPRax	Praxis des Internationalen Privat- und Verfahrensrechts
IPRG	Bundesgesetz vom 18. Dezember 1987 über das Internationale Privatrecht [Schweiz]
IStR	Internationales Steuerrecht
JA	Juristische Arbeitsblätter
Jb.J.ZivRWiss.	Jahrbuch Junger Zivilrechtswissenschaftler
JURA	Juristische Ausbildung
JuS	Juristische Schulung
JZ	Juristenzeitung
KG	Kommanditgesellschaft/Kammergericht
KOM	Dokumente der Europäischen Kommission
Komm.	Kommentar
LG	Langericht
ltd.	private company limited by shares
Ltd. & Co. KG	private company limited by shares und Compagnie Kommanditgesellschaft
m. (abl.) Anm.	mit (ablehnender) Anmerkung
m. w. Nachw.	mit weiteren Nachweisen
m.b.H.	mit beschränkter Haftung
MDR	Monatsschrift für Deutsches Recht
MindestkapG	Gesetz zur Neuregelung des Mindestkapitals der GmbH
MoMiG	Gesetz zur Modernisierung des GmbH-Rechts und zur Bekämpfung von Missbräuchen
MünchKommBGB	Münchener Kommentar zum BGB
NCPR	Non-Contentious Probate Rules
NJW	Neue Juristische Wochenschrift
NJW-RR	NJW-Rechtsprechungsreport Zivilrecht
No	number
Nr.	Nummer
NZG	Neue Zeitschrift für Gesellschaftsrecht
OHG	offene Handelsgesellschaft
OLG	Oberlandesgericht
P	Law Reports: Probate (3rd series) 1891–1971
para	paragraph
PC	Privy Council
PDA	Probate, Divorce and Admiralty Division
plc	public company limited by shares
PWW	Prütting/Wegen/Weinreich BGB-Kommentar

RabelsZ	Zeitschrift für ausländisches und internationales Privatrecht
RefE	Referentenentwurf
reg / r.	regulation
RegE	Regierungsentwurf
RIW	Recht der Internationalen Wirtschaft
Rn.	Randnummer
Rs.	Rechtssache
s.	section
S.	Seite
s. o.	siehe oben
SA	Société anonyme
sched.	schedule
SI	Statutory Instrument
Slg.	Sammlung der Rechtsprechung des Gerichtshofs der Europäischen Gemeinschaft
UE	Union européenne
UmwG	Umwandlungsgesetz
USA	UnitedStates of America
v	versus
v.	vom/von
vgl.	vergleiche
VO	Verordnung
WFBV	Wet op de formeel buitenlandse vennootschappen
WLR	Weekly Law Reports
WM	Wertpapier-Mitteilungen: Zeitschrift für Wirtschafts- und Bankrecht
z. B.	zum Beispiel
ZErb	Zeitschrift für Steuer- und Erbrechtspraxis
ZEV	Zeitschrift für Erbrecht und Vermögensnachfolge
ZGR	Zeitschrift für Unternehmens- und Gesellschaftsrecht
ZHR	Zeitschrift für das gesamte Handelsrecht und Wirtschaftsrecht
ZIP	Zeitschrift für Wirtschaftsrecht
ZNotP	Zeitschrift für die Notarpraxis
ZVglRWiss	Zeitschrift für vergleichende Rechtswissenschaft

I. Einleitung

1. Die Ausgangkonstellation

a) Problemstellung

Als Folge der Entscheidungen des Gerichtshofs der Europäischen Gemeinschaft (EuGH) „Centros"[1], „Überseering"[2] und „Inspire Art"[3] treten im europäischen Ausland gegründete Gesellschaften vermehrt auch in Deutschland auf. Der Auslandsbezug dieser Gesellschaften reduziert sich zumeist auf den Gründungsakt und, bei entsprechenden Vorgaben, auf die laufenden Rechenschaftspflichten nach dem Recht des Gründungsstaats. Die Wahl für eine solche Gesellschaft fällt dabei häufig auf die „Limited", die in England gegründete *private company limited by shares (ltd.)*.

Dabei ist ein Problem bislang weitestgehend unbeachtet geblieben[4]: Was geschieht mit den Anteilen an einer solchen Gesellschaft, die ein Deutscher in England als Ein-Mann-Gesellschaft mit einem Startkapital von 1 £ wirksam gegründet hat und die er immer von Deutschland aus in Form einer ordnungsgemäß angemeldeten Zweigniederlassung betrieben hat, wenn der Deutsche stirbt?

Diese Frage und die ihr zugrunde liegende Situation bilden die Ausgangskonstellation für die folgenden Überlegungen. Sie führen zu einer Auseinandersetzung mit dem bereits im deutschen Recht problematischen Verhältnis zwischen Erb- und Gesellschaftsrecht, das nun durch die Berücksichtigung ausländischer Gesellschaftsformen noch weiter verkompliziert wird.

b) Gerichtliche Internationale Zuständigkeit

Die vorliegende Arbeit soll vorrangig die sachrechtlichen und internationalprivatrechtlichen Mechanismen des deutschen und englischen Rechts erläutern, die greifen, wenn englische Gesellschaftsanteile Teil eines Nachlasses sind. Bei der Bewältigung der Ausgangskonstellation ist aber auch ein Seitenblick auf die Regeln des Internationalen Zivilprozessrechts zu

---

[1] Rs. C-212/97, Slg. 1999, S. I–1459 – Centros.
[2] Rs. C-208/00, Slg. 2002, S. I–9919 – Überseering.
[3] Rs. C-167/01, Slg. 2003, S. I–10155 – Inspire Art.
[4] Eine Ausnahme bilden von Oertzen/Cornelius, ZEV 2006, 106.

werfen. Ein Auslandsbezug ist dadurch gegeben, dass Teile des Nachlasses in England belegen sind.[5] Sind die Erben des Deutschen in der Ausgangskonstellation ebenfalls Deutsche, werden sie zunächst versuchen, etwaige Streitigkeiten vor deutschen Gerichten auszutragen. Das ist in prozessualer Hinsicht dann möglich, wenn die internationale Zuständigkeit deutscher Gerichte eröffnet ist.

Zunächst sind vorrangige völkerrechtliche und gemeinschaftsrechtliche Übereinkommen zu beachten. Erbrechtliche Angelegenheiten sind von der EuGVO[6] gemäß Art. 1 Abs. 2 lit. a) und vom Luganer Übereinkommen[7] gemäß Art. 1 Abs. 2 Nr. 1 nicht erfasst. Sind ansonsten, wie vorliegend im Verhältnis zum Vereinigten Königreich der Fall, keine staatsvertraglichen Nachlassabkommen einschlägig, ist die Zuständigkeit nach den allgemeinen Regeln zu bestimmen.

Nach den allgemeinen Regeln des autonomen deutschen internationalen Zivilprozessrechts indiziert die örtliche die internationale Zuständigkeit.[8] Die internationale Zuständigkeit wird daher häufig durch den allgemeinen Gerichtsstand am Wohnsitz des Beklagten nach den §§ 12, 13 ZPO begründet werden. Daneben hält § 27 ZPO einen besonderen Gerichtsstand der Erbschaft bereit, der noch durch § 28 ZPO erweitert wird. Nach § 27 Abs. 1 ZPO können die in dieser Vorschrift genannten Erbschaftsklagen vor dem Gericht erhoben werden, bei dem der Erblasser im Zeitpunkt des Todes seinen allgemeinen Gerichtsstand hatte. Fehlt ein solcher allgemeiner Gerichtsstand, hält § 27 Abs. 2 ZPO für die Beerbung eines deutschen Staatsangehörigen stets einen inländischen Gerichtsstand bereit. Schließlich kommt eine Zuständigkeitsbegründung durch den Vermögensgerichtsstand des § 23 ZPO in Betracht, falls etwa die englischen Gesellschaftsanteile nicht den alleinigen Nachlass bilden, was in der Regel der Fall sein dürfte.

Bei der gerichtlichen Austragung von Streitigkeiten in Deutschland ist jedoch zu beachten, dass diese sinnvollerweise nur auf Geld gerichtet sein

---

[5] Vgl. Schack, IZVR, S. 3 Rn. 8; Geimer, IZPR, S. 4 Rn. 10.

[6] Verordnung (EG) Nr. 44/2001 des Rats über die gerichtliche Zuständigkeit und die Anerkennung und Vollstreckung von Entscheidungen in Zivil- und Handelssachen vom 22.12.2000, ABl. EG 2000, L 12/01. Im Verhältnis zu Dänemark gilt weiterhin das – insoweit inhaltsgleiche – Brüsseler EWG-Übereinkommen über die gerichtliche Zuständigkeit und die Anerkennung und Vollstreckung von Entscheidungen in Zivil- und Handelssachen (EuGVÜ) vom 27.09.1968, BGBl. 1972 II, S. 774, a. a. O. Präambel Nr. 22.

[7] Luganer Übereinkommen über die gerichtliche Zuständigkeit und die Vollstreckung gerichtlicher Entscheidungen in Zivil- und Handelssachen vom 16.09.1988, BGBl. 1994 II, S. 2660; in: Jayme/Hausmann, Nr. 152.

[8] Allg. M., siehe nur Schack, IZVR, S. 86 Rn. 236 m. w. Nachw.

können und nicht unmittelbar z. B. auf Übertragung der Gesellschaftsanteile nach englischem Recht. Begründet ist diese Einschränkung zum einen in den erbrechtlichen Besonderheiten des *Common-Law*-Rechtskreises, die sich auch auf das Gesellschaftsrecht auswirken.[9] Zum anderen sind die Vorschriften der EuGVO über die Anerkennung (Art. 33 ff. EuGVO) und Vollstreckung (Art. 38 ff. EuGVO) auf dem Gebiet des Erbrechts einschließlich des Testamentsrechts nicht anwendbar.[10] Daher ist auf die allgemeinen englischen Regeln zur Anerkennung und Vollstreckung von ausländischen Entscheidungen zurück zu greifen. Nach diesen Regeln sind vollstreckbar aber nur von dem zuständigen Gericht erlassene, (vorläufig) vollstreckbare Endurteile, die auf *Zahlung einer bestimmten Geldsumme* lauten.[11] Eine erbrechtliche Auseinandersetzung mit gesellschaftsrechtlichem Hintergrund muss daher in England geführt werden.[12]

2. Die Verbreitung der „Limited"

Die *private company limited* ist der in Großbritannien am häufigsten verbreitete Gesellschaftstypus. Mit Stand vom 31.03.2006 waren in Großbritannien ca. 2 113 400 *private companies limited* eingetragen.[13] Bereits im Jahr 2004 wurde ein „Boom" des Auftretens dieser Rechtsform in Deutschland festgestellt.[14] Statistischen Untersuchungen zur Folge, sollen bis Dezember 2005 insgesamt ca. 30 300 *private companies limited* mit

---

[9] Diese sind dargestellt in Kapitel V.2.b): Der Nachlass geht auf einen Zwischenerwerber über, gegen den nur ein Auszahlungsanspruch besteht. Die Durchführung der Nachlassverwaltung ist zwingend.

[10] Gemäß Art. 1 Abs. 2 lit. a) EuGVO. Siehe dazu auch Schack, IZVR, S. 118 Rn. 321. Zur Zwangsvollstreckung deutscher Titel in Großbritannien, die unter die EuGVO fallen, Buchold, NJW 2007, 2734.

[11] Dicey and Morris on The Conflict of Laws, S. 474, Rn. 14R-018; Halsbury's Laws of England, para 156. Das korrespondiert damit, dass auf einzelne Nachlassgegenstände aufgrund der Besonderheiten des englischen Erbrechts kein Anspruch besteht, siehe Kapitel V.2.b)cc)aaa).

[12] Siehe dazu die Ausführungen zur Durchführung der Erbschaftsverwaltung an Gesellschaftsanteilen in den Kapiteln V. und VI. Zu anwendbarem Recht und Gerichtsstand bei Abberufung und Bestellung eines *directors* einer in Deutschland tätigen *private company limited by shares* siehe Stöber, GmbHR 2006, 1146. Zum Gerichtsstand von Gesellschaften unter Berücksichtigung der Auswirkungen der Rechtsprechung des EuGH zur Niederlassungsfreiheit auf das Internationale Zivilprozessrecht siehe Ringe, IPRax 2007, 388.

[13] Department of Trade and Industry (DTI), Companies in 2005–2006, S. 14, Table A2. Der Bericht ist abrufbar im Internet unter www.berr.gov.uk/files/file34501.pdf.

[14] Happ/Holler, DStR 2004, 730 mit Verweis auf Gehrmann, DIE ZEIT 08/2004 v. 12.2.2004, S. 22. Zur Wahrnehmung der *private company limited* in der Praxis siehe Bayer/Hoffmann, GmbHR 2007, 414.

Verwaltungssitz in Deutschland gegründet worden sein.[15] Dabei ist davon auszugehen, dass ca. 2 600 dieser Gesellschaften bereits wieder aufgelöst wurden.[16] Bis zum 01.11.2006 soll die Anzahl der Gründungen auf mehr als 46 000 angestiegen sein.[17] Andere Untersuchungen kommen auf etwa 48 000 aus Deutschland heraus bis zum Ende des Jahres 2006 in Großbritannien gegründete *private companies limited.*[18] Deutschland stellt nach Großbritannien mittlerweile die größte Anzahl an Leitern (*directors*) von englischen *private companies limited.*[19]

Dabei kann davon ausgegangen werden, dass die *private company limited by shares* die in Deutschland verbreiteste Form der *private company limited* darstellt.[20]

3. Sitzverlegungsrichtlinie

Zur Abgrenzung des Themas soll an dieser Stelle noch auf eine europäische Richtlinieninitiative eingegangen werden, ohne die im folgenden Kapitel vorgenommene Abgrenzung zwischen tatsächlichem Sitz oder Verwaltungssitz und Satzungs- oder Gründungssitz vorweg zu nehmen: Im Jahr 1997 wurde von der Kommission der Europäischen Gemeinschaften ein Vorentwurf für eine 14. Richtlinie des Europäischen Parlaments und des Rates auf dem Gebiet des Gesellschaftsrechts über die grenzüberschrei-

---

[15] Westhoff, GmbHR 2006, 525 (526). Kritisch zu dieser Zahl und der Methodik dieser Untersuchung Niemeier, ZIP 2006, 2237 (2243), der auf ca. 20 000 Neugründungen von *private companies limited* bis Ende 2005 kommt. Zu den vermutlichen Defiziten bei der Eintragung dieser Neugründungen in das Handelsregister Kornblum, GmbHR 2007, 25 (33 f.), der von einer Gesamtzahl von nur etwa 7 000 in das Handelsregister eingetragenen Zweigniederlassungen ausgeht.

[16] Westhoff, GmbHR 2006, 525 (527). Niemeier, ZIP 2006, 2237 (2241 f.) geht davon aus, dass mehr als jede zweite Gründung nach ein bis zwei Jahren wieder aufgegeben wird.

[17] Westhoff, GmbHR 2007, 474. Rund 40 000 davon sollen nach Westhoff, a. a. O., S. 480, aktiv sein. Wiederum kritisch zu diesen Zahlen Kornblum, GmbHR 2008, 19 (25), der von knapp 14 000 am 01.01.2007 in Deutschland eingetragenen Zweigniederlassungen von Kapitalgesellschaften jeglichen ausländischen Rechts ausgeht. Den Zenit an Gründungen für überschritten hält Niemeier, ZIP 2007, 1794.

[18] Becht/Mayer/Wagner, Where Do Firms Incorporate?, S. 23. Erhältlich im Internet unter http://ssrn.com/abstract=906066. Im Jahr 2006 wurden nach dieser Untersuchung 16 438 *private companies limited* mit mehrheitlich deutschen *directors* gegründet, 2005 13 728, 2004 9 618, 2003 2 516, 2002 950, 2001 516, 2000 233, 1999 277, 1998 279 und 1997 258, a. a. O., S. 28 Table 3 Panel A.

[19] Becht/Mayer/Wagner, Where Do Firms Incorporate?, S. 14 und S. 28/29 Table 3.

[20] So auch Westhoff, GmbHR 2007, 474; Bayer/Hoffmann, GmbHR 2007, 414 und Kornblum, GmbHR 2008, 19 (25). Zu dieser Rechtsform und zu den Unterschieden zu der *public company limited* und der *private company limited by guarantee* siehe Kapitel V.2.c)cc)aaa)(3).

tende Verlegung des Satzungssitzes von Kapitalgesellschaften vorgelegt.[21] Dieser Vorschlag wurde in den Aktionsplan zur Modernisierung des Gesellschaftsrechts und Verbesserung der Corporate Governance in der Europäischen Union vom 21.5.2003 integriert.[22] Bis zum 15.4.2004 fand eine öffentliche Konsultation zur Sitzverlegungsrichtlinie im Internet statt.[23]

Nach den Erläuterungen zur öffentlichen Konsultation zur Sitzverlegungsrichtlinie sollen die Fragen, die sich bei der Verlegung des Satzungssitzes und bei der Verlegung des tatsächlichen Sitzes stellen, getrennt behandelt werden. Das Problem der Verlegung des tatsächlichen Sitzes könne mit der zugunsten der Niederlassungsfreiheit vom EuGH in den Entscheidungen Centros, Überseering und Inspire Art entwickelten Rechtsprechung gelöst werden. Eine Verlegung des Satzungssitzes hingegen sei derzeit noch nicht in allen Mitgliedstaaten möglich.[24]

Die Probleme, die sich in der Ausgangskonstellation dadurch ergeben, dass der tatsächliche Sitz der Gesellschaft in Deutschland liegt, während der Satzungssitz in England verbleibt, werden also bestehen bleiben und müssen unabhängig von der Sitzverlegungsrichtlinie gelöst werden.[25]

---

[21] Im Folgenden Sitzverlegungsrichtlinie. Abgedruckt in ZIP 1997, 1721–1724 und ZGR 1999, 157–164. Siehe dazu Neye, GmbHR 1997, R 181; Di Marco, ZGR 1999, 3; Neye, ZGR 1999, 13; K. Schmidt, ZGR 1999, 20; Priester, ZGR 1999, 36 und Leible, ZGR 2004, 531.

[22] KOM(2003)284 (endgültig). Besprechungen bei Maul/Lanfermann/Eggenhofer, BB 2003, 1289; Habersack, NZG 2004, 1; van Hulle/Maul, ZGR 2004, 484. Im Internet erhältlich unter http://eur-lex.europa.eu/LexUriServ/LexUriServ.do?uri=COM:2003:0284:FIN:DE:PDF.

[23] Siehe http://ec.europa.eu/internal_market/company/seat-transfer/2004-consult_de.htm. Im Rahmen der Konsultation über die künftigen Prioritäten des Aktionsplans wurde seitens der Kommission auch die Frage aufgeworfen, ob überhaupt noch ein Bedarf für eine Sitzverlegungsrichtlinie besteht, was mit großer Mehrheit bejaht wurde. Der Bericht über die Konsultation ist im Internet erhältlich unter http://ec.europa.eu/internal_market/company/docs/consultation/final_report_en.pdf. Dazu Bekker, GmbHR 2006, R 297.

[24] Siehe dazu jetzt die Überlegungen des deutschen Gesetzgebers, der mit einer Streichung des § 4a Abs. 2 GmbHG eine Sitzverlegung der GmbH ins Ausland ermöglichen will, Nachw. in Kapitel II.4.c)bb).

[25] Das Schicksal der Sitzverlegungsrichtlinie ist laut Kieninger in: Sonnenberger, Vorschläge und Berichte zur Reform des europäischen und deutschen internationalen Gesellschaftsrechts, S. 588 (Fn. 22) nach Auskünften des Bundesministeriums der Justiz ungewiss. Die Europäische Kommmission hat im Dezember 2007 eine Folgenabschätzung zur Sitzverlegungsrichtlinie veröffentlicht. Da nach dieser Einschätzung kein Bedarf mehr für ein Tätigwerden auf EU-Ebene in diesem Bereich besteht, wurden die Arbeiten an diesem Thema eingestellt, siehe http://ec.europa.eu/internal_market/company/seat-transfer/index_de.htm, wo sich auch die Folgenabschätzung in englischer Sprache findet.

4. Gang der Arbeit

Die vorliegende Arbeit soll im Hinblick auf die Ausgangskonstellation zeigen, wie die Anteile an einer in England gegründeten *private company limited by shares* im Erbfall behandelt werden, deren Verwaltungssitz immer in Deutschland lag. Zunächst soll daher aus deutscher Sicht an die Problemstellung herangegangen werden. Dazu ist erst einmal die Grundlage darzulegen, die diese Überlegungen erforderlich macht: Der Wandel von der Sitz- zur Gründungstheorie durch die Rechtsprechung des EuGH. In dem Kapitel über das deutsche Gesellschaftsstatut, soll die Untersuchung über dessen Ermittlung daher zunächst isoliert und unter Berücksichtigung der Rechtsprechung des EuGH zur Niederlassungsfreiheit erfolgen. In dem darauf folgenden Kapitel sollen ebenso gesondert die Grundlagen der Ermittlung des deutschen Erbstatuts aufgezeigt werden. Dann soll das Ineinandergreifen von Erb- und Gesellschaftsstatut im deutschen Internationalen Privatrecht beleuchtet werden, also die Frage, wie das deutsche Kollisionsrecht eine Gesellschaft bzw. deren Anteile im Erbfall behandelt, die von dem Erblasser als deutschem Staatsbürger in England gegründet wurde. Als Folge hieraus wird sich zeigen, dass eine Erweiterung des Blickwinkels erforderlich ist. Weiterführend wird daher eine Darstellung erforderlich, die aufzeigt, was mit den Gesellschaftsanteilen im Erbfall geschieht und zwar nach englischem Recht. In einem abschließenden Kapitel soll dann die Behandlung deutsch-englischer Erbfälle im Bereich des Gesellschaftsrechts aus deutscher und aus englischer Perspektive erläutert werden.

II. Das Gesellschaftsstatut

1. Ausgangspunkt

Die Entscheidungen des EuGH Centros, Überseering und Inspire Art haben die Ermittlung des Gesellschaftsstatuts nach deutschem Recht maßgeblich verändert, da sie zu einer Veränderung der Anknüpfung gesellschaftsrechtlicher Fragestellungen geführt haben. Sie werden daher im Folgenden kurz dargestellt und erläutert. Zugleich sollen sie in den Kontext der Rechtsprechung des EuGH zur Niederlassungsfreiheit von Gesellschaften aus Mitgliedsländern der Europäischen Union eingebettet werden. Dabei sollen die Auswirkungen auf das deutsche Internationale Privatrecht und insbesondere das Internationale Gesellschaftsrecht vor dem Hintergrund der Ausgangskonstellation beleuchtet werden.

a) Die Frage der Anerkennung

Bevor sich die Frage stellt, welches Recht auf einen gesellschaftsrechtlichen Sachverhalt mit Auslandsbezug Anwendung findet, muss die grundlegende Entscheidung getroffen werden, ob man überhaupt die Möglichkeit akzeptiert, dass auch in ausländischen Rechtsordnungen Personen einzeln oder in Verbindung mit anderen, unter Zuhilfenahme eines normativ geschaffenen Konstrukts am Geschäftsleben teilnehmen können, das in etwa unseren rechtlichen und wirtschaftlichen Vorstellungen einer Gesellschaft (eines Verbandes) entspricht. Die Frage nach der Rechtsfähigkeit einer solchen Korporation knüpft dann an etwas Vorhandenes an, genauso wie die Rechtsfähigkeit der natürlichen Person an deren Geburt, § 1 BGB.[1] Bejaht man obige Frage, kann man es auch zulassen, dass ein fremdes Rechtssystem zur Entscheidung über beispielsweise die Rechtsfähigkeit eines Verbands berufen sein kann, weil die zugrunde liegenden Vorstellungen sich gleichen. Verneint man die Frage, sieht man also die Gesellschaft als rein normatives Konstrukt der jeweiligen Rechtsordnungen, muss ein Verband, dessen Tätigkeit die Staatsgrenzen überschreitet, ein öffentlich-rechtliches Genehmigungsverfahren durchlaufen, um zu dieser Tätigkeit im Inland zugelassen zu werden. Erst durch die Genehmigung würde die Gesellschaft

---

[1] Vgl. Beitzke, Juristische Personen im Internationalprivatrecht und Fremdenrecht, S. 44.

dann als solche und auch als rechtsfähig anerkannt. Ein solches Anerkennungsverfahren kann einzeln für jede Gesellschaft durchgeführt werden oder generell bestimmte Typen aus bestimmten Ursprungsländern zulassen, es kann zwischen Handelsgesellschaften und anderen Vereinigungen differenzieren, sich auf eine Rechtmäßigkeitskontrolle beschränken oder auch die Zweckmäßigkeit beachten.[2]

Die erste Variante führt das Problem, das im Bereich des internationalen Gesellschaftsrechts unter dem Begriff der *Anerkennung*[3] diskutiert wird, somit einer Lösung durch das *Kollisionsrecht* zu, während die zweite Variante, die Genehmigungslösung, die Frage als *fremdenrechtliche* Problematik ansieht.[4]

Das Fremdenrecht (oder Ausländerrecht) ist materielles inländisches Sonderrecht, das durch die tatbestandliche Anknüpfung an die Inländer- oder Ausländereigenschaft einer natürlichen Person oder Gesellschaft zur Anwendung kommt. Dazu zählen sämtliche Rechtssätze, die Ausländer anders behandeln, und zwar *wegen* ihrer ausländischen Staatsangehörigkeit.[5] Diese Rechtssätze bestimmen ihren Anwendungsbereich selbst und sind unabhängig von den Normen des Kollisionsrechts.[6]

Nach allgemeiner Meinung ist die Anerkennung durch ein gesondertes Zulassungsverfahren, also die fremdenrechtliche Lösung, historisch überholt und aus heutiger Sicht nicht mehr notwendig.[7] Dem ist zu folgen, weil ein Konzessionssystem sowieso große Lücken aufweisen würde.[8] Innerhalb der Europäischen Gemeinschaft wäre diese Lösung auch höchst problematisch.

Die Frage der Anerkennung ist also ein kollisionsrechtliches Problem. Dabei stellt sich die Frage, ob die Anerkennung einen selbstständigen Teilaspekt der kollisionsrechtlichen Bestimmung des Gesellschaftsstatuts

---

[2] Wiedemann, GesR I, S. 778.

[3] Allgemein bezeichnet der Begriff der Anerkennung im Internationalen Privatrecht die Übernahme der Wirkungen ausländischer Hoheitsakte, wie z. B. Urteile. Zur Geschichte des Anerkennungsbegriffs im Bereich des Internationalen Gesellschaftsrechts Zimmer, ZHR 2004, 355 (356 ff.).

[4] Zu dieser Diskussion MünchKommBGB/Kindler, IntGesR, Rn. 296; Staudinger/Großfeld, IntGesR (1998), Rn. 162 ff.; Ebenroth/Bippus, NJW 1988, 2137 (2138).

[5] Kegel/Schurig, IPR, S. 64, hervorgehoben durch diesen.

[6] Kropholler, IPR, S. 10; Raape/Sturm, IPR, S. 22.

[7] Staudinger/Großfeld, IntGesR (1998), Rn. 168; MünchKommBGB/Kindler, IntGesR, Rn. 297; Soergel/Lüderitz, Anh Art. 10 Rn. 16; Wiedemann, GesR I, S. 779; Kegel/Schurig, IPR S. 577; Rauscher, IPR, S. 145; Behrens, Die GmbH im internationalen und europäischen Recht, IPR Rn. 51; Großfeld, Internationales und Europäisches Unternehmensrecht, S. 58; Ebenroth/Bippus, NJW 1988, 2137 (2140).

[8] Vgl. Staudinger/Großfeld, IntGesR (1998), Rn. 166 für den Raum der Europäischen Gemeinschaft.

darstellt.[9] Ließe man die Anerkennung aber neben der Frage nach der Reichweite und der Anknüpfung des Gesellschaftsstatuts als eigenständige Problematik bestehen, würde das einen vertikalen Schnitt durch alle damit zusammenhängenden Fragestellungen bedeuten. Sämtliche Grundfragen müssten bereits in diesem Stadium geklärt werden, was die weitgehend miteinander verwobenen Fragestellungen aus ihrem Funktionszusammenhang reißen würde.[10] Daher ist die Trennung eines Anerkennungsstatuts vom Gesellschaftsstatut abzulehnen. Die Anerkennung ist kein selbstständiger Teilbereich des einheitlichen Gesellschaftsstatuts, sondern wird von dem anwendbaren Gesellschaftsstatut automatisch mitgeregelt.

b) Die Ermittlung des Gesellschaftsstatuts

Handeln mehrere Personen als organisierter Personenzusammenschluss und werden sie durch ihre rechtsgeschäftlichen oder sonstigen Beziehungen über nationale Grenzen hinweg geführt, stellt sich – wie bei natürlichen Personen – bei einer solchen Auslandsberührung kollisionsrechtlich die Frage, welches Recht zur Anwendung kommt.[11] Bei natürlichen Personen ist das meist das Recht des Staates, dem die Person angehört, das Heimatrecht.[12] Gesetzliche Vorschriften zur Bestimmung des auf eine Gesellschaft anwendbaren Rechts, dem so genannten Personal- oder Gesellschaftsstatut, fehlen.[13] Mangels einer natürlichen Zugehörigkeit wird auf den Sitz der Gesellschaft abgestellt.[14]

---

[9] So Staudinger/Großfeld, IntGesR (1998), Rn. 162 ff., der aber bei einem einheitlichen Gesellschaftsstatut nur einen schmalen Bereich für eine eigene Anerkennungsproblematik sieht, Rn. 187.

[10] MünchKommBGB/Kindler, IntGesR, Rn. 301.

[11] Diese Frage stellt sich für alle rechtsfähigen und nicht rechtsfähigen Gebilde, egal welcher Zweck mit ihnen verfolgt wird, siehe die Aufzählung bei MünchKommBGB/Kindler, IntGesR, Rn. 3. Dabei ist eine gleichartige kollisionsrechtliche Behandlung aller juristischen Personen, sonstigen Personenvereinigungen und nicht rechtsfähigen Vermögensmassen geboten, vgl. MünchKommBGB/Kindler, IntGesR, Rn. 262 m. w. Nachw.

[12] Siehe Kegel/Schurig, IPR S. 443 ff., der das Staatsangehörigkeitsprinzip für vorzugswürdig gegenüber dem Wohnsitzprinzip hält, dagegen Kropholler, IPR, S. 269 ff.; zum Wandel weg vom Staatsangehörigkeitsprinzip auch unter dem Eindruck europäischen Rechts siehe Henrich, FS Stoll, S. 437 ff.; zur geringen Rolle der Staatsangehörigkeit als Anknüpfungspunkt im europäischen Kollisionsrecht, vgl. Schaub, JZ 2005, 328 (332).

[13] Zu dem Referentenentwurf des Bundesministeriums der Justiz für ein Gesetz zum Internationalen Privatrecht der Gesellschaften, Vereine und juristischen Personen, siehe unten, Kapitel II.4.c)cc).

[14] Kegel/Schurig, IPR, S. 572.

aa) Anknüpfungspunkt

Streitig ist, ob bei der unstreitigen Anknüpfung an einen Sitz der Gesellschaft der tatsächliche Verwaltungssitz maßgeblich ist (Sitztheorie), oder der Gründungssitz (Gründungstheorie). Hinter den Oberbegriffen „Verwaltungssitz" und „Gründungssitz" verbergen sich jeweils weitere Theorien, die deren Bestimmung ermöglichen sollen.[15]

Stellt man auf den tatsächlichen Verwaltungssitz ab, ist Gesellschaftsstatut das Recht des Staates, in dem die Gesellschaft ihre Hauptverwaltung hat, unabhängig davon, wo sie als erstes Geschäftstätigkeit entfaltet oder in ein Register eingetragen wird. Bei einer Verlegung dieses Sitzes findet ein Statutenwechsel statt. Das berufene Sachrecht entscheidet dann, ob die Gesellschaft nach seinen Regelungen wirksam gegründet wurde (unter der Voraussetzung, dass es selbst der Sitztheorie folgt). Ist dies nicht der Fall, etwa weil die Eintragung in ein Register notwendig ist, ist es wiederum eine Frage des berufenen Sachrechts, ob es die Gesellschaft nach Rechtscheingrundsätzen oder als Nullum behandelt.

Wird hingegen auf den Ort der Gründung abgestellt, ändert sich das Statut der Gesellschaft nicht. Die Gesellschaft erwirbt quasi eine Nationalität, die sich ebenso wenig wie bei natürlichen Personen bei Grenzübertritt ändert.

In diesen Streitpunkt ist durch die Rechtsprechung des Europäischen Gerichtshofs zu den Grundfreiheiten und hier der Niederlassungsfreiheit, Bewegung gekommen. Das macht es nötig, weitere Fragen des Gesellschaftskollisionsrechts aufzuzeigen und diese dann in das Verhältnis zur Rechtsprechung des EuGH zu setzen.

bb) Reichweite des Statuts

Sitz- und Gründungstheorie beantworten die Frage nach dem Anknüpfungspunkt, wenn die Qualifikation einen Sachverhalt dem Bereich des Gesellschaftsstatuts zuordnet. Damit ist jedoch noch keine Aussage darüber getroffen, wie weit das Gesellschaftsstatut reicht und wie es sich etwa vom Delikts- oder Insolvenzstatut abgrenzt.[16] Diese Frage ist vorab zu

---

[15] Für die Sitztheorie gilt in der Rspr. seit der Entscheidung des BGH vom 21.03.1986 – V ZR 10/85 = BGHZ 97, 269 (272), dass Verwaltungssitz der Ort ist, wo die grundlegenden Entscheidungen der Unternehmensleitung effektiv in laufende Geschäftsführungsakte umgesetzt werden, sog. Sandrock'sche Formel im Anschluss an Sandrock, FS Beitzke, S. 669 (683). Siehe auch MünchKommBGB/Kindler, IntGesR, Rn. 434 ff. m. w. Nachw. Zu den verschiedenen Theorien bei der Gründungstheorie Hoffmann, ZVglRWiss 101 (2002), S. 283.

[16] Zu letzterem siehe Eidenmüller, RabelsZ 70 (2006), 474 mit weiterführenden Nachweisen.

klären und unabhängig von den verschiedenen Anknüpfungsmodellen zu beantworten. Der Frage nach der Anknüpfung an den Gründungs- oder Verwaltungssitz ist die Problematik des Regelungsbereiches des Gesellschaftsstatuts vorgelagert.[17]

Anders gewendet, hängt die Frage, wie weit das gefundene Statut reicht, ob es über alle Fragen vom Beginn bis zum Ende der Gesellschaft entscheidet oder einzelne Bereiche davon ausgenommen sind, von der Frage nach dem richtigen Anknüpfungsgegenstand, also der Frage nach der Qualifikation ab. So kann man Fragen, die im Zusammenhang mit einer Gesellschaft auftreten, nicht alleine vom Gesellschaftsstatut beantworten lassen, sondern auch anderen Anknüpfungsgegenständen zuordnen. Deren Anknüpfungspunkte können dann unterschiedlich sein und zu verschiedenen Statuten führen. Schutzkonzepte können so gesellschaftsstatutunabhängig realisiert werden.[18]

Die Reichweite des Gesellschaftsstatuts wird also von den anderen möglichen Anknüpfungsgegenständen begrenzt und begrenzt diese wiederum selbst. Fragt man nach der Reichweite des Gesellschaftsstatuts, fragt man also nach der Balance zwischen den verschiedenen möglichen Anknüpfungsgegenständen.

Nach häufig anzutreffender Aussage werden traditionell die gesellschaftsrechtlichen Bezüge grundsätzlich nach einem einheitlichen Recht beurteilt, sogenannte Einheitslehre.[19] Das allein trifft jedoch keine Aussage darüber, welche „gesellschaftsrechtlichen Bezüge" damit gemeint sind und trifft nicht die notwendigen Abgrenzungen etwa zum Insolvenz- oder Deliktsstatut. Das Problem der Einheitlichkeit des Gesellschaftsstatuts lässt sich eben nicht auf die Frage reduzieren, welches von verschiedenen zur Auswahl stehenden Rechtssystemen zur Anwendung kommt.[20]

Trotz der grundsätzlichen Trennung der Frage nach der Reichweite des Statuts von der Frage nach dem Anknüpfungspunkt, überschneiden sich die Problemkreise dieser Fragen rein praktisch und bedingen einander. Denn erst wenn man sich im Grundsatz für eine Sitz- oder eine Gründungsanknüpfung entschieden hat, treten die Folgen auf, die als unliebsam empfunden werden und dann mit verschiedenen Einschränkungen

---

[17] Hachenburg/Behrens, GmbHG, Einl. Rn. 129; Behrens, Die GmbH im internationalen und europäischen Recht, S. 18 Rn. IPR 24.

[18] So Zimmer, FS Lutter, S. 231 (245).

[19] Staudinger/Großfeld, IntGesR (1998), Rn. 16; MünchKommBGB/Kindler, IntGesR, Rn. 6; Scholz/H.P. Westermann, GmbHG, Einleitung Rn. 87.

[20] Siehe den tabellarischen Überblick bei PWW/Brödermann/Wegen, Vor Art. 27 ff EGBGB Rn. 25, der sich nach diesen aus Differenzierungen im Einzelfall aufgrund von Qualifikation, Abgrenzung von Vorfragen und/oder Sonderanknüpfungen ergibt, a. a. O., Rn. 24.

minimiert werden sollen. Beispielsweise kann eine Anknüpfung an das Gründungsrecht bestimmte, als wichtig empfundene Gläubigerschutzmechanismen oder Mitbestimmungsrechte des Staates des tatsächlichen Verwaltungssitzes einer Gesellschaft unterwandern, wenn diese durch das Gründungsrecht nicht oder anders geregelt werden. Dem kann dann wiederum dadurch begegnet werden, dass versucht wird, Teile des Gläubigerschutzes beispielsweise dem Insolvenzstatut zuzuordnen.

Daher werden diese Probleme selten getrennt behandelt, obgleich dies dogmatisch eher geboten wäre. Die verschiedenen Theorien zur Bestimmung des Anknüpfungspunkts und des Gesellschaftsstatuts und dessen Reichweite, die im Folgenden dargestellt werden sollen, sind davon gekennzeichnet, dass sie beide Problemkreise miteinander vermengt behandeln.

Ausgeblendet wird hier die völkerrechtliche Kontrolltheorie, die für die Ermittlung des Gesellschaftsstatuts auf die Staatsangehörigkeit der hinter der Gesellschaft stehenden und diese kontrollierenden Personen abstellt.[21] Zum einen ergeben sich hieraus praktische Problemen in Fällen, in denen mehrere Personen von verschiedener Nationalität an der Gesellschaft beteiligt sind.[22] Zum anderen nimmt sie nicht ausreichend Rücksicht auf die (Teil)Rechtsfähigkeit der einzelnen Gesellschaften, da sie gerade dazu dient, den Durchgriff durch die juristische Person zu ermöglichen.[23] Schließlich wäre sie europarechtlich offensichtlich mit den Vorgaben des Gemeinschaftsrechts nicht zu vereinbaren.[24]

aaa) Überlagerungstheorie

Die Überlagerungstheorie geht im Grundsatz von einer Anknüpfung im Sinne der Gründungstheorie aus.[25] Deren Rechtssätze werden jedoch von einigen Rechtssätzen des Sitzstatuts überlagert und in gewissem Umfang verdrängt.[26] Das gilt für das Außenstatut, also die Rechtsverhältnisse

---

[21] Grasmann, IntGesR, S. 110 Rn. 95; MünchKommBGB/Kindler, IntGesR, Rn. 332 ff. Neuerdings findet sich diese Überlegung wieder bei Sandrock, RIW 2006, 658 (664).

[22] Ebenroth/Eyles, DB 1988, Beil. 2, S. 13.

[23] Behrens, Die GmbH im internationalen und europäischen Recht, Rn. IPR 85.

[24] Siehe, abgesehen von Art. 12 EG, nur das Allgemeine Programm zur Aufhebung der Beschränkungen der Niederlassungsfreiheit, ABl. EG 1962 v. 15.01.1962, Nr. 2, S. 36, Abschnitt I, 4. Spiegelstrich, nach dem die Verbindung einer Gesellschaft mit dem Gemeinschaftsgebiet ausdrücklich nicht von der Staatsangehörigkeit der Gesellschafter, der Mitglieder der Leitungs- oder Überwachungsorgane oder der Inhaber des Gesellschaftskapitals abhängig gemacht werden darf; ebenso: Allgemeines Programm zur Aufhebung der Beschränkungen des freien Dienstleistungsverkehrs, ABl. EG 1962 v. 15.01.1962, Nr. 2, S. 32 Abschnitt I, 2. Spiegelstrich.

[25] Sandrock, BerDtGesVR 18 (1978), S. 169 (191, 200).

[26] Sandrock, BerDtGesVR 18 (1978), S. 169 (200 f.).

der Gesellschaft zu Dritten, und das Innenstatut, das sind die Rechtsverhältnisse der Gesellschafter untereinander und zu der Gesellschaft.[27] Die Existenz der Gesellschaft, also die Frage ihrer Rechtsfähigkeit, richtet sich damit nach dem Gründungsrecht.[28] Gläubigern, Minderheitsgesellschaftern und anderen Personen, die an der Gesellschaft ein unmittelbares privatrechtliches Interesse haben, wird jedoch die Möglichkeit eingeräumt, sich auf Vorschriften des Sitzrechts zu berufen.[29] Sitz- und Gründungsstatut kommen jedoch nicht „übereinander", sondern alternativ „nebeneinander" zur Anwendung.[30] Das Gründungsrecht soll im Grundsatz das einzige Personalstatut der Gesellschaft bleiben und vom Sitzstatut partiell dann verdrängt werden, wenn das Sitzrecht für die sich darauf berufenden, sogenannten privatrechtlichen Gesellschafts-Interessenten (z. B. Gläubiger, Minderheitsgesellschafter, Arbeitnehmer) günstiger ist. Das bedeutet aber wohl nicht, dass auf eine Gesellschaft mit ausländischem Gründungsstatut beispielsweise nur die Folgen inländischen Mitbestimmungsrechts angewendet würde. Soweit die Regeln der Mitbestimmung reichen, würde dieser Bereich des Gesellschaftsstatuts dem Sitzrecht unterstellt. Es würden also nicht lediglich die materiellrechtlichen Folgen einer Sitzanknüpfung angewendet, sondern das Gesellschaftsstatut würde zwei interessenabhängig angewendete Anknüpfungspunkte bieten. Da die Schwierigkeiten der internationalprivatrechtlichen Anknüpfung, die sich hieraus ergeben, allein darin begründet sind, dass die Gesellschaft nicht an ihrem Gründungsort, sondern von einem anderen Sitzstaat aus verwaltet wird, gehen Risiken und Zweifel zu Lasten der Gesellschaft.[31]

Im Grunde wird die Überlagerungstheorie also vom Schutzgedanken der Sitztheorie beherrscht. Die Vertreter der Überlagerungstheorie halten allerdings die Folgen der Sitztheorie – wie z. B. die mangelnde Rechtsfähigkeit der Gesellschaft – teilweise für gläubigerfeindlich.[32] Es wird versucht, dem durch eine Gründungsanknüpfung zu entgehen.

bbb) Kombinationslehre

Die Kombinationslehre entnimmt dem Kollisionsrecht zwei allgemeine Rechtsprinzipien: Den Grundsatz der Parteiautonomie und dessen Schran-

---

[27] Sandrock, BerDtGesVR 18 (1978), S. 169 (202, 241 ff.).
[28] Sandrock, BerDtGesVR 18 (1978), S. 169 (201); Sandrock, RIW 1989, 505 (513).
[29] Sandrock, BerDtGesVR 18 (1978), S. 169 (202); zum Sitzbegriff in diesem Sinne Sandrock, FS Beitzke, S. 669 (671 ff.); zur Modifikation dieser Theorie angesichts der Rspr. des EuGH s. Sandrock, ZVglRWiss 102 (2003), S. 447 ff.
[30] Sandrock, BerDtGesVR 18 (1978), S. 169 (203).
[31] Sandrock, BerDtGesVR 18 (1978), S. 169 (232).
[32] Sandrock, BerDtGesVR 18 (1978), S. 169 (183) und auch für integrationsfeindlich, Sandrock, RIW 1989, 249 (252).

ken in Anlehnung an Art. 27 Abs. 3 EGBGB, welche nicht nur für das Recht der vertraglichen Schuldverhältnisse, sondern auch für das Internationale Gesellschaftsrecht gelten sollen.[33] Der erste Grundsatz führt dazu, dass das Recht, nach dem die Gesellschaft gegründet wurde, der Wahl der Gründer unterliegt, diese also in der Bestimmung des Gesellschaftsstatuts zunächst frei sind. Das zweite Prinzip bestimmt die Grenzen dieser Wahl, die jedoch nicht statisch im Gründungszeitpunkt festgelegt werden, sondern in zeitlicher Hinsicht dynamisch beurteilt werden.[34] Ausgangspunkt der Überlegungen ist, dass das Internationale Privatrecht einen Auslandsbezug voraussetzt, Art. 3 Abs. 1 S. 1 EGBGB.[35] Es ist also eine sog. *substantielle* Verbindung zu einem Staat erforderlich, die entweder durch die Personen der Gesellschafter, das Bestehen rechtsgeschäftlicher Beziehungen oder Beziehungen zu Gläubigern begründet werden kann.[36] Fällt diese Auslandsbeziehung weg, wandelt sich das Statut der Gesellschaft und es kommen die zwingenden Regeln des inländischen (des Staats des tatsächlichen Verwaltungssitzes) Gesellschaftsrechts zur Anwendung.[37] Dabei kommt es nur darauf an, dass eine Gesellschaft *irgendeine* Auslandsbeziehung vorweisen kann.[38] Dann ist es legitim, dass sich die Gründer privatautonom für ein Recht entscheiden können. Bei mehreren Auslandsbeziehungen bleibt es also bei dem Grundsatz der Gründungsanknüpfung. Nur wenn jegliche Auslandsbeziehung wegfällt, also eine Verbindung nur noch zu einem Staat besteht, gilt einheitlich nur noch das Recht dieses Staates.[39]

Die Kombinationslehre geht also mit der Einheitslehre insoweit konform, dass eine Gesellschaft immer nur einem Gesellschaftsstatut unterstellt wird.[40] Dies jedoch nur in einem bestimmten Zeitpunkt; im Laufe ihres Bestehens kann eine Gesellschaft viele Statute durchleben. Im Gegensatz zur Überlagerungstheorie hängt die Anwendung des jeweiligen Statuts jedoch nicht allein vom Willen der Berechtigten ab, sondern wird an ein äußerliches Kriterium, den Auslandsbezug, geknüpft. Zudem richtet

---

[33] Zimmer, IntGesR, S. 222 f.
[34] Zimmer, IntGesR, S. 225.
[35] Zimmer, IntGesR, S. 221.
[36] Zimmer, IntGesR, S. 227; an dem Beispiel auf S. 228 zeigt sich, dass diese Lehre allein die Gründung in einem anderen Staat nicht als ausreichende, substantielle Auslandsbeziehung ansieht.
[37] Zimmer, IntGesR, S. 226, was laut S. 231 im Sinne einer „eingeschränkten" Sitztheorie zur Qualifikation der Auslandsgesellschaft als Personengesellschaft deutschen Rechts führt, vgl. unten Kapitel II.3.b)dd)ccc).
[38] Zimmer, IntGesR, S. 232.
[39] Zimmer, IntGesR, S. 233.
[40] Zimmer, IntGesR, S. 232 f.

sich bei Wegfallen des Auslandsbezuges das gesamte Gesellschaftsstatut neu aus und nicht nur ein Teil davon.

Welche Punkte unter das jeweilige Gesellschaftsstatut fallen und wie weit das Statut inhaltlich reicht, ist damit noch nicht festgelegt. Diese Fragen sind nach der Kombinationslehre unanhängig davon, welcher Anknüpfungslehre gefolgt wird.[41]

ccc) Sonderanknüpfungen

Eine weitere Theorie, die auch als „eingeschränkte Gründungstheorie" bezeichnet wird, geht, wie sich aus ihrem Namen bereits ergibt, im Grundsatz von der Gründungsanknüpfung aus.[42]

Dabei wird auf die Einheitslehre[43] Bezug genommen und sämtliche gesellschaftsrechtlichen Fragen werden einem einheitlichen Gesellschaftsstatut unterstellt.[44] Schützenswerten Interessen soll jedoch durch Sonderanknüpfungen an das Anknüpfungsmerkmal der Sitztheorie Rechnung getragen werden.[45] Beispielsweise soll das für Fragen des Umfangs der Rechts- und Geschäftsfähigkeit[46] oder des Haftungsdurchgriffs[47] gelten. Eine Einschränkung der Gründungstheorie wird also dann vorgenommen, wenn es für eine Fallgruppe erforderlich ist, was auch davon abhängt, ob sich geschützte Personen auf die Einschränkung berufen.[48]

Die eingeschränkte Gründungstheorie wurde im Lichte der weiter unten noch darzustellenden Rechtsprechung des EuGH modifiziert.[49] Die Möglichkeit generalisierter Sonderanknüpfungen wurde verworfen.[50] Vielmehr sollen nun Sonderanknüpfungen im Einzelfall und nur insoweit zur Anwendung kommen, wie es nötig ist um eine Schutzlücke der Gründungstheorie zu füllen.[51]

---

[41] Zimmer, FS Lutter, S. 231 (245).
[42] Hachenburg/Behrens, GmbHG, Einl. Rn. 127 ff; zur Bezeichnung explizit Rn. 150.
[43] Siehe oben, II.1.b)bb) mit den Nachw. in Fn. 19.
[44] Hachenburg/Behrens, GmbHG, Einl. Rn. 129.
[45] Hachenburg/Behrens, GmbHG, Einl. Rn. 128; Behrens, Die GmbH im internationalen und europäischen Recht, S. 16 Rn. IPR 22 ff.
[46] Hachenburg/Behrens, GmbHG, Einl. Rn. 137.
[47] Hachenburg/Behrens, GmbHG, Einl. Rn. 149.
[48] Hachenburg/Behrens, GmbHG, Einl. Rn. 128.
[49] Ausführlich Behrens in: Sonnenberger, Vorschläge und Berichte zur Reform des europäischen und deutschen internationalen Gesellschaftsrechts, S. 401 ff.
[50] Behrens, IPRax 2004, 20 (24).
[51] Behrens, IPRax 2003, 193 (206) und IPRax 2004, 20 (25).

ddd) Differenzierungslehre

Nach der Differenzierungslehre ist die Anknüpfung sämtlicher Verhältnisse einer Gesellschaft nach einer einzigen Rechtsordnung verfehlt.[52] Unterschiedliche Sach- und Interessenlagen ließen es sinnvoller erscheinen, verschiedene Kollisionsregeln für Innen- und Außenverhältnis zu entwickeln. Das *Außenverhältnis* wird zum einen geprägt von Verkehrsschutz- und Drittschutzinteressen.[53] Daneben haben auch Staaten ein Interesse daran, dass sich Ihre Gesellschaften im internationalen Handel bewegen können, was auch dem Interesse des mit Gesellschaften verkehrenden Publikums entspricht.[54] Zum Außenverhältnis zählen im Grundsatz die Fragen der Rechtsfähigkeit, der Vertretung und der Haftung und der Kapitalaufbringung und Kapitalerhaltung.[55] Im *Innenverhältnis* hingegen überwiegen die Interessen der Parteien eines Gesellschaftsvertrags, die am besten beurteilen können, welche Rechtsform für den von ihnen verfolgten Zweck am geeignetsten scheint.[56] Nach dem Innenstatut richten sich Fragen der Organisationsverfassung, der Zeichnungs(vor)verträge, des Erwerbs und Verlusts der Gesellschaftereigenschaft, der Rechte und Pflichten der Gesellschafter gegenüber der Gesellschaft, den Mitgesellschaftern und Gesellschaftsorganen und die Fragen der Geschäftsführung und der Beaufsichtigung der Betriebsverfassung.[57] Die Überschneidungen und Berührungen zwischen Innen- und Außenverhältnis machen jedoch Ausnahmen und eine genaue Betrachtung der jeweiligen Rechtsverhältnisse erforderlich.

Auf der Grundlage der Unterscheidung zwischen Innen- und Außenverhältnis lässt sich für das Außenverhältnis die Kollisionsregel herleiten, dass die Verhältnisse der Gesellschaft in Beziehung zu Dritten entweder nach der Rechtsordnung des Staates beurteilt werden, in welchem von den Organbefugnissen Gebrauch gemacht wird (Vornahmestatut), oder nach der Rechtsordnung, welche das jeweils zwischen der Gesellschaft und einem Dritten bestehende Rechtsverhältnis beherrscht (Wirkungsstatut) oder schließlich nach der Rechtsordnung, welcher die Gesellschaft angepasst ist (Organisationsstatut).[58] Nach dem Günstigkeitsprinzip ist immer diejenige Anknüpfung zu wählen, die für den Dritten am vorteilhaftesten ist, es sei denn, zugunsten der Gesellschaft wird bewiesen, dass der Dritte gewusst hat, dass er mit einer ausländischen Gesellschaft kontrahiert,

---

[52] Grasmann, IntGesR, S. 343 Rn. 615.
[53] Grasmann, IntGesR, S. 343 Rn. 616 ff.
[54] Grasmann, IntGesR, S. 350 Rn. 637 und S. 351 Rn. 645 ff.
[55] Grasmann, IntGesR, S. 434 Rn. 849.
[56] Grasmann, IntGesR, S. 347 Rn. 624 und S. 489 Rn. 977 ff.
[57] Grasmann, IntGesR, S. 499 Rn. 998 ff.
[58] Grasmann, IntGesR, S. 346 Rn. 623 und 393 Rn. 744 ff.

deren Außenverhältnis anders als nach seinem Heimatrecht ausgestaltet sein kann; dann gilt primär das Organisationsstatut und Vornahme- und Wirkungsstatut bleiben unanwendbar.[59]

Für das Innenverhältnis gilt, dass den Verkehrs- und Publikumsbelangen durch die Anknüpfungsmöglichkeiten des Außenverhältnisses Rechnung getragen wird und die Parteien für das Innenverhältnis somit frei sind, die geltende Rechtsordnung zu wählen.[60] Durch die Aufgliederung des Außenverhältnisses in Vornahme-, Wirkungs- und Organisationsstatut ist die unterschiedslose Beurteilung von Gesellschaften, die nach ausländischem Recht ausgestaltet sind, aber ihren faktischen oder satzungsmäßigen Sitz im Inland haben, ausschließlich nach inländischem Recht, überflüssig.[61]

Im Innen- und Außenverhältnis kommt daher zunächst Gründungsrecht zur Anwendung. Im Außenverhältnis können Drittinteressen dann in einem zweiten Schritt die Anknüpfung an das Vornahme- oder Wirkungsstatut gebieten.

eee) Schwerpunktlehre

Nach der Schwerpunktlehre sprechen die besseren Gründe für die Sitztheorie, weil diese den am stärksten betroffenen Personengruppen am besten gerecht wird.[62] Die Perspektive wird jedoch auf Unternehmen und Unternehmensverbände erweitert. Daher bedürfe die Sitztheorie einer ergänzenden Darstellung dahingehend, dass nicht zwingend auf die Leitungszentrale des Unternehmens abgestellt wird, sondern auf den Schwerpunkt des Lebens der Organisation.[63]

Die Folge der Anwendung der Sitztheorie, also die Neuqualifikation von Rechtsverhältnissen, sei schwierig und am besten dadurch zu bewältigen, dass die Gesellschaft von der Sitzaufnahme an zwingend dem Recht des Sitzstaates unterstellt wird.[64]

Von diesem Grundsatz ausgehend sieht die Schwerpunktlehre aber auch, dass verschiedene Vorgaben eine Abweichung von dem Grundsatz der Sitzanknüpfung notwendig machen. Daher werden Fallgruppen gebildet um die Konstellationen, in denen Sitz- und Gründungsrecht auseinanderfallen, zu bewältigen. Grundgedanke ist hierbei, dass die Sitztheorie vor allem

---

[59] Grasmann, IntGesR, S. 346 Rn. 623.
[60] Grasmann, IntGesR, S. 489 Rn. 977.
[61] Grasmann, IntGesR, S. 405 Rn. 771.
[62] Wiedemann, GesR I, S. 785 f.; von diesem noch offen gelassen in FS Kegel, 187 (199).
[63] Wiedemann, GesR I, S. 784.
[64] Wiedemann, GesR I, S. 787.

Schutztheorie sei und dieser Aspekt im Vordergrund steht.[65] Maßgebend soll das Recht des Staates sein, dessen Bürger vom Leben der Gesellschaft und ihres Unternehmens am stärksten betroffen werden.[66] Kommt im Einzelfall eine Gründungsanknüpfung zu einem interessengerechteren Ergebnis, ist diese auch geboten.

Die erste Fallgruppe betrifft nach deutschem Recht gegründete Gesellschaften.[67] Haben diese ihren Verwaltungssitz im Ausland, den Schwerpunkt ihrer geschäftlichen Tätigkeit jedoch im Inland, gebieten deutsche Schutzinteressen die Anwendung des deutschen Gründungsrechts.[68] Die zweite Fallgruppe betrifft Gesellschaften, die nach dem Recht eines EG-Staates gegründet wurden.[69] Diese seien im Ergebnis aufgrund einer mittelbaren Wirkung der Art. 52 und 58 EWG-Vertrag (jetzt Art. 43 und 48 EG-Vertrag) nach ihrem Gründungsrecht zu beurteilen; die Sitztheorie sei damit also auf das vereinigte Staatsgebiet der Europäischen Gemeinschaften bezogen.[70] Bei allen sonstigen, nach ausländischem Recht gegründeten Gesellschaften, deren Sitz oder wirtschaftlicher Schwerpunkt im Inland liegt, gilt – vorbehaltlich staatsvertraglicher Regelungen – Sitzrecht.[71] Das lasse sich nicht mit sachlogischen, sondern nur mit Interessenüberlegungen rechtfertigen, bei denen die Gründungstheorie, die die unkontrollierte Anerkennung ausländischer Unternehmen ohne Rücksicht auf die Schutzbedürftigkeit Betroffener ermögliche, nicht überzeuge.[72]

fff) Zwischenergebnis

Allen vorangehend dargestellten Theorien wurde entgegengehalten, dass ein „Normenmix" entstehe und Anpassungsprobleme die Folge seien.[73] Die Darstellung der Rechtsprechung des EuGH weiter unten wird zudem aufzeigen, dass sich die einzelnen Anknüpfungsmodelle an den Grundfreiheiten der Art. 43, 48 EG messen lassen müssen. Damit kommt zu der bisherigen Situation eine europarechtliche Dimension hinzu, die zumindest im innereuropäischen Raum zu einer Modifikation der einzelnen Modelle führen muss. Die Entscheidungen des EuGH zur Niederlassungsfreiheit markieren nunmehr die Eckpunkte der wissenschaftlichen Auseinanderset-

---

[65] Wiedemann, GesR I, S. 785.
[66] Wiedemann, FS Kegel, 187 (197).
[67] Wiedemann, GesR I, S. 791.
[68] Wiedemann, GesR I, S. 792.
[69] Wiedemann, GesR I, S. 793.
[70] Wiedemann, GesR I, S. 796.
[71] Wiedemann, GesR I, S. 796 f.
[72] Wiedemann, GesR I, S. 797.
[73] Statt aller Staudinger/Großfeld, IntGesR (1998), Rn. 64 f.

zung.[74] Daher muss als Grundlage für die Behandlung der Rechtsprechung des EuGH noch auf die Art. 43, 48 EG eingegangen werden.

c) Die Niederlassungsfreiheit in den Art 43, 48 EG

Vor die Klammer jeder Behandlung einer Grundfreiheit des EG-Vertrags (EGV) gezogen, ist die Frage nach dem Verpflichtungsgehalt der Grundfreiheiten für das nationale Recht. Daher ist zunächst der Verpflichtungsgehalt der Grundfreiheiten für das Gesellschaftskollisionsrecht zu prüfen.

aa) Verpflichtungsgehalt der Grundfreiheiten

Zum Teil wurde eine Bereichsausnahme angenommen.[75] Der EGV verweise nur auf nach nationalem Recht bestehende Gesellschaften und entscheide nicht über deren Existenz.[76] Das Internationale Gesellschaftsrecht gehe der primären Niederlassungsfreiheit vor.[77]

Dagegen sprachen schon immer eine eigene europarechtliche Begrifflichkeit und der Anwendungsvorrang der Grundfreiheiten.[78] Nach dem EuGH sind die unmittelbar geltenden Bestimmungen des Gemeinschaftsrechts eine Rechtsordnung eigener Art, die ohne Einschränkung innerstaatlich anzuwenden ist.[79] Das Bundesverfassungsgericht leitet den Anwendungsvorrang aus einem innerstaatlichen Rechtsanwendungsbefehl her, der im Zustimmungsgesetz zum EGV (EWGV) enthalten ist.[80] Der gemeinschafts-

---

[74] Von Halen, Das Gesellschaftsstatut nach der Centros-Entscheidung des EuGH, S. 44.

[75] Kindler, NJW 1999, 1993 (1997) und NJW 2003, 1073 (1074); jetzt angesichts der Überseering-Entscheidung des EuGH aufgegeben in MünchKommBGB/Kindler, IntGesR Rn. 93, Fn. 304.

[76] Kindler, NJW 2003, 1073 (1074).

[77] Kindler, NJW 2003, 1073 (1074). So früher (Stand: 01.11.2006) auch Bamberger/Roth/Mäsch, BGB, Art. 12 EGBGB Anhang: Internationales Gesellschaftsrecht, Rn. 13. Jetzt (Stand: 01.09.2007) differenzierend Bamberger/Roth/Mäsch, BGB, Art. 12 EGBGB Anhang: Internationales Gesellschaftsrecht, Rn. 43 f.

[78] Schön, FS Lutter, S. 685 (687).

[79] Rs. 6/64, Slg. 1964, S. 1251 – Costa ./. E.N.E.L., S. 1269; Rs. 106/77, Slg. 1978, S. 629 – Simmenthal II, Leitsatz 2 und Rn. 14/16, 17/18; Rs. C-213/89, Slg. 1990, S. I-2433 – Factortame I, Rn. 18, 20; siehe auch Streinz, Europarecht, Rn. 194 ff.; Herdegen, Europarecht, S. 214 Rn. 1 ff.

[80] BVerfGE 73, 339 – Solange II, S. 375; BVerfGE 75, 223 – Kloppenburg-Beschluss, S. 244; siehe auch Streinz, Europarecht, Rn. 202 ff. – MünchKommBGB/Kindler, IntGesR, Rn. 122 f., entnimmt dieser Rechtsprechung des BVerfG, dass die Vorgabe einer Gründungsanknüpfung im Bereich des Internationalen Gesellschaftsrechts durch den (vom EuGH ausgelegten) EG- bzw. EWG-Vertrag verfassungswidrig wäre, da es sich um eine spätere wesentliche Änderung handeln würde, die vom entsprechenden Zustimmungsgesetz vom 25.03.1957 (BGBl. II, S. 753) nicht mehr gedeckt wäre. Abge-

rechtliche Gesellschaftsbegriff umfasst auch die deutsche oHG, KG und GbR.[81] Ausreichend ist, dass eine Personenvereinigung gegenüber ihren Mitgliedern soweit verselbständigt ist, dass sie im Rechtsverkehr unter eigenem Namen handeln kann.[82] Läge keine eigene Begrifflichkeit vor, wäre es auch nicht notwendig, in Art. 48 Abs. 2 EG zu definieren, was der EGV unter Gesellschaften verstanden wissen will; dies würde sich ja bereits aus den nationalen Rechtsordnungen ergeben. Auch der Wortlaut des Art. 43 Abs. 2 EG, der auf „... Gesellschaften im Sinne von Art. 48 Absatz 2..." verweist, deutet darauf hin, dass der EGV von einem eigenen Begriff der Gesellschaft ausgeht. Die Rechtsprechung des EuGH gibt keinen Anlass, davon auszugehen, dieser wolle das internationale Gesellschaftsrecht davon ausnehmen.[83] In ihr wird oberbegrifflich von „Gesellschaften" gesprochen, ohne weitere Unterscheidungen zu treffen. Damit wird auf einen gemeinschaftsrechtlichen Begriff der Gesellschaft abgestellt. Rechtsprechung und Gemeinschaftsrecht verweisen demnach nicht lediglich auf nationales Recht.

Hinsichtlich des Verpflichtungsgehalts speziell der Niederlassungsfreiheit wurde die Frage aufgeworfen, ob die Art. 43, 48 EG *versteckte Kollisionsnormen* enthalten.[84] Versteckte Kollisionsnormen sind echte Kollisionsnormen, die zur Lösung internationalprivatrechtlicher Fälle heranzuziehen sind und auch in vollem Umfang an der in Art. 3 Abs. 2 EGBGB festgeschriebenen Anwendungshierarchie teilhaben.[85] Allerdings tritt der Verweisungsgehalt solcher Normen nicht offen zutage, sondern ergibt sich erst aus ihrer Anwendung auf kollisionsrechtliche Sachverhalte. Dabei müssen diese Normen jedoch eine spezifische, kollisionsrechtliche Wirkung

---

sehen davon, dass der EuGH das Vorrangverhältnis der Gemeinschaftsrechtsordnung konstruktiv anders löst als das BVerfG (siehe die Nachw. in der vorigen Fußnote), war die Verwirklichung der Niederlassungsfreiheit auch für Gesellschaften schon immer ein Ziel des EGV, wie (der jetzige) Art. 48 EG zeigt. Eine Modifikation der Art und Weise, dieses Ziel des Vertrags zu erreichen, stellt aber keine wesentliche Änderung dar, wie es beispielsweise eine Änderung des Ziels selber wäre. Dass der damalige Gesetzgeber die Möglichkeit einer Gründungsanknüpfung nicht gesehen hat, wäre als bloßes Motiv – wenn es überhaupt ein solches gewesen wäre – unbeachtlich.

[81] Hobe, Europarecht, S. 196 Rn. 651. Im Übrigen ist auch der gemeinschaftsrechtliche Begriff der juristischen Person weiter auszulegen als der deutsche, vgl. Haratsch/Koenig/Pechstein, Europarecht, S. 342 Rn. 817.

[82] Grabitz/Hilf/Randelzhofer/Forsthoff, EGV Art. 48 Rn. 7 (18. EL Mai 2001).

[83] Grabitz/Hilf/Randelzhofer/Forsthoff, EGV Art. 48 Rn. 31 ff. (18. EL Mai 2001).

[84] Aus dem aktuellen Schrifttum Sonnenberger, ZVglRWiss 1996, 3 (8 ff.); Eidenmüller/Rehm, Ausländische Kapitalgesellschaften im deutschen Recht, S. 37 Rn. 66 ff.; Eidenmüller, JZ 2004, 24 (25); Eidenmüller/Rehm, ZGR 2004, 159 (164 ff.); Eidenmüller, NJW 2005, 1618. Weitere Nachweise bei MünchKommBGB/Sonnenberger, EinlIPR Rn. 157 ff.

[85] Wendehorst, FS Heldrich, 1071 (1076).

aufweisen, also eine international-räumliche Verknüpfung zwischen Sachverhalten und Sachnormen herstellen, die nicht ebenso gut auch auf bloß sachrechtlicher Ebene erlangt werden kann.[86] Sind diese Voraussetzungen nicht gegeben, liegen Normen vor, die zwar kollisionsrechtlich relevant sind, also bei der Auslegung und Anwendung echter Kollisionsnormen zu beachten sind, aber im Ergebnis nur mittelbar auf das Kollisionsrecht einwirken.

Wie weiter unten gezeigt werden wird, hat die Auslegung der Art. 43, 48 EG durch den EuGH zur Folge, dass bestimmte kollisionsrechtliche Ergebnisse der Sitztheorie nicht mit der Niederlassungsfreiheit vereinbart werden können.[87] Das bedeutet aber nicht, dass die Art. 43, 48 EG ein anwendbares Recht im Sinne einer Kollisionsnorm zur Anwendung bringen wollen. Sie wollen nur die Anwendung eines Rechts, das die Niederlassungsfreiheit behindert, unterbinden.[88] Dabei darf man sich nicht davon täuschen lassen, dass Art. 48 Abs. 1 EG auf das Gründungsrecht der Gesellschaften der jeweiligen Mitgliedstaaten Bezug nimmt. Denn damit ist keine Zuweisung von Rechtsfragen (Anknüpfungsgegenstand) zu einem bestimmten nationalen Recht gemeint. Art. 48 Abs. 1 EG bezieht sich statisch auf eine vorhandene Gesellschaft, die die Niederlassungsfreiheit für sich in Anspruch nehmen kann. Der Weg, den das nationale Recht wählt um die Gleichstellung der verschiedenen mitgliedstaatlichen Gesellschaften zu erreichen, bleibt grundsätzlich dem jeweiligen nationalen Recht überlassen.[89] Aus der nationalen Perspektive mag es vielleicht so scheinen, dass die Art. 43, 48 EG einen bestimmten Weg – den der Gründungsanknüpfung – vorzeichnen. Aus europarechtlicher Sicht besteht hierfür jedoch nur dann Veranlassung, wenn eine Beschränkung der Niederlassungsfreiheit vorliegt. Das *punktuelle* Fehlen eines Gestaltungsspielraums des nationalen Gesetzgebers dadurch, dass Primärrecht *insoweit* wie eine Kollisionsnorm wirkt, ändert nichts daran, dass kollisionsrechtliche Entscheidungen zunächst nur dem sekundärrechtlichen und nationalen IPR entnommen werden können.[90]

---

[86] Von Bar/Mankowski, IPR I, S. 197 Rn. 1 ff.; Wendehorst, FS Heldrich, 1071 (1079 f.)

[87] Siehe oben II.3.b)dd)bbb).

[88] Kohler, IPRax 2003, 401 (409); a. A. MünchKommBGB/Sonnenberger, EinlIPR Rn. 162.

[89] Knapp, DNotZ 2003, 85 (88); MünchKommBGB/Sonnenberger, EinlIPR Rn. 161, sieht in der Lehre von versteckten Kollisionsnormen gerade deswegen etwas Bestechendes, da sich daraus ein für alle Mitgliedstaaten gleichermaßen geltendes EG-rechtliches IPR ergeben würde. Das soll aber nur für den Bereich des internationalen Gesellschaftsrecht gelten, a. a. O. Rn. 167.

[90] Langenbucher/Wendehorst, Europarechtliche Bezüge des Privatrechts, S. 359 Rn. 65, hervorgehoben durch diese.

Von vornherein die Möglichkeit zu versagen, eine Gleichstellung der verschiedenen Gesellschaften durch nationales Recht zu leisten und die Gründungsanknüpfung dem nationalen IPR auch derjenigen Staaten zu entziehen, die ihr sowieso schon immer folgten, widerspräche auch dem Subsidiaritätsprinzip des Art. 5 Abs. 2 EG. Die in Art. 5 Abs. 2 EG angeordnete Subsidiarität ist ein Unterfall des weiteren Subsidiaritätsprinzips, das im zwölften Erwägungsgrund der Präambel zum EU-Vertrag verankert ist.[91] Es ist präzisiert im Protokoll über die Anwendung der Grundsätze der Subsidiarität und der Verhältnismäßigkeit.[92] In seiner Wirkungsweise ist das Subsidiaritätsprinzip hinsichtlich der Schutzbestimmungen im Interesse der Gesellschafter und Dritter durch die Formulierung „... soweit erforderlich... " in Art. 44 II g) EG sogar noch verschärft.[93] Da die Freizügigkeit des Personen- und Kapitalverkehrs, Art. 39 bis 60 EG, Gegenstand der konkurrierenden Gemeinschaftszuständigkeit ist, bleiben die Mitgliedstaaten für Regelungen in diesem Bereich solange zuständig, bis die Gemeinschaft Rechtsakte erlässt, die die Materie abschließend regeln. Die Gemeinschaft wird gem. Nr. 5 des Protokolls über die Anwendung der Grundsätze der Subsidiarität und der Verhältnismäßigkeit[94] tätig, wenn die Ziele der in Betracht gezogenen Maßnahmen nicht ausreichend durch Maßnahmen der Mitgliedstaaten im Rahmen ihrer Verfassungsordnung erreicht werden können und daher besser durch Maßnahmen der Gemeinschaft erreicht werden können. Ins Positive gewendet, müssen also die Mitgliedstaaten überfordert sein.[95] Würde man den Art. 43, 48 EG den Charakter von Kollisionsnormen zusprechen, wäre mit diesen eine Regelung im Bereich der konkurrierenden Gemeinschaftszuständigkeit getroffen, die den Mitgliedstaaten die Verwirklichung der Ziele der Art. 43, 48 EG auf nationaler Ebene von vornherein entzieht. Ein solcher Widerspruch mit Art. 5 Abs. 2 EG ist abzulehnen.[96] Die Niederlassungsfreiheit erzeugt somit nur mittelbare Wirkungen auf das Gesellschaftskollisionsrecht. Das macht die Art. 43, 48 EG nicht zu (versteckten) Kollisionsnormen.

Die Fragestellung nach den Auswirkungen des europäischen Primärrechts auf das Internationale Privatrecht *insgesamt* ist zu komplex, um an dieser Stelle umfassend dargestellt zu werden.[97] Vorsichtig ausgedrückt,

---

[91] Von der Groeben/Schwarze/Zuleeg, EUV/EGV, Art. 5 EG Rn. 25.

[92] ABl. EG vom 10.11.1997, C 340/105.

[93] Calliess, Subsidiaritäts- und Solidaritätsprinzip in der Europäischen Union, S. 128.

[94] Siehe oben, Fn. 92.

[95] So Calliess, Subsidiaritäts- und Solidaritätsprinzip in der Europäischen Union, S. 110 f.

[96] Ebenso MünchKommBGB/Kindler, IntGesR Rn. 95 mit Nachw. zur Gegenansicht.

[97] Dazu Roth, RabelsZ 55 (1991), 623; Brödermann, MDR 1992, 89; Basedow, RabelsZ 59 (1995), 1; von Wilmowsky, RabelsZ 62 (1998), 1; Gounalakis/Radke, ZVgl-

lässt sich im Ergebnis vielleicht feststellen, dass der kollisions- und sachrechtliche Bestand der Mitgliedstaatenrechte durch die Grundfreiheiten
des EGV überformt wird.[98] Das gilt auch im Bereich des Internationalen Gesellschaftsrechts.[99] Die Rechtsprechung des EuGH trägt zu dieser
Entwicklung bei.

Aus dem Vorstehenden ergibt sich auch, dass Personengesellschaften ohne eigene Rechtspersönlichkeit nicht von den Auswirkungen der Grundfreiheiten ausgenommen sind.[100] Da eine eigene gemeinschaftsrechtliche
Begrifflichkeit vorliegt, geht eine Differenzierung nach Kriterien des nationalen Rechts fehl.[101]

bb) Der Inhalt der Art. 43, 48 EG

Die Niederlassungsfreiheit ist einer der fundamentalen Grundsätze des
Vertrags über die Europäische Gemeinschaft.[102] Sie wird gewährleistet
durch Art. 43 EG als unmittelbar anwendbares Recht.[103] Art. 43 EG ver-
bietet Beschränkungen der freien Niederlassung von Staatsangehörigen
eines Mitgliedstaats im Hoheitsgebiet eines anderen Mitgliedstaats.

Der Inhalt der Niederlassungsfreiheit ist weit zu verstehen und soll Ge-
meinschaftsangehörigen ermöglichen, in stabiler und kontinuierlicher Weise am Wirtschaftsleben eines anderen Mitgliedstaates teilzunehmen.[104]
Die Niederlassungsfreiheit unterscheidet sich von der Arbeitnehmerfreizü-
gigkeit durch die Selbständigkeit der Erwerbstätigkeit, von der Dienstleistungsfreiheit vor allem durch die Dauerhaftigkeit der Tätigkeit.[105]

Art. 48 EG erweitert den *persönlichen* Anwendungsbereich der Niederlassungsfreiheit von den Bürgern der Union auf Gesellschaften i. S. des
Art. 48 EG und nennt die Voraussetzungen für deren Gleichstellung mit
natürlichen Personen.[106] Diese Voraussetzungen sind erstens die Grün-

---

RWiss 1999, 1; zu der Gesamtstruktur eines europäischen Kollisionsrechts, bestehend
aus Außenkollisionsrecht, Rangkollisionsrecht und Kollisionsrecht für das Verhältnis
der Mitgliedstaaten untereinander Schaub, JZ 2005, 328; Sonnenberger, ZVglRWiss
1996, 3; Basedow, NJW 1996, 1921.

[98] So Grundmann, Europäisches GesR, S. 358 Rn. 759.

[99] Weller, in: Zivilrecht unter europäischem Einfluss, S. 783 Rn. 21, spricht von einem
„kollisionsrechtlichen Gehalt" der Art. 43, 48 EG.

[100] So aber Leible/Hoffmann, RIW 2002, 935 (933 f.).

[101] Paefgen, WM 2003, 561 (566); Schanze/Jüttner, AG 2003, 661 (665); Binge/Thölke,
DNotZ 2004, 21 (24 f.).

[102] Grabitz/Hilf/Randelzhofer/Forsthoff, EGV Art. 43 Rn. 4 (18. EL Mai 2001).

[103] Streinz/Müller-Graff, EUV/EGV, Art. 43 EGV Rn. 2 m. w. Nachw.

[104] Geiger, EUV/EGV, Art. 43 EGV Rn. 1.

[105] Haratsch/Koenig/Pechstein, Europarecht, S. 338 Rn. 810 m. w. Nachw.

[106] Grabitz/Hilf/Randelzhofer/Forsthoff, EGV Art. 48 Rn. 1 (18. EL Mai 2001).

dung nach dem Recht eines Mitgliedstaates und zweitens ihre Präsenz in der Gemeinschaft.[107] Die Präsenz wird dadurch eröffnet, dass alternativ der satzungsmäßige Sitz, die Hauptverwaltung oder die Hauptniederlassung in der Gemeinschaft liegt.[108] Eine weitergehende, tatsächliche und dauerhafte Verbindung mit der Wirtschaft eines Mitgliedstaates ist nicht erforderlich.[109]

Der *sachliche* Anwendungsbereich der Niederlassungsfreiheit ist bei Ausübung einer selbständigen Tätigkeit zur Gewinnerzielung eröffnet, auf der Grundlage einer festen ständigen Einrichtung, die auf Dauer angelegt ist und einen grenzüberschreitenden Sachverhalt darstellt.[110] Die Tätigkeit darf gem. Art. 45 EG keine Ausübung öffentlicher Gewalt darstellen. Will ein Bürger der Gemeinschaft in einem anderen Mitgliedsstaat mittels einer Gesellschaft tätig werden, legt er es gerade darauf an, eine feste und dauerhafte Einrichtung zu begründen.

cc) Das Ansässigkeitskriterium

Die Art. 43 Abs. 1 S. 2 EG i. .V. m. Art. 48 EG sollen dem Wortlaut nach die *Ansässigkeit* von Gesellschaften in der Gemeinschaft fordern, falls diese Agenturen, Zweigniederlassungen oder Tochtergesellschaften gründen möchten.[111] Das soll in Fällen gelten, in denen sich allein der satzungsmäßige Sitz der Gesellschaft in der Gemeinschaft befindet.[112]

Das Ansässigkeitserfordernis ist im EGV weder definiert noch vom EuGH näher konkretisiert. Es wird davon ausgegangen, dass es auf eine wirtschaftliche Betrachtung der Tätigkeit der Gesellschaft in der Gemeinschaft und in Drittstaaten ankommt, um zu entscheiden, wo die Gesellschaft ansässig ist.[113] Das Allgemeine Programm zur Aufhebung der Beschränkung der Niederlassungsfreiheit verlangt von Gesellschaften, die nur ihren satzungsmäßigen Sitz innerhalb der Gemeinschaft haben, dass ihre Tätigkeit in tatsächlicher und dauerhafter Verbindung mit der Wirt-

---

[107] Von der Groeben/Schwarze/Tiedje/Troberg, EUV/EGV, Art. 48 EG Rn. 6.

[108] Art. 48 EG; dazu von der Groeben/Schwarze/Tiedje/Troberg, EUV/EGV, Art. 48 EG Rn. 6 und 8 ff.

[109] Calliess/Ruffert/Bröhmer, EUV/EGV, Art. 48 EG Rn. 7.

[110] Hobe, Europarecht, S. 197 Rn. 652 ff. m. w. Nachw.

[111] Von der Groeben/Schwarze/Tiedje/Troberg, EUV/EGV, Art. 48 EG Rn. 11.

[112] Hirte/Bücker/Forsthoff, Grenzüberschreitende Gesellschaften, S. 54 Rn. 11; von der Groeben/Schwarze/Tiedje/Troberg, EUV/EGV, Art. 48 EG Rn. 12.

[113] Grabitz/Hilf/Randelzhofer/Forsthoff, EGV Art. 43 Rn. 54 (18. EL Mai 2001).

schaft eines Mitgliedstaates steht, womit die Ansässigkeit umschrieben sein dürfte.[114]

Die Gleichstellung der Gesellschaften mit den natürlichen Personen in Art. 48 EG würde unter Berücksichtigung des Ansässigkeitskriteriums dann zu folgendem Wortlaut des Art. 43 Abs. 1 S. 2 EG zusammengelesen mit Art. 48 Abs. 1 EG führen: „Das gleiche gilt für Beschränkungen der Gründung von Agenturen, Zweigniederlassungen oder Tochtergesellschaften durch – nach den Rechtsvorschriften eines Mitgliedstaats gegründeten Gesellschaften, die ihren satzungsmäßigen Sitz, ihre Hauptverwaltung oder ihre Hauptniederlassung innerhalb der Gemeinschaft haben – [und] die im Hoheitsgebiet eines Mitgliedstaats ansässig sind."

Fraglich ist jedoch, ob der zweite Teil, der sprachlich nur mittels einem „und" angefügt werden kann, Teil der Verweisung sein muss, oder sich nur auf die „Angehörigen des Mitgliedstaats" des ursprünglichen Art. 43 Abs. 1 S. 2 EG, also auf natürliche Personen bezieht und für Gesellschaften wegzulassen wäre. Im Falle des Bestehens einer Hauptniederlassung oder Hauptverwaltung innerhalb der Gemeinschaft wäre die Ansässigkeit der Gesellschaft im Sinne der herkömmlichen wirtschaftlichen Betrachtungsweise bereits durch diese gewährleistet. Sie könnte also ohne weiteres Agenturen, Zweigniederlassungen oder Tochtergesellschaften gründen. Nur in den Fällen, in denen lediglich ein satzungsmäßiger Sitz in der Gemeinschaft besteht, können Zweifel an deren Ansässigkeit aufkommen.

Dabei ist zu beachten, dass die Ansässigkeit für die *Verlegung* der *Haupt*gesellschaft selbst kein Kriterium sein kann. Ihre Präsenz in der Gemeinschaft, etwa durch ihren satzungsmäßigen Sitz in einem Mitgliedsstaat genügt, um für sie die Niederlassungsfreiheit zu eröffnen. Höhere Anforderungen an die Gründung einer – rechtlich unselbständigen – Zweigniederlassung als an die Verlegung der Hauptgesellschaft selbst zu stellen, erscheint jedoch widersprüchlich.

Bezieht man die Rechtsprechung des EuGH in die Erwägungen mit ein, wird eine Einschränkung des Ansässigkeitskriteriums deutlich, die den Widerspruch auflöst. Nach der Rechtsprechung des EuGH, die weiter unten aufgezeigt wird[115], kann die Unterscheidung zwischen Haupt- und Zweigniederlassung innerhalb der Gemeinschaft nicht mehr nach wirtschaftlichen Kriterien erfolgen. Die Hauptgesellschaft ist also immer am Ort der Gründung zu suchen. Damit kann innerhalb der Gemeinschaft

---

[114] ABl. EG 1962 v. 15.01.1962,Nr. 2, S. 36, Abschnitt I, 4. Spiegelstrich; ebenso: Allgemeines Programm zur Aufhebung der Beschränkungen des freien Dienstleistungsverkehrs, ABl. EG 1962 v. 15.01.1962,Nr. 2, S. 32 Abschnitt I, 2. Spiegelstrich.
[115] Siehe insbes. unten, Kapitel II.3.a).

auch für die Gründung von Agenturen, Zweigniederlassungen und Tochtergesellschaften nicht mehr auf die Ansässigkeit abgestellt werden.[116]

Eine Gesellschaft die ihre Hauptniederlassung innerhalb der Gemeinschaft verlegen will, will ihre Einrichtung, die der Eingliederung in die nationale Volkswirtschaft dient, verlegen und so in Bezug auf den Zuzugsstaat ihre Niederlassungsfreiheit in Anspruch nehmen. Das gilt auch für den Fall, dass die Hauptniederlassung nur in einem Satzungssitz besteht.

Will eine Gesellschaft, die in der Gemeinschaft gegründet wurde, eine rechtlich unselbständige Zweigniederlassung oder eine Tochterfirma gründen, so ist sie über ihren Hauptsitz, auch wenn sie an diesem nie wirtschaftlich tätig war, mit der Gemeinschaft verbunden. Da sie in Abgrenzung zur Dienstleistungsfreiheit eine feste Einrichtung begründen will, fällt dies unter die Niederlassungsfreiheit. Auf eine weitere *Ansässigkeit* kommt es nicht an.

In Bezug auf Drittstaaten behält das Ansässigkeitserfordernis seine Berechtigung.[117] Hier dient es dazu, die Gründung von Briefkastenfirmen zu verhindern, die dann ohne weitere Einschränkung in der Gemeinschaft tätig werden könnten.[118]

Innerhalb der Gemeinschaft wird durch den Wegfall des Ansässigkeitskriteriums die Unterscheidung zwischen primärer (Verlegung des Hauptsitzes einer Gesellschaft oder Gründung einer Gesellschaft) und sekundärer (Begründung von Zweigniederlassungen) Niederlassungsfreiheit fraglich.[119] Zumindest darf dieser Unterscheidung keine wesentliche materielle Bedeutung in dem Sinn zugewiesen werden, dass an einen Fall der primären Niederlassungsfreiheit andere Voraussetzungen gestellt werden als an einen Fall der sekundären Niederlassungsfreiheit.[120] Eine Gesellschaft, die auch nur ihren satzungsmäßigen Sitz in der Gemeinschaft hat, macht immer von ihrer Niederlassungsfreiheit Gebrauch, wenn sie sich innerhalb der Gemeinschaft verändert. Letztlich signalisiert der Ansässig-

---

[116] So bereits Schwarze/Müller-Huschke, EU-Kommentar, Art. 48 EGV Rn. 11 f.

[117] Laut den Schlussanträgen des Generalanwalts La Pergola in der Rs. Centros, Slg. 1999, S. I–1459, Rn. 12 hat das Kriterium sogar „offenkundig Bedeutung nur für nichtgemeinschaftliche Gesellschaften".

[118] Grundmann, Europäisches GesR, S. 359 Rn. 761; von der Groeben/Schwarze/Tiedje/Troberg, EUV/EGV, Art. 48 EG Rn. 12 und Art. 43 EG Rn. 157; Calliess/Ruffert/Bröhmer, EUV/EGV, Art. 43 EG Rn. 19; Schwarze/Müller-Huschke, EU-Kommentar, Art. 43 EGV Rn. 29.

[119] Grundmann, Europäisches GesR, S. 359 Rn. 762; Eidenmüller/Rehm, ZGR 2004, 159 (164); Weller, in: Zivilrecht unter europäischem Einfluss, S. 772 Fn. 3.

[120] Schön, FS Lutter, S. 685 (696).

keitsbegriff nichts anderes, als in den Merkmalen feste Einrichtung und Dauerhaftigkeit im Niederlassungsmitgliedsstaat schon angelegt ist.[121]

2. Die Entwicklung der Rechtsprechung des EuGH bis Centros

Bis zur Centros-Entscheidung des EuGH vertrat die herrschende Meinung in Deutschland auch für den europäischen Gemeinschaftsraum zur Bestimmung des Gesellschaftsstatuts die Sitztheorie.[122] Im europäischen Gemeinschaftsraum standen z. B. England und die Niederlande für die Gründungstheorie, ebenso wie außerhalb die USA und die Schweiz.

In einem Rechtsstreit der Kommission gegen Frankreich im Jahre 1986[123] stellte der EuGH grundlegend klar, dass die Niederlassungsfreiheit nach Art. 52 und 58 EWG-Vertrag[124] auch in Bezug auf Zweigniederlassungen Anwendung findet.[125] Der Gerichtshof verglich den Sitz einer Gesellschaft mit der Staatsangehörigkeit, welche bei einer natürlichen Person die Zugehörigkeit zur Rechtsordnung eines Staates bestimmt.[126] In der Entscheidung „Segers"[127] wendete der EuGH die Niederlassungsfreiheit ebenfalls auf Zweigniederlassungen von Gesellschaften innerhalb von Staaten der EWG an und verdeutlichte, dass es nur auf die Gründung und nicht auf die Entfaltung von Geschäftstätigkeit durch die Hauptgesellschaft ankommt.[128]

In seiner Entscheidung „Daily Mail and General Trust"[129] führte der EuGH aus, dass die Niederlassungsfreiheit nach Art. 43, 48 EG die Probleme, die durch eine Verlegung des satzungsmäßigen oder wahren Sitzes einer Gesellschaft entstehen, nicht löse. Dies sei der Rechtsetzung oder dem Vertragsschluss vorbehalten.[130] Der Gerichtshof kam zu dem Ergebnis, dass die Art. 43, 48 EG einer Gesellschaft, die nach dem Recht eines Mitgliedstaats gegründet ist und in diesem ihren satzungsmäßigen Sitz hat, nicht das Recht gewähren, den Sitz ihrer Geschäftsleitung in einen

---

[121] Calliess/Ruffert/Bröhmer, EUV/EGV, Art. 43 EG Rn. 18.

[122] Von Bar, IPR II, S. 449 Rn. 619; Kropholler, IPR, S. 571; Kegel/Schurig, IPR, S. 575; K. Schmidt, GesR, S. 27; Staudinger/Großfeld, IntGesR (1998), Rn. 26.

[123] Rs. 270/83, Slg. 1986, S. I–273 – Kommission gegen Frankreich „avoir fiscal".

[124] Jetzt Art. 43 und 48 EGV (im Folgenden nurmehr so zitiert).

[125] EuGH Urteil Rs. 270/83, Rn. 18.

[126] Ebd.; EuGH Urteil Rs. C-330/91, Slg. 1993, S. I–4017 – Commerzbank, Rn. 13; EuGH Urteil Rs. C- 264–96, Slg. 1998, S. I–4695 – ICI, Rn. 20.

[127] Rs. 79/85, Slg. 1986, S. I–2375 – Segers.

[128] EuGH, Urteil Segers, Rn. 16.

[129] Rs. 81/87, Slg. 1988, S. I–5483 – Daily Mail.

[130] EuGH, Urteil Daily Mail, Rn. 23.

anderen Mitgliedstaat zu verlegen.[131] Das war als Akzeptanz der Sitztheorie gewertet worden[132] und in der Rechtsprechung als Beleg dafür, dass sie mit Art. 43, 48 EG vereinbar ist[133].

3. Die Rechtsprechung des EuGH: Centros, Überseering, Inspire Art

a) Centros

In der Centros-Entscheidung wiederholte der EuGH den Grundsatz des Segers-Urteils, dass es nicht darauf ankomme, ob die Hauptgesellschaft im Gründungsland Geschäftstätigkeit entfalte.[134] Die Möglichkeit, in einem Land der Gemeinschaft eine Gesellschaft zu gründen und mit dieser über eine Zweigniederlassung in einem anderen Land tätig zu werden, sei gerade der Inhalt der Niederlassungsfreiheit.[135] Diese werde behindert, wenn die Eintragung der Zweigniederlassung einer Gesellschaft in ein Register des Aufnahmestaates abgelehnt werde, mit der Begründung, die Gesellschaft entfalte im Gründungsstaat keine Geschäftstätigkeit.[136]

Diese Aussage des EuGH hat Folgen für die rechtliche Behandlung der Hauptniederlassung in dem Land, in dem die Zweigniederlassung Geschäftstätigkeit entfalten soll. Das ergibt sich aus dem Begriff der Zweigniederlassung in Art. 43 EG. Zur Klärung dieses Begriffs kann nicht auf das Gesellschaftsrecht einzelner Mitgliedsstaaten der Gemeinschaft Bezug genommen werden. Der Inhalt muss allein aus europarechtlicher Sicht bestimmt werden, unabhängig von etwa gleich oder anders lautendem mitgliedstaatlichem Recht.[137]

Eine Zweigniederlassung hat im Gegensatz zu einer Tochtergesellschaft keine eigene Rechtspersönlichkeit.[138] Durch die Gründung einer Tochtergesellschaft mit eigener Rechtspersönlichkeit stellt sich ein Anknüpfungsproblem bei dieser also gar nicht. Anders bei der Zweigniederlassung. Das

---

[131] EuGH, Urteil Daily Mail, Rn. 24.
[132] Timme/Hülk, JuS 1999, 1055 (1057) m. w. Nachw. in Fn. 37.
[133] BayObLG, NJW-RR 1999, 401, 402.
[134] EuGH, Urteil Centros, Rn. 17 und 29.
[135] EuGH, Urteil Centros, Rn. 27.
[136] EuGH, Urteil Centros, Rn. 20 und 21.
[137] Geiger, EUV/EGV, Art. 220 EGV Rn. 12.
[138] Schlussanträge des Generalanwalts La Pergola in der Rs. Centros, Slg. 1999, S. I–1459, Rn. 15.

auf sie anwendbare Recht wird durch die Rechtsordnung der Hauptgesellschaft bestimmt, da sie ja nur deren Untergliederung ist.[139]

Hieraus ergibt sich die Tragweite des Centros-Urteils: Die Zweigniederlassung ist nicht rechtsfähig, muß aber in ein Register des Aufnahmestaates eingetragen werden, weil die Hauptgesellschaft aufgrund der Niederlassungsfreiheit als existent angesehen werden muss.[140] Da es dabei auf das Entfalten von Geschäftätigkeit im Herkunftsland nicht ankommt, kann eine Gesellschaft in Aufnahmestaaten, die der Sitztheorie folgen, nicht darauf verwiesen werden, sie sei formal eine inländische Gesellschaft, als solche aber nicht wirksam gegründet.[141] Und das führt zurück zu der Aussage des EuGH, der satzungsmäßige Sitz der Gesellschaft diene – wie bei der natürlichen Person die Staatsangehörigkeit – dazu, die Zugehörigkeit zu einer Rechtsordnung zu bestimmen. Außerhalb der Rechtsordnung des Gründungsstaats habe die Gesellschaft keine Realität.[142]

Als Konsequenz dieser Rechtsprechung des Gerichtshofs darf die Unterscheidung von Haupt- und Zweigniederlassung aus europarechtlicher Sicht auch nicht mehr nach dem Schwerpunkt der Geschäftätigkeit vorgenommen werden. Denn die Hauptniederlassung ist immer am Ort der Gründung zu suchen, da nur das Recht dieses Ortes die Gesellschaft real werden läßt.[143] Die Betrachtungsweise ist also eine rein formale, keine wirtschaftliche.[144]

Die Folgen für die Ermittlung des Gesellschaftsstatuts aus deutscher Sicht waren umstritten. Ob die Niederlassungsfreiheit innerhalb des Geltungsbereichs des EGV zur kollisionsrechtlichen Anknüpfung im Sinne der Gründungstheorie zwingen würde, wurde teilweise als interpretationsbedürftig[145] und noch offen[146] bezeichnet.[147] Das Centros-Urteil wurde aber auch als Meilenstein für das Niederlassungsrecht von Gesellschaften in Europa verstanden und wesentliche Folgen für die Anwendung der Sitztheorie prophezeit.[148] Den Anhängerstaaten der Sitztheorie sei nun versagt, die Verlegung des tatsächlichen Verwaltungssitzes mit einem Sta-

---

[139] Schlussanträge des Generalanwalts La Pergola in der Rs. Centros, Slg. 1999, S. I–1459, Rn. 15.
[140] Hoor, NZG 1999, 984 f.
[141] Leible, NZG 1999, 300 (301).
[142] EuGH, Urteil Daily Mail, Rn. 19.
[143] A.A. Ebke, JZ 1999, 655 (658).
[144] Ebenso Calliess/Ruffert/Bröhmer, EUV/EGV, Art. 48 EG Rn. 10; Ehlers/Tietje, Europäische Grundrechte und Grundfreiheiten, S. 252, Rn. 34.
[145] Roth, ZIP 1999, 861 (863).
[146] Sedemund/Hausmann, BB 1999, 810 (811).
[147] Siehe dazu auch Scholz/H. P. Westermann, GmbHG, Einleitung Rn. 102.
[148] Werlauff, ZIP 1999, 867 (874); Neye, EWiR 1999, 259; Schurig, Liber Amicorum Gerhard Kegel 2002, S. 199 (214), trotz „Sympathie" für die Gegenansicht, vgl. S. 211.

tutenwechsel zu belegen.[149] Der Sitztheorie sei „der Garaus gemacht".[150] Anderer Ansicht nach, ergaben sich aus dem Centros-Urteil keine unmittelbaren Auswirkungen auf das deutsche Internationale Gesellschaftsrecht.[151] Schließlich wurde auch hier bereits eine Sonderanknüpfung für einen Bestand an zwingenden Regeln des deutschen Gesellschaftsrechts im Sinne einer Überlagerungstheorie vorgeschlagen[152], oder dafür plädiert, das Instrument der Durchgriffshaftung auszuweiten[153].

Diese Überlegungen wurden durch die weitere Rechtsprechung des EuGH überholt oder bestätigt. Die im Folgenden darzustellenden Entscheidungen des EuGH Überseering und Inspire Art sollten konkretere Rückschlüsse auf die Rechtsfähigkeit von europäischen Auslandsgesellschaften und die Folgen der Niederlassungsfreiheit für die Ermittlung des Gesellschaftsstatuts zulassen.

b) Überseering

aa) Vorlage des BGH

Die Überseering-Entscheidung des EuGH basiert auf einer Vorlage des VII. Zivilsenats des BGH gemäß Art. 234 EG.[154] Das OLG Düsseldorf hatte als vorentscheidende Instanz die Rechts- und Parteifähigkeit einer in den Niederlanden eingetragenen „Besloten Vennootschap met beperkte aansprakelijkheid" (BV) verneint. [155]

bb) Verhältnis zur Entscheidung Centros

In der Centros-Entscheidung war der EuGH zur Beurteilung der Anwendbarkeit der Niederlassungsfreiheit auf Gesellschaften noch den Umweg über die Frage nach der Eintragungsfähigkeit von Zweigniederlassungen gegangen. Dies wird in der Überseering-Entscheidung nicht mehr aufrechterhalten. Der EuGH geht davon aus, dass es die Gesellschaft selbst ist, die in einem anderen Mitgliedstaat tätig ist.[156] Daher geht der Gerichtshof

---

[149] Behrens, IPRax 1999, 323 (330).
[150] Meilicke, DB 1999, 627.
[151] Kindler, NJW 1999, 1993 (1999).
[152] Höfling, DB 1999, 1206 (1208).
[153] Ulmer, JZ 1999, 662 (664 f.).
[154] BGH, Vorlagebeschluss vom 30.03.2000 – VII ZR 370/98.
[155] OLG Düsseldorf, Urteil v. 10.09.1998 – 5 U 1/98 = JZ 2000, 203 m. Anm. Ebke; die niederländische BV entspricht in etwa der deutschen GmbH, siehe Hirte/Bücker/Rammeloo/Kluiver, Grenzüberschreitende Gesellschaften, S. 180 Rn. 7.
[156] EuGH, Urteil Überseering, Rn. 57.

auch nicht auf die Ausführungen des Generalanwalts ein, in der Centros-Entscheidung sei es nur um die Frage der Errichtung einer Zweigniederlassung gegangen.[157]

Der Gerichtshof hat somit die Konsequenz aus der mangelnden Rechtsfähigkeit der Zweigniederlassung gezogen und erkannt, dass durch die Niederlassungsfreiheit aus Art. 43, 48 EG die (Haupt-)Gesellschaft selbst in Ihrer vom Mitgliedsstaat der Gründung vorgegebenen Verfassung geschützt ist. Somit wäre es *dieselbe* Gesellschaft, die in Deutschland neu gegründet werden müsste, wenn die Anerkennung einer Gesellschaft die Gründung einer Zweigniederlassung nach dem Recht des Aufnahmestaats erfordern würde.[158]

Durch eine solche Neugründung würde aber die Gesellschaft – in der Diktion des EuGH – entweder ihre Realität verlieren, denn diese ist mit dem Recht des Gründungsstaats untrennbar verbunden. Oder es würde gleichsam eine zweite Gesellschaft entstehen.[159] Beides verstößt aber gegen die Niederlassungsfreiheit, was im ersten Fall augenfällig ist, im zweiten Fall darin begründet ist, dass es eben nicht die Gesellschaft ist, die ursprünglich gegründet ist, die nun im Aufnahmeland agieren kann, sondern eine andere. Denn „Gründung" einer Zweigniederlassung, wie es in Art. 43 EG heißt, bedeutet nicht die Schaffung einer weiteren, von der (Haupt-)Gesellschaft unabhängigen Struktur. Da die Zweigniederlassung im europarechtlichen Sinn nicht rechtsfähig ist, geht es nur um das faktische Tätigwerden im Aufnahmestaat. Ansonsten könnte auch eine Gleichstellung mit den natürlichen Personen, wie sie in Art. 48 EG vorgegeben ist, nicht erreicht werden. Würden diese gezwungen, ihre Staatsangehörigkeit bei Niederlassung jenseits ihrer Heimatgrenzen zu ändern, läge ein offensichtlicher Verstoß gegen Art. 43 EG vor.[160]

cc) **Verhältnis zur Entscheidung Daily Mail**

Einen breiten Raum nimmt die Auseinandersetzung des Gerichtshof mit den Einwendungen ein, die aus der Entscheidung Daily Mail hergeleitet wurden.[161] Der EuGH stellt klar, dass sich die Entscheidung Daily Mail mit Wegzugsbeschränkungen seitens des Gründungsstaats befasst.[162] Aussagen zum Verstoß gegen die Niederlassungsfreiheit bei Ver-

---

[157] Schlussanträge des Generalanwalts Colomer in der Rs. Überseering, Slg. 2002, S. I-9919, Rn. 36 = ZIP 2002, 75 m. Anm. Eidenmüller S. 82.
[158] EuGH, Urteil Überseering, Rn. 81.
[159] Dubovizkaja, GmbHR 2003, 694 (695).
[160] Forsthoff, DB 2002, 2471 (2475).
[161] EuGH, Urteil Überseering, Rn. 61–73.
[162] EuGH, Urteil Überseering, Rn. 70.

legung des Verwaltungssitzes durch einen Aufnahmestaat, der sich weigert, die Rechtspersönlichkeit einer in einem Mitgliedstaat gegründeten Gesellschaft anzuerkennen, seien in der Entscheidung Daily Mail nicht getroffen.[163]

dd) Konsequenzen der Entscheidung Überseering

aaa) Rechts- und Parteifähigkeit

Der Generalanwalt in der Sache Überseering hat darauf hingewiesen, dass es nicht die Aufgabe des Gerichtshofes ist, das nationale Recht, insbesondere das Internationale Privatrecht, zu gestalten.[164] Der EuGH entscheidet nicht über nationale Theoriestreitigkeiten, sondern überprüft gem. Art. 234 EG, ob eine beabsichtigte Auslegung gegen den EGV verstößt. Nichts anderes hat der EuGH in der Sache Überseering getan.[165] Die Konsequenz die sich für die deutschen Sitz- und Gründungstheorien hieraus ergibt, ist jedoch, dass bei ihrer Anwendung jeweils zu hinterfragen ist, ob die Anwendung gegen die vom EuGH erläuterte Auslegung der Niederlassungsfreiheit verstößt.

Für die Frage der Rechts- und Parteifähigkeit hat der EuGH die Entscheidung klar vorgegeben. Die Niederlassungsfreiheit zwingt dazu, eine in einem Mitgliedstaat gegründete Gesellschaft als rechts- und parteifähig zu behandeln. Dabei spielt es keine Rolle, dass das nach der strengen Variante der Sitztheorie, der auch die Rechtsprechung in Deutschland bis dahin gefolgt war, mangels wirksamer Gründung der Gesellschaft in Deutschland bei Kapitalgesellschaften bislang nicht möglich war.

Anders herum ausgedrückt, spielt es keine Rolle, ob eine Gesellschaft nach deutschem Recht rechtsfähig und somit auch parteifähig ist, was sie, nach der strengen Variante der Sitztheorie, nur bei ordnungsgemäßer Gründung nach deutschen Vorschriften sein kann. Eine in ihrem Heimatstaat wirksam gegründete Gesellschaft, die nach dem Recht *dieses* Staats rechts- und parteifähig ist, kann dieses Recht auch in Deutschland für sich in Anspruch nehmen gem. Art. 43, 48 EG.[166]

---

[163] EuGH, Urteil Überseering, Rn. 71.

[164] Schlussanträge des Generalanwalts Colomer in der Rs. Überseering, Rn. 43.

[165] Baudenbacher/Buschle, IPRax 2004, 26.

[166] Knapp, DNotZ 2003, 85 (88) sieht hier Parallelen zu dem für den Warenverkehr vorgeschriebenen Herkunftslandprinzip. Zu diesem Prinzip kritisch Roth, RabelsZ 55 (1991), 623 (664 ff.); Basedow, RabelsZ 59 (1995), 1 (15 ff.); von Wilmowsky, RabelsZ 62 (1998), 1 (11 ff.).

bbb) Folgen für die Sitztheorie

Aus der Beschränkung der Prüfung des EuGH auf Vereinbarkeit einer Rechtsprechung oder Gesetzgebung mit dem EGV wurde gefolgert, die Sitztheorie könne weiterbestehen, wenn nur ihr Ergebnis in Einklang mit Art. 43, 48 EG gebracht werde.[167] Die Aussagen des EuGH beschränkten sich darauf, dass das Recht des Gründungsstaates zu befragen sei, ob die Gesellschaft nach ihrem Umzug noch bestehe und bedeute nicht, dass die Rechts- und Parteifähigkeit nach dem Recht des Gründungsstaates zu beurteilen sei.[168] Das Problem sei nicht im Kollisionsrecht zu suchen, sondern im materiellen Recht, wenn dieses der zugezogenen Gesellschaft die Rechtspersönlichkeit versage. Sei die Möglichkeit einer identitätswahrenden Neugründung gegeben, beschränke auch die Sitztheorie die Niederlassungsfreiheit nicht.[169] Der reine Statutenwechsel könne keine unzulässige Beschränkung der Niederlassungsfreiheit bedeuten.[170]

Problematisch ist jedoch, ob dies konstruktiv überhaupt möglich ist und ob sich so die Anforderungen, die der EuGH an die Gewährleistung der Niederlassungsfreiheit stellt, verwirklichen lassen. Denn auch wenn sich die Beschränkungen erst aus dem materiellen Recht ergeben, resultieren sie mittelbar bereits aus dem Kollisionsrecht.[171] Nimmt man dazu die Aussage des EuGH, eine Gesellschaft habe außerhalb *ihrer* Rechtsordnung keine Realität[172], wird deutlich, dass die Sitztheorie selbst, nicht nur ihr Ergebnis gegen die Art. 43, 48 EG verstößt. Denn die Aussage der Sitztheorie ist, dass bei einer Grenzüberschreitung einer Gesellschaft der Zuzugsstaat diese seinen Regeln unterwerfen darf. Der EuGH hingegen sieht das Personalstatut einer Gesellschaft als etwas Statisches. Basierend auf der ersten Voraussetzung des Art. 48 EG, der Gründung einer Gesellschaft nach den Rechtsvorschriften eines Mitgliedstaates, lässt der Gerichtshof eine Veränderung der die Gesellschaft konstituierenden Rechtsordnung nicht zu.[173] In aller Deutlichkeit formuliert der EuGH dies in seiner Antwort auf die zweite Vorlagefrage: Es sei „die Rechtsfähigkeit

---

[167] Kindler, NJW 2003, 1073 (1077).
[168] Großerichter, DStR 2003, 159 (166).
[169] Leible/Hoffmann, RIW 2002, 925 (929).
[170] Großerichter, DStR 2003, 159 (167).
[171] Eidenmüller, ZIP 2002, 82 (83). Die Ansicht, dass die Entscheidung Überseering eine kollisionsrechtliche *Tragweite* hat, scheint die Mehrheit zu teilen, siehe die Nachw. in Fn. 592 bei MünchKommBGB/Sonnenberger, EinlIPR Rn. 162, der daraus jedoch einen kollisionsrechtlichen Gehalt des EG-Primärrechts für das internationale Gesellschaftsrecht insgesamt folgert, a. a. O. Rn. 157 ff. *Konkrete Vorgaben* für einen kollisionsrechtlichen Weg, der zur Anwendung bestimmter materieller Vorschriften führt, macht der EuGH jedoch gerade nicht, siehe Bitter, Jb.J.ZivRWiss. 2004, S. 299 (310).
[172] EuGH, Urteil Daily Mail, Rn. 19.
[173] Forsthoff, DB 2002, 2471 (2473).

und damit die Parteifähigkeit zu achten, die diese Gesellschaft nach dem Recht ihres Gründungsstaats besitzt."[174] Der Statutenwechsel selbst, genauer der sich aus der Anknüpfung an den tatsächlichen Verwaltungssitz ergebende Wechsel des anwendbaren Rechts, stellt einen Verstoß gegen die Niederlassungsfreiheit dar.[175]

Selbst wenn also das *materielle* Recht des Staates der Gemeinschaft, in den die Gesellschaft ihren tatsächlichen Sitz verlegt, Regelungen bereithält, nach denen die Gesellschaft entsprechend dem Recht ihres Gründungsstaats übersetzt in nationales Recht beurteilt wird, verstößt das gegen die Niederlassungsfreiheit. Denn nach der Auffassung des EuGH steht es dem Zuzugsstaat weder im Bereich des Kollisionsrechts noch im Bereich des materiellen Rechts zu, darüber zu entscheiden ob ein Verband rechtsfähig ist oder nicht. Eine Regelung des Sitzrechts, z. B. im deutschen GmbHG, eine niederländische BV sei auch ohne die üblichen Voraussetzungen als GmbH zu behandeln, würde den Vorgaben des EuGH nicht genügen. Kollisionsrechtlich würde die Anwendung der Sitztheorie in diesem Fall zwar dazu führen, dass nationales Recht Anwendung findet, das der ausländischen Gesellschaft Existenz lässt, sie also z. B. für rechts- und parteifähig hält. Jedoch würde diese Beurteilung nach dem eigenen Recht des Zuzugsstaats erfolgen und nicht nach dem Recht des Gründungsstaats. Nur wenn das vermieden wird, wird die Rechts- und Parteifähigkeit der ausländischen Gesellschaft in der Terminologie des EuGH „geachtet". Vermieden wird es dadurch, dass im Falle der Sitzverlegung nach Deutschland auf das *Sachrecht* des EU-Mitgliedstaates abgestellt wird, nach dem die Gesellschaft gegründet wurde.[176]

Legislatorisches Vorbild kann eine kollisionsrechtliche Lösung wie Art. 154 Abs. 1 schweizerisches IPRG sein.[177] Aber schon für Art. 154 Abs. 2 schweizerisches IPRG, der bei einer missglückten Gründung das Sitzrecht zur Anwendung bringt, ist dies fraglich. Es könnten auch die Regelungen des avisierten Gründungsstaats für Gründungsfehler – in Deutschland wären das z. B. die Regeln über die fehlerhafte Gesellschaft – zur Anwendung kommen. Art. 159 und 160 schweizerisches IPRG, die eine Handelndenhaftung nach schweizerischem Recht und die Anwendung schweizerischen

---

[174] EuGH, Urteil Überseering, TenorNr. 2 und Rn. 95.

[175] Roth, IPRax 2003, 117 (124).

[176] Roth, FS Heldrich, S. 973 (976).

[177] Das IPRG ist auszugsweise abgedruckt im Anhang Gesetzestexte,Nr. 1. Zum deutschen Referentenentwurf des Bundesministeriums der Justiz für ein Gesetz zum Internationalen Privatrecht der Gesellschaften, Vereine und juristischen Personen vom 07.01.2008 siehe unten, Kapitel II.4.c)cc).

Rechts auf Zweigniederlassungen normieren[178], wären allerdings nicht mit der Rechtsprechung des EuGH in Einklang zu bringen.

ccc) Folgen für die „eingeschränkte" Sitztheorie

Der BGH war dafür kritisiert worden, das Vorabentscheidungsverfahren angestrengt zu haben[179], denn unter der Voraussetzung, dass man die Sitztheorie nicht nur zu Lasten, sondern auch zu Gunsten der Gesellschaft Anwendung finden lässt, wäre man zu einer Rechts- und Parteifähigkeit einer sogenannten Scheinauslandsgesellschaft auch über deren Einordnung als oHG oder GbR gekommen.[180] Der Hinweis des BGH, eine in Deutschland nicht anerkannte Gesellschaft könne nicht Trägerin von Rechten und Pflichten sein, gehe daher fehl.[181] Dies sei die extremste Variante der Sitztheorie.[182] Als Motiv wurde dem BGH unterstellt, er wolle eventuell die Gemeinschaftskonformität der seit dem Centros-Urteil bedrängten Sitztheorie zumindest in einem Teilbereich überprüfen lassen.[183]

Im Stadium der Überseering-Rechtsprechung des EuGH und nicht erst nach der Entscheidung Inspire Art konnte jedoch auch die Umqualifizierung einer ausländischen Gesellschaft in eine GbR oder oHG keine Lösung mehr sein. Denn es ging dem EuGH nicht um die Herstellung der Rechts- und Parteifähigkeit an sich, sondern um die Rechts- und Parteifähigkeit, die die Gesellschaft nach dem Recht ihres Gründungsstaates besitzt, egal welche Rechts- und Parteifähigkeit ihr der Zuzugsstaat vielleicht gewährt.[184] Eine Beschränkung der Tragweite der Ausführungen des EuGH auf die Rechts- und Parteifähigkeit und ein Ausklammern der Organisationsverfassung der Gesellschaft[185] erschien unter diesem Aspekt problematisch. Bereits hier zeichnete sich ab, dass auch die weiteren gesellschaftsrechtlichen Fragen am Maßstab der Niederlassungsfreiheit zu messen waren.[186]

---

[178] Dazu kritisch Siehr, IPRG, S. 407 f.

[179] Roth, ZIP 2000, 1597 (1599); Zimmer, BB 2000, 1361 (1363); Forsthoff, DB 2000, 1109 f.; Bechtel, NZG 2001, 21.

[180] Kindler, IPRax 2003, 41 (43 f.) und FS Lorenz (2001), S. 343 (349 f.); unter Einbeziehung der Regeln der Vorgesellschaft und der fehlerhaften Gesellschaft ebenso Bechtel, NZG 2001, 21 (23).

[181] Roth, ZIP 2000, 1597 (1600).

[182] Meilicke, GmbHR 2000, 693.

[183] Bous, NZG 2000, 1025; a. A. Forsthoff, DB 2000, 1109 (1110).

[184] Lutter, BB 2003, 7 (9).

[185] Zimmer, BB 2003, 1 (3).

[186] Behrens, IPRax 2003, 193 (204); Schanze/Jüttner, AG 2003, 30 (33 f.); Kallmeyer, DB 2002, 2521; Hülk/Timme, JA 2003, 765 (767).

Die Vorlage des VII. Zivilsenats des BGH war also nicht durch die Änderung der Rechtsprechung des II. Zivilsenats des BGH[187] überholt. Denn auch eine Einordnung der Überseering BV als oHG hätte gegen Art. 43, 48 EG verstoßen.[188] Denn bei dieser Einordnung wäre nicht die Gesellschaft als solche als niederlassungsfähig anerkannt, sondern nur in Form eines neuen Rechtskleides.[189] Damit wäre es wieder nicht die Gesellschaft selbst, die sich niedergelassen hätte.[190] Es kommt eben nicht auf das Recht des Aufnahmestaats an, sondern auf das des Gründungsstaats.[191]

ddd) Zusammenfassung

Zusammen mit der Centros-Entscheidung, gestaltet das in der Überseering-Entscheidung aufgezeigte Verständnis der Niederlassungsfreiheit des EuGH das Gesellschaftsrecht im Gemeinschaftsraum neu. Gesellschaften aus Mitgliedstaaten der Gemeinschaft können nicht mehr in ein Korsett des Rechts eines Zuzugsstaates gezwungen werden. Gesellschaften, die in einem Mitgliedsstaat der Gemeinschaft wirksam gegründet wurden, sind in anderen Mitgliedsstaaten nicht nur rechts- und parteifähig, sondern nehmen bildlich gesprochen ihr Gründungsrecht bei Grenzübertritt mit sich, nach dem ihre Handlungen im Zuzugsstaat dann beurteilt werden müssen.

Keine notwendigen Änderungen ergeben sich hingegen in Bezug auf Drittstaaten.[192] Völkerrechtliche Vereinbarungen können ebenfalls zu abweichenden Ergebnissen führen.[193] Das kann auch schon seit jeher so gewesen sein, so zum Beispiel im Verhältnis zu den USA, in dem staats-

---

[187] BGH, Urt. v. 01.07.2002 – II ZR 380/00; Bespr. bei Leible/Hoffmann, DB 2002, 2203; zur Frage der Vorlagepflicht des VII. Zivilsenats des BGH nach § 132 Abs. 2 GVG verneinend Rehberg, IPRax 2003, 175 (180 f.).

[188] A.A. MünchKommBGB/Kindler, IntGesR, Rn. 109.

[189] Koch/Köngeter, JURA 2003, 692 (698 f.); Binz/Mayer, GmbHR 2003, 249 (255).

[190] Von Halen, WM 2003, 571 (575 f.); Eidenmüller, ZIP 2002, 2233 (2238 f. u. 2240).

[191] Seifert, GewArch 2003, 18 (19); Kersting, NZG 2003, 9, der jedoch trotzdem die Einordnung der Scheinauslandsgesellschaft als Personengesellschaft durch die dt. Rspr. für im Ergebnis europarechtskonform hält.

[192] Kegel/Schurig, IPR, S. 576; Erman/Hohloch, Anh II Art. 37 EGBGB, Rn. 37 u. 37b; Ebke, JZ 2003, 927 (930). Mit rechtspolitischen Folgerungen im Hinblick auf die dann auftretende Spaltung des Kollisionsrechts Eidenmüller/Rehm, Ausländische Kapitalgesellschaften im deutschen Recht, S. 44 Rn. 87 ff; MünchKommBGB/Kindler, IntGesR, Rn. 433 ff. So auch OLG Hamburg, Urteil vom 30.03.2007 – 11 U 231/04 = ZIP 2007, 763 m. Anm. Ringe, GmbHR 2007, 769 und Binz/Mayer, BB 2007, 1521 und OLG Köln, Urteil vom 31.01.2006 – 22 U 109/05 = IPRax 2007, 530 m. Bespr. Thole, IPRax 2007, 519.

[193] Eidenmüller/Rehm, Ausländische Kapitalgesellschaften im deutschen Recht, S. 12 ff. mit weiteren Nachweisen insbesondere zu den hier oft einschlägigen Kapitalschutzabkommen.

vertragliche Regelungen[194] eine Anknüpfung des Personalstatuts einer Gesellschaft an den Gründungssitz gebieten.[195] Auf der Grundlage des EWR-Abkommens[196] gilt die europarechtliche Niederlassungsfreiheit und damit die Anwendung des Gründungsrechts auch für die EFTA-Staaten Island, Liechtenstein und Norwegen.[197] Für die Anknüpfungstheorien zum Gesellschaftsstatut bedeutet die Entscheidung Überseering, dass alle Lehren, die die Rechtsfähigkeit der Gesellschaft nicht bedingungslos dem Gründungsrecht unterstellen, der Niederlassungsfreiheit zuwider laufen.[198] Sobald eine der Theorien – aus welchen Gründen auch immer – eine Anknüpfung an das Recht des Sitzstaates vornimmt, ist das als Beschränkung der Niederlassungsfreiheit zu verstehen und unterliegt dem Rechtfertigungszwang.

c) Inspire Art

aa) Inhalt des Verfahrens

In der Inspire-Art-Entscheidung hatte der Gerichtshof über ein niederländisches Gesetz über formal ausländische Gesellschaften (WFBV)[199] zu entscheiden.

Nach diesem Gesetz wurde eine Gesellschaft ausländischen Rechts zwar grundsätzlich anerkannt, musste aber den Zusatz, dass es sich um eine formal ausländische Gesellschaft handele tragen, wenn sie ihre Tätigkeit vollständig oder beinahe vollständig in den Niederlanden und nicht im

---

[194] Art. XXV Abs. 5 S. 2 des Freundschafts-, Handels- und Schiffahrtsvertrag zwischen der Bundesrepublik Deutschland und den Vereinigten Staaten von Amerika vom 29. Oktober 1954, (BGBl. 1956 II, S. 488), in: Jayme/Hausmann, S. 88 Nr. 22.

[195] BGH, Urt. v. 29. Januar 2003 – VIII ZR 155/02 m. Anm. Kindler BB 2003, 812; BGH, Urt. v. 5.7.2004 – II ZR 389/02 = JZ 2005, 303 m. Anm. Rehm JZ 2005, 304; BGH, Urt. v. 13.10.2004 – I ZR 245/01 = JZ 2005, 298 m. Anm. Ebke JZ 2005, 299; s. dazu auch Paefgen, DZWIR 2003, 441; Stürner, IPRax 2005, 305; Frenzel/Axner, RIW 2007, 47.

[196] Abkommen über den Europäischen Wirtschaftsraum, zu dem Deutschland aufgrund des Gesetzes vom 31.03.1993, BGBl II, S. 266, beigetreten ist.

[197] Siehe BGH, Urt. v. 19.09.2005 – II ZR 372/03 = DB 2005, 2345 = EuZW 2005, 733 = GmbHR 2005, 1483 m. Anm. Wachter S. 1484 = RIW 2005, 945 m. Anm. Leible/Hoffmann S. 947 (für das Fürstentum Liechtenstein). Die Schweiz hat als einziger EFTA-Staat das EWR-Abkommen nicht ratifiziert, dennoch spricht sich das OLG Hamm im Urteil vom 26.05.2006 – 30 U 166/05 = BB 2006, 2487 m. Anm. Wachter S. 2489, für die Anwendung der Gründungstheorie aus (die Revision ist unter dem Az. II ZR 158/06 beim BGH anhängig).

[198] Paefgen, DB 2003, 487 f., der namentlich die Differenzierungslehre, die Schwerpunktlehre und die Kombinationstheorie nennt und die Überlagerungstheorie aus anderen Gründen ablehnt.

[199] Wet op de formeel buitenlandse vennootschappen, Staatsblad 1997, Nr. 697.

Gründungsstaat ausübte. Auch sah das Gesetz Vorschriften über das erforderliche Mindestkapital zum Zeitpunkt der Eintragung und während des Bestehens der Gesellschaft vor und eine gesamtschuldnerische Haftung der Geschäftsführer neben der Gesellschaft im Falle des Verstoßes gegen das WFBV.

bb) Schlussanträge des Generalanwalts

Der Generalanwalt im Verfahren Inspire Art maß die Vorschriften des WFBV insgesamt an der Niederlassungsfreiheit.[200] Er kam zu dem Ergebnis, dass das WFBV zusätzliche Voraussetzungen an die Gründung einer Zweigniederlassung in den Niederlanden stellte, die zur Anwendung der als zwingend erachteten Vorschriften des niederländischen Gesellschaftsrechts führen.[201] Hierdurch negiere das WFBV, dass die Gesellschaft nach ausländischen Recht bereits existiere.[202] Das WFBV habe daher genau dieselbe Wirkung wie die Anwendung der Sitztheorie, das Nichtanerkennen der Existenz einer ausländischen Gesellschaft.[203] Der Gerichtshof habe jedoch die Rechtsfolge der Sitztheorie, dass sich eine Gesellschaft die ihren tatsächlichen Sitz verlegt, neu gründen muss um als Rechtspersönlichkeit anerkannt zu werden, für mit der Niederlassungsfreiheit für unvereinbar erklärt. Da das vom EGV gewährte Recht auf Niederlassungsfreiheit auch das Recht zur Gründung von Zweigniederlassungen umfasse, verstoße ein Gesetz wie das WFBV, mit zwingenden Vorschriften über das Mindestkapital ausländischer Gesellschaften, gegen Art. 43, 48 EG.[204] Eine Rechtfertigung gemäß Art. 46 EG oder aus anderen Gründen lehnte der Generalanwalt ab.[205]

cc) Urteilsgründe

Der Gerichtshof ging in seiner Urteilsbegründung differenzierter vor. Er stellte zunächst fest, dass mehrere Bestimmungen des WFBV unter die 11. Richtlinie 89/666/EWG des Rates vom 21. Dezember 1989 über die Offenlegung von Zweigniederlassungen, die in einem Mitgliedstaat von Gesellschaften bestimmter Rechtsformen errichtet wurden, die dem Recht eines

---

[200] Schlussanträge des Generalanwalts Alber in der Rs. Inspire Art, Slg. 2003, S. I–10155.
[201] Schlussanträge des Generalanwalts Alber in der Rs. Inspire Art, Rn. 97.
[202] Schlussanträge des Generalanwalts Alber in der Rs. Inspire Art, Rn. 99.
[203] Schlussanträge des Generalanwalts Alber in der Rs. Inspire Art, Rn. 102.
[204] Schlussanträge des Generalanwalts Alber in der Rs. Inspire Art, Rn. 103 und 104.
[205] Schlussanträge des Generalanwalts Alber in der Rs. Inspire Art, Rn. 111 ff.

anderen Staates unterliegen[206], fielen. Verschiedene Offenlegungspflichten des WFBV, darunter auch die Angabe, dass es sich um eine formal ausländische Gesellschaft handele, seien in der 11. (Zweigniederlassungs-) Richtlinie nicht aufgeführt.[207] Die Richtlinie sei jedoch abschließend.[208] Daher stehe sie der Regelung eines Mitgliedstaats wie der WFBV entgegen, die Zweigniederlassungen einer nach dem Recht eines anderen Mitgliedstaats gegründeten Gesellschaft Offenlegungspflichten auferlegt, die nicht in der 11. (Zweigniederlassungs-)Richtlinie vorgesehen sind.[209] Eine Rechtfertigung dieser Bestimmungen scheide daher aus.[210]

Die verbleibenden Punkte bezüglich des Mindestkapitals und der Haftung der Geschäftsführer maß der EuGH an den Art. 43, 48 EG. Er kam wie der Generalanwalt zu dem Ergebnis, dass das WFBV zur Folge hat, dass die Gründung einer Zweigniederlassung in den Niederlanden durch eine ausländische Gesellschaft bestimmten Vorschriften unterliegt, die in den Niederlanden für die Gründung einer Gesellschaft mit beschränkter Haftung gelten. Dies stelle eine Behinderung der Niederlassungsfreiheit dar.[211]

Eingehend verwarf der Gerichtshof Rechtfertigungsgründe. Mangels Vorbringen prüfte er nicht eine Rechtfertigung aus Art. 46 EG, sondern ob zwingende Gründe des Allgemeininteresses dargelegt seien.[212]

Insgesamt kam der Gerichtshof zu dem Ergebnis, dass zum einen ein Mitgliedsland keine Offenlegungspflichten verlangen dürfe, die nicht in der 11. (Zweigniederlassungs-)Richtlinie vorgesehen sind und zum anderen, dass Art. 43, 48 EG Regelungen entgegenstehen, die die Ausübung der Freiheit zur Errichtung einer Zweitniederlassung in einem Mitgliedsland durch eine nach dem Recht eines anderen Mitgliedstaats gegründete Gesellschaft von bestimmten Voraussetzungen abhängig machen, die im innerstaatlichen Recht für die Gründung von Gesellschaften bezüglich des Mindestkapitals und der Haftung der Geschäftsführer vorgesehen sind.

---

[206] ABl. L 395 vom 30.12.1989, S. 36, im Folgenden: 11. (Zweigniederlassungs-) Richtlinie.
[207] EuGH, Urteil Inspire Art, Rn. 65.
[208] EuGH, Urteil Inspire Art, Rn. 69.
[209] EuGH, Urteil Inspire Art, Rn. 72.
[210] EuGH, Urteil Inspire Art, Rn. 106.
[211] EuGH, Urteil Inspire Art, Rn. 101.
[212] EuGH, Urteil Inspire Art, Rn. 131 ff.

4. Die Rezeption der Entscheidungen des EuGH in Deutschland

a) Reaktionen der Literatur

aa) Durchsetzen der Gründungstheorie

In der an das Inspire-Art-Urteil anschließenden Diskussion, setzte sich die Erkenntnis durch, dass der EGV es ermöglicht, mit einer in einem Mitgliedsstaat gegründeten Gesellschaft unter „Mitnahme" ihrer Rechtsordnung europaweit tätig zu werden, soweit das Gründungsrecht den Wegzug gestattet. Es geht nun nicht mehr darum, die Rechts- und Parteifähigkeit einer ausländischen Gesellschaft irgendwie herzustellen, sondern um deren Ernstnahme als ausländische Gesellschaft.[213] Zurückgeführt wird diese Ernstnahme darauf, dass die Rechtsprechung des EuGH im Ergebnis eine Anknüpfung an das Gründungsrecht gebietet.[214] Der Kern der Sitztheorie ist im Bereich der Gemeinschaft jedenfalls für Zuzugsfälle hinfällig.[215]

Abweichend von diesen Tendenzen wurde auch immer noch vertreten, die Entscheidung Inspire Art habe für Deutschland keine Bedeutung, da hier nicht der Gründungsanknüpfung gefolgt werde.[216] Auf dem Boden der oben[217] abgelehnten Grundannahme, das Gemeinschaftsrecht verweise nur auf Gesellschaften nationalen Rechts und habe keinen eigenständigen Begriff der Gesellschaft, erscheint dies konsequent.

Es setzt sich allmählich auch ein anderes Verständnis des Begriffs der Zweigniederlassung durch. Da diese nach deutschem Recht bisher eine Hauptniederlassung mit eigenem Geschäftsvermögen und räumlicher und

---

[213] So deutlich etwa Behrens, IPRax 2003, 193 (200 und 204) und IPRax 2004, 20 (24); Ziemons, ZIP 2003, 1913 (1917); Weller, DStR 2003, 1800; Geyrhalter/Gänßler, DStR 2003, 2167; Bayer, BB 2003, 2357 (2363); Sandrock BB 2003, 2588. Zusammenfassend Sonnenberger, Vorschläge und Berichte zur Reform des europäischen und deutschen internationalen Gesellschaftsrechts, S. 358: „Es dürfte heute im Wesentlichen Einigkeit bestehen, dass es nicht genügt, der zuwandernden Gesellschaft die Rechts- und Parteifähigkeit zu erhalten, wie es der BGH vor dem Überseering-Urteil getan hat."

[214] K. Schmidt, ZHR 2004, 493 (495) m. w. Nachw. in Fn. 23; Spindler/Berner, RIW 2003, 949 (953), genauer RIW 2004, 7 (8); Eidenmüller/Rehm, ZGR 2004, 159 (165); Palandt/Heldrich, Anh zu EGBGB 12 (IPR), Rn 6; für diesen „Neubeginn" auch Hüffer, AktG, § 1 Rn. 39.

[215] Maul/Schmidt, BB 2003, 2297 (2298); Horn, NJW 2004, 893 (896). Zu den Auswirkungen der Rechtsprechung des EuGH auf das Internationale Zivilprozessrecht Ringe, IPRax 2007, 388.

[216] Kindler, NZG 2003, 1086 (1089), der maßgeblich für diesen insgesamt abweichenden Ansatz steht.

[217] Kapitel II.1.c)aa) und Kapitel II.3.b)dd)bbb).

organisatorischer Selbständigkeit voraus setzte, wird nun von einem eigenen europarechtlichen Begriff der Zweigniederlassung ausgegangen.[218] Dieser stellt auf eine rein formale Betrachtungsweise ab und legt den Ort der Gründung als Ort der Hauptniederlassung fest.[219]

Die Rechtsprechung des EuGH hat auch neue Impulse für die Anerkennungsproblematik im Bereich des Internationalen Gesellschaftsrechts gegeben.[220] Der Rechtsprechung wurde entnommen, dass die Niederlassungsfreiheit die Anerkennung rechtmäßig (in anderen Mitgliedstaaten) entstandener Rechtslagen, also auch die Anerkennung rechtmäßig in einem Mitgliedstaat gegründeter Gesellschaften fordere.[221] Dabei stelle der EuGH aber allein auf die zu erreichenden Wirkungen (keine Beschränkung der Grundfreiheiten) ab, wobei es den Mitgliedstaaten selbst überlassen sei, ob sie diese Wirkungen durch das Kollisionsrecht oder das Sachrecht erreichen.[222] Als konstruktive Lösung, der Anerkennungspflicht nachzukommen, wurde die Ausbildung von nationalen Anerkennungsregeln vorgeschlagen.[223] Daran ist problematisch, dass die Schwierigkeiten eines eigenständigen Anerkennungsstatuts wieder aufleben.[224] Auch stellt sich die Frage, ob die Grundfreiheiten ein positives Handeln, wie es die aktive Anerkennung von Gesellschaften wäre, fordern, oder ob sich ihr Verpflichtungsgehalt auf das Unterlassen von Einschränkungen ihrer selbst beschränkt. Auch die Terminologie des EuGH, spricht mit der Verpflichtung, dass die Rechtsfähigkeit einer Gesellschaft zu „achten" sei[225], eher nicht für ein positives Gutheißen, wie es eine Anerkennung wäre.

---

[218] Lutter, Europäische Auslandsgesellschaften in Deutschland, S. 3 f.; a. A. Hirte/Bücker/Mankowski, Grenzüberschreitende Gesellschaften, S. 351 Rn. 11, der den Begriff der Zweigniederlassung allein dem deutschen Recht entnehmen will, aber dennoch die Niederlassung im Inland immer als Zweigniederlassung ansieht.

[219] Eidenmüller/Rehberg, Ausländische Kapitalgesellschaften im deutschen Recht, S. 139 Rn. 18.

[220] Siehe dazu bereits oben, Kapitel II.1.a). Zu der allgemein feststellbaren Tendenz, wie das Prinzip der Anerkennung von „Rechtslagen" im europäischen Raum die klassischen Verweisungsregeln zu verdrängen versucht, siehe Jayme/Kohler, IPRax 2001, 501; Henrich, IPRax 2005, 422; Roth, IPRax 2006, 338; Coester-Waltjen, IPRax 2006, 392.

[221] Roth, IPRax 2006, 338 (342 ff.) und FS Heldrich, S. 973 (986 f.).

[222] Roth, IPRax 2006, 338 (342 und 344).

[223] Roth, a. a. O. (Fn. 219). Kritisch zu der Lösung über eine sachrechtliche Anerkennungsnorm Eidenmüller, RabelsZ 70 (2006), 474 (480).

[224] Siehe die Darstellung der Problematik in Kapitel II.1.a).

[225] EuGH, Urteil Überseering, TenorNr. 2 und Rn. 95.

bb) Europarechtliche Einschränkungsmöglichkeiten

Im Hinblick auf das vermehrt zu erwartende Auftreten europäischer Auslandsgesellschaften im Inland, stellte sich die Frage nach europarechtlichen Einschränkungsmöglichkeiten.

Aus europarechtlicher Sicht sind der Niederlassungsfreiheit in den Fällen des Art. 46 EG und in Missbrauchs- oder Betrugsfällen Grenzen gesetzt.[226] Ob die Niederlassungsfreiheit dort endet, wo der Missbrauch beginnt (Innentheorie), oder der Missbrauchseinwand die äußere Schranke für die grundsätzlich vorhandene Niederlassungsfreiheit darstellt (Außentheorie), spielt praktisch keine Rolle, da sich der Betroffene jedenfalls nicht auf Art. 43, 48 EG berufen kann.[227]

Art. 46 EG scheidet als Rechtfertigungsgrund aus, weil es bei der Frage der Anwendung inländischen Gesellschaftsrechts nicht um eine Frage der öffentlichen Ordnung, Sicherheit oder Gesundheit geht.[228] Neben den Fällen des Betrugs kann die Kategorie des Missbrauch der Niederlassungsfreiheit einzelfallbezogen angewendet werden.[229] Ein Missbrauch ist ausdrücklich nicht in der Umgehung einheimischen Rechts durch Gründung einer Gesellschaft im innereuropäischen Ausland zu sehen.[230] Maßstab der Anwendung sind die Art. 43, 48 EG, deren Grenzen von der Gesellschaft, die die Niederlassungsfreiheit in Anspruch nehmen will, überschritten sein müssen.[231]

Ansonsten kommt die Rechtfertigung einer Beschränkung nur in Betracht, wenn sie vier Voraussetzungen erfüllt, sog. „Vier-Kriterien-Test": (1) Sie muss in nichtdiskriminierender Weise angewandt werden, (2) sie muss aus zwingenden Gründen des Allgemeininteresses gerechtfertigt sein, (3) sie muss zur Erreichung des verfolgten Zieles geeignet sein, und (4) sie darf nicht über das hinausgehen, was zur Erreichung dieses Zieles erforderlich ist.[232]

---

[226] Sandrock, BB 2003, 2588 f.; Sandrock, ZVglRWiss 102 (2003), 447 (458); wohl für die dogmatische Einordnung von Betrug und Missbrauch als immanente Schranken der Niederlassungsfreiheit Hirte/Bücker/Forsthoff, Grenzüberschreitende Gesellschaften, S. 68 Rn. 46 ff., i. Erg. aber offenlassend, siehe Rn. 47; ebenso Eidenmüller, Ausländische Kapitalgesellschaften im deutschen Recht, S. 69 Rn. 73 ff. (75).

[227] Zum dogmatischen Streit um die Innen- und Außentheorie beim Missbrauch Bitter, Jb.J.ZivRWiss. 2004, 299 (314 f.).

[228] Behrens, IPRax 2004, 20 (25); Sandrock, BB 2003, 2588 (2589).

[229] De Diego, JURA 2004, 400 (405); Ziemons, ZIP 2003, 1913 (1917).

[230] EuGH, Urteil Inspire Art, Rn. 95 ff.

[231] Geyrhalter/Gänßler, DStR 2003, 2167 (2169); Spindler/Berner, RIW 2003, 949 (953).

[232] EuGH, Urteil Centros, Ern. 34 und EuGH, Urteil Inspire Art, Rn. 133; Hirte/Bücker/Forsthoff, Grenzüberschreitende Gesellschaften, S. 73 Rn. 59 ff. weist auf Unterschiede dieses allgemeinen europarechtlichen Grundsätzen entsprechenden Tests zur

Vorschriften über das Mindestkapital genügen diesen Anforderungen nach der Rechtsprechung des EuGH nicht.[233] Ob ein solches gefordert werden kann, richtet sich nach dem Gesellschaftsstatut.[234] Das bedeutet, es können nur solche Beschränkungen mit europarechtlichen Vorgaben übereinstimmen, die keine Rücksicht darauf nehmen, ob eine und welche Art von Gesellschaft vorliegt, die also nicht auf gesellschaftsrechtlichen Regeln beruhen.[235] Denn nur dann können diese wirklich unterschiedslos auf deutsche und ausländische Gesellschaften angewendet werden. Sobald nationales Recht an eine ausländische Gesellschaft höhere bzw. andere Anforderungen stellt, als das Recht, nach dem die Gesellschaft gegründet würde, liegt eine Beschränkung der Niederlassungsfreiheit vor.

Haftungsfolgen aus der Gründungsrechtsordnung der Gesellschaft können hingegen keine Einschränkung der Niederlassungsfreiheit sein und sind somit voll anwendbar.[236]

cc) Einschränkungsmöglichkeiten des nationalen Rechts

Neben dem Ausloten der europarechtlichen Grenzen der Niederlassungsfreiheit wird bis heute diskutiert, wie mit den nun unweigerlich auftretenden Gesellschaften aus dem europäischen Ausland umzugehen ist.[237] Die deutsche GmbH wird insbesondere mit der englischen *private company limited by shares* verglichen.[238] Der breiteste Raum wird jedoch der Frage gewidmet, welche deutschen Regelungen auf die ausländische Gesellschaft angewendet werden können. Einer vereinzelt gebliebenen Ansicht nach gilt deutsches Gesellschaftsrecht unterschiedslos auch für Ge-

---

Verhältnismäßigkeitsprüfung des deutschen Rechtsraums hin; ausführlich zur Abgrenzung des Instituts des Missbrauchs zur allgemeinen Rechtsfertigung nach dem „Vier-Kriterien-Test" Bitter, Jb.J.ZivRWiss. 2004, 299 (314 ff).

[233] EuGH, Urteil Inspire Art, Rn. 141 und 142; Probst/Kleinert, MDR 2003, 1265 (1267); Leible/Hoffmann, EuZW 2003, 677 (682); Schumann, DB 2004, 743.

[234] Bayer, BB 2003, 2357 (2364).

[235] Weller, DStR 2003, 1800 (1804); Behrens, IPRax 2004, 20 (24); Schanze/Jüttner, AG 2003, 661 (667); Spindler/Berner, RIW 2004, 7 (10).

[236] Hirsch/Britain, NZG 2003, 1100 (1102).

[237] Wachter, GmbHR 2003, 1254; Wachter, MDR 2004, 611; Graf von Bernstorff, RIW 2004, 498; Ries, AnwBl 2005, 53, Süß, DNotZ 2005, 180.

[238] Fleischer, DStR 2000, 1015; Happ/Holler, DStR 2004, 730; Wachter, GmbHR 2004, 88; Kallmeyer, DB 2004, 636; Westermann GmbHR 2005, 4 (13 ff.); Wachter, GmbHR 2005, 717; Römermann, NJW 2006, 2065; Müller/Müller, GmbHR 2006, 640; Just, BC 2006, 25; Wegen/Schlichte, RIW 2006, 801; tabellarischer Überblick bei Mellert, BB 2006, 8; zum Vergleich GmbH & Co. KG / Ltd. & Co. KG Werner, GmbHR 2005, 288; allgemein zum Wettbewerb der europäischen Rechtsordnungen Westermann, GmbHR 2005, 4 (9 ff.); Eidenmüller, FS Heldrich, S. 581 ff.; Zöllner, GmbHR 2006, 1.

sellschaften, die in einem Land der Gemeinschaft gegründet wurden.[239] Die Niederlassungsfreiheit gebiete nur, dass das Gründungsrecht des Zuzugsstaats die ausländische Gesellschaft als existent anerkenne und dass sich alle die Grundlagen dieser Gesellschaft betreffenden Dinge wie Entstehung, Verfassung, Erlöschen und Umwandlung nach dem Recht des Gründungsstaats richten.[240] Die überwiegende Lesart der Rechtsprechung des EuGH ist jedoch der Ansicht, dass dieses Verständnis nicht genügt, um eine Gesellschaft als Gesellschaft des Gründungsrechts anzuerkennen.[241]

Einzelne Gläubigerschutzvorschriften des deutschen Kapitalgesellschaftsrechts werden differenziert daraufhin überprüft, ob sie unter dem Aspekt des Mißbrauchs der Niederlassungsfreiheit auch auf ausländische Gesellschaften angewendet werden können.[242] Das Gleiche gilt für die unternehmerische Mitbestimmung.[243] Alle Schutzinstrumente, gleich ob gesellschaftsrechtlicher oder anderer Art, dürfen aber die Niederlassungsfreiheit nicht beschränken.[244] Den Schutzgedanken der Sitztheorie nach deren Aufgabe mit dem Gedanken der allgemeinen Rechtsscheinhaftung zu begründen[245], scheint zweifelhaft, da sich in Anwendung des sog. Informationsmodells des EuGH[246] bereits das Setzen eines Rechtsscheinstatbestands kaum vertreten lassen wird.

---

[239] Altmeppen, NJW 2004, 97 (98 und 100).

[240] Altmeppen, NJW 2004, 97 (99 und 104). Das gesamte deutsche Gläubigerschutzrecht kann nach dieser Ansicht auch auf Gesellschaften aus dem europäischen Ausland angewendet werden und darf nur in der konkreten Anwendung nicht die Niederlassungsfreiheit verletzen, siehe Altmeppen, NJW 2005, 1911 (1913).

[241] In der direkten Reaktion auf Altmeppen, NJW 2004, 97 siehe Riegger, ZGR 2004, 510 (524).

[242] Zimmer, NJW 2003, 3585 (3588 ff.); Weller, IPRax 2003, 207; Schumann, DB 2004, 743; Paefgen, ZIP 2004, 2253; Fischer, ZIP 2004, 1477; Paefgen, GmbHR 2004, 463; Riedemann, GmbHR 2004, 345; Goette, DStR 2005, 197; Röhricht, ZIP 2005, 505.

[243] Müller-Bonanni, GmbHR 2003, 1235; Veit/Wichert, AG 2004, 14; Kamp, BB 2004, 1496; Behme, ZIP 2008, 351.

[244] Weller, in: Zivilrecht unter europäischem Einfluss, S. 793 Rn. 36 f., der an Schutzinstrumenten namentlich nennt die Insolvenzverschleppungs- und die Insolvenzverursachungshaftung, die Insolvenzanfechtung, die Existenzvernichtungshaftung und die deliktischen und quasideliktischen Anspruchsgrundlagen, wie etwa § 826 BGB oder die Fälle der culpa in contrahendo (§§ 280 Abs. 1, 311 Abs. 2, 241 Abs. 2 BGB).

[245] So Kern, Überseering – Rechtsangleichung und gegenseitige Anerkennung, S. 167 ff., der das als „neue Schutztheorie" bezeichnet und zumindest für eine Übergangszeit der Anpassung des inländischen Rechtsverkehrs an die neuen Gesellschaftsformen davon ausgeht, dass das im Ausland gebräuchliche Kürzel für die jew. Gesellschaftsform (z. B. „Ltd."), nicht ausreicht, den Rechtsscheintatbestand zu zerstören, a. a. O., S. 191 ff. – diese Übergangszeit dürfte mittlerweile abgelaufen sein. Dazu auch Heinz, Die englische Limited, § 18 Rn. 41 ff.

[246] EuGH, Urteil Inspire Art, Rn. 135; EuGH Urteil Centros, Rn. 36; s. a. Schlussanträge des Generalanwalts Alber in der Rs. Inspire Art, Rn. 148.

b) Reaktionen der Rechtsprechung

aa) Entscheidungen des Bundesgerichtshofs

aaa) Die Entscheidung vom 13.03.2003

Der VII. Zivilsenat des BGH legte in seiner Entscheidung zur Fortsetzung des Verfahrens Überseering am 13.03.2003[247] dar, dass er dem EuGH dahingehend folgen wird, dass innerhalb des Geltungsbereichs des EGV die Rechtsfähigkeit einer Gesellschaft als solche ausländische Gesellschaft anerkannt wird. Dies folge aus der in Art. 43 und 48 EG garantierten Niederlassungsfreiheit. Die Gesellschaft könne nicht auf die Möglichkeit verwiesen werden, sich nach deutschem Recht anerkennen zu lassen. Der BGH macht keine direkte Aussage zur Frage der Bestimmung des Personalstatuts einer Gesellschaft.[248] Hinsichtlich der Rechtsfähigkeit führt der BGH jedoch aus, es obliege dem deutschen Internationalen Gesellschaftsrecht, die Gesellschaft dem Recht des Staates zu unterstellen, in dem sie gegründet wurde.[249] Auch wenn der BGH sich fallbedingt auf die Frage der Rechtsfähigkeit beschränkt, folgt aus der Grundaussage, die ausländische Gesellschaft sei auch im Inland gemäß ihrer eigenen Rechtsvorgaben zu behandeln, mehr. Eine Gesellschaft ist nur ausländische Gesellschaft, wenn alle Fragen, die die Grundfrage betreffen, ob sie überhaupt eine Gesellschaft darstellt, dem ausländischen Recht unterstellt werden. Übrig bleiben mit anderen Worten nur die Punkte, die weggedacht werden können, ohne dass damit ein wesentliches Merkmal der Definition der Gesellschaft nach dem jeweiligen ausländischen Recht wegfällt. Es handelt sich also um die Grundfrage nach dem Umfang des Personalstatuts der Gesellschaft. Damit war klar, dass der BGH, wenn er bei seiner Definition, das Personalstatut regele alle Fragen, nach denen eine Gesellschaft lebt, entsteht und vergeht[250] festhalten würde, er nicht bei einer Beschränkung der Rechtsprechung des EuGH auf die Rechts- und Parteifähigkeit bleiben können würde.[251]

---

[247] BGH, Urteil vom 13.03.2003 – VII ZR 370/98 = NJW 2003, 1461 m. Anm. Ries. Anm. Stieb, GmbHR 2003, 529; Bespr. bei Eidenmüller, JZ 2003, 526 und Merkt, RIW 2003, 458.
[248] Forsthoff, DB 2003, 979 f.; Leible/Hoffmann, ZIP 2003, 925 (927 und 929).
[249] BGH NJW 2003, 1461, III. 3. b).
[250] BGH, Urteil vom 11.07.1957 – II ZR 318/55 = BGHZ 25, 134 (144).
[251] Roth, FS Heldrich, S. 973 (977).

bbb) Die Entscheidung vom 14.03.2005

Der II. Zivilsenat des BGH wies in einer Entscheidung vom 14.03.2005[252] den Weg, wie künftig mit EU-ausländischen Gesellschaften zu verfahren sein wird. In dem der Entscheidung zugrundeliegenden Sachverhalt war eine englische *„private limited company"*, die ihren tatsächlichen Verwaltungssitz in Deutschland hatte und auch nur von dort tätig war, nicht als Zweigniederlassung in das deutsche Handelsregister eingetragen worden. Aufgrund unbezahlter Lieferungen war gegen den Geschäftsführer und Mitgesellschafter ein Vollstreckungsbescheid aus persönlicher Inanspruchnahme ergangen, gegen den Einspruch und Berufung erfolglos blieben. Der BGH hob die Entscheidungen auf und verwies an das LG Hagen zurück. Zur Begründung führte der BGH aus, die Entscheidungen verstießen gegen Art. 43, 48 EG. Der EuGH habe klargestellt, dass eine innerhalb der Gemeinschaft wirksam gegründete Gesellschaft in der Rechtsform anzuerkennen sei, in der sie gegründet wurde. Aus dieser Anerkennung der Rechtsfähigkeit folge zugleich, dass das Personalstatut in Bezug auf die Haftung für im Namen der Gesellschaft begründete Verbindlichkeiten, einschließlich der Frage nach der persönlichen Haftung der Gesellschafter oder Geschäftsführer, maßgeblich sei. Das Personalstatut aber sei das am Ort der Gründung geltende Recht und nicht das Recht des tatsächlichen Verwaltungssitzes. Damit hat der BGH die Zurückhaltung, die er im Hinblick auf die Bestimmung des Personalstatuts in der Fortsetzung des Verfahrens Überseering geübt hatte, aufgegeben. Der BGH deutete zugleich an, wie mit EU-ausländischen Gesellschaften künftig umzugehen ist. Einschränkungen der Niederlassungsfreiheit kämen nur unter den vom EuGH in der Entscheidung Inspire Art genannten vier Voraussetzungen in Betracht: Sie müssten in nichtdiskriminierender Weise angewandt werden, zwingenden Gründen des Allgemeininteresses entsprechen, zur Erreichung des verfolgten Zieles geeignet sein und nicht über das hinausgehen, was zur Erreichung dieses Zieles erforderlich ist. Die Ausnutzung unterschiedlicher Gesellschaftsrechte könne infolgedessen nie beschränkt werden. Ein Mindestkapital könne nicht verlangt werden, weil dies gegen die Niederlassungsfreiheit verstoßen würde. Damit seien aber auch alle Gläubigerschutzmechanismen die an ein solches anknüpften, nicht mit der Niederlassungsfreiheit in Übereinklang zu bringen. Der Verstoß gegen die §§ 13d ff. HGB wegen einer fehlenden Anmeldung zum Handelsregister könne nicht zu einer persönlichen Haftung des Geschäftsführers

---

[252] BGH, Urteil vom 14.03.2005 – II ZR 5/03 = NJW 2005, 1648 m. Anm. EWiR 2005, 431 (Bruns); Komm. Ebke, BB 2005, Heft 23, Die Erste Seite und die Bespr. bei Eidenmüller NJW 2005, 1648; Leible/Hoffmann, RIW 2005, 544; Paefgen, GmbHR 2005, 957; Wachter, DStR 2005, 1817.

analog § 11 Abs. 2 HGB führen.[253] Die Zweigniederlassungsrichtlinie sehe zwar vor, dass die Mitgliedsstaaten Maßregeln treffen können, wenn ein Verstoß gegen sie vorliegt. Diese müssten sich nach Art und Schwere jedoch an Verstößen gegen nationales Recht orientieren. Der insoweit heranzuziehende § 14 HGB sehe lediglich die Festsetzung von Zwangsgeld vor. Weiteres Augenmerk verdient die Begründung für die Zurückweisung. Der Klägerin sei zu ermöglichen, zu Haftungstatbeständen des materiellen englischen Rechts und zu (deutschem) Deliktsrecht vorzutragen.[254] Künftig scheint somit im Gesellschaftsrecht das zu gelten, was etwa im Familienrecht schon lange praktiziert wird: Wir müssen „... künftig neben dem deutschen Gesellschaftsrecht standardmäßig zugleich nicht nur das englische Gesellschaftsrecht, sondern dasjenige aller 25 Mitgliedstaaten der EU (Stand 1.5.2004) studieren..."[255].

ccc) Die Entscheidung vom 05.02.2007

Im Urteil vom 05.02.2007[256] entschied der II. Zivilsenat des BGH in einem Revisionsverfahren über die Folgen der Weglassung des Rechtsformzusatzes einer niederländischen BV. In Anknüpfung an seine bisherige Rechtsprechung stellte der BGH eine Haftung des für die Gesellschaft auftretenden Vertreters unter Heranziehung des Rechtsgedankens des § 179 BGB fest.[257] Da die so begründete Rechtsscheinhaftung nicht an die Verletzung spezifischer Organpflichten anknüpfe, unterstehe sie schon aus diesem Grund nicht dem Gesellschaftsstatut, weshalb die Niederlassungsfreiheit nach Art. 43, 48 EG nicht berührt sei.[258]

ddd) Die Entscheidung vom 07.05.2007

Wiederum der II. Zivilsenat des BGH entschied durch Beschluss vom 07.05.2007[259], dass das Registergericht wegen eines im Inland gegen den

---

[253] Zustimmend Lieder, DZWIR 2005, 399 (400 ff.) und Lehmann, NZG 2005, 580.

[254] Als zu undifferenziert abl. hierzu Eidenmüller, NJW 2005, 1618 (1620 f.) und Ebke, BB 2005, Heft 23, Die Erste Seite. Zu dieser Kritik Goette, ZIP 2006, 541 (545).

[255] So Altmeppen, NJW 2004, 97 (98), für den das „Unsinn" ist.

[256] BGH, Urteil vom 05.02.2007 – II ZR 84/05 = NJW 2007, 1529 m. Anm. EWiR 2007, 513 (Lamsa) und Römermann, GmbHR 2007, 595. Besprechungen bei Altmeppen, ZIP 2007, 889; Kindler, NJW 2007, 1785 und Brinkmann, IPRax 2008, 30.

[257] Kritisch dazu Altmeppen, ZIP 2007, 889 (894 f.).

[258] Zustimmend Kindler, NJW 2007, 1785 (1786), kritisch Brinkmann, IPRax 2008, 30 (34 f.) und EWiR 2007, 513 (Lamsa) unter Hinweis darauf, dass die nach nationalem Recht zu beurteilende Qualifikation den Anwendungsbereich der Art. 43, 48 EG nicht begrenzen kann, a. a. O., S. 514 m. w. Nachw.

[259] BGH, Beschluss vom 07.05.2007 – II ZB 7/06 = NJW 2007, 2328 m. Anm. Römermann, GmbHR 2007, 873. Besprechungen bei Dierksmeier, BB 2007, 1861 und Eidenmüller/Rehberg, NJW 2008, 28.

director einer englischen *private company limited* durch vollziehbare Entscheidung der Verwaltungsbehörde verhängten Gewerbeverbots, die beantragte Eintragung einer Zweigniederlassung der *private company limited* in das Handelsregister verweigern darf. Eine derartige Ablehnung der Eintragung der Zweigniederlassung verstößt nach dem BGH weder gegen die 11. (Zweigniederlassungs-)Richtlinie, noch gegen die Niederlassungsfreiheit gem. Art. 43, 48 EG. Letzteres prüfte der BGH ausdrücklich anhand des Vier-Kriterien-Tests.[260]

eee) Die Entscheidung vom 27.06.2007

Der XII. Zivilsenat des BGH erklärte in seinem Beschluss vom 27.06.2007[261] § 119 Abs. 1 Nr. 1 lit b) GVG für nicht anwendbar, wenn eine *private company limited* einen allgemeinen Gerichtsstand (auch) im Inland hat. Eine Berufung ist daher zum Landgericht, nicht zum Oberlandesgericht einzulegen.

bb) Instanzgerichtliche Entscheidungen

Schon vor dem Abschluss des Überseering-Verfahrens durch den BGH entschied das BayObLG auf der Grundlage der Überseering-Entscheidung des EuGH zugunsten der *Rechts- und Grundbuchfähigkeit* von Kapitalgesellschaften, die in einem Mitgliedstaat der Gemeinschaft gegründet wurden.[262] Dabei ging das BayObLG davon aus, dass die Anwendung der Sitztheorie die Versagung der Rechtsfähigkeit zur Folge hat, was nach dem Urteil des EuGH gegen Art. 43, 48 EG verstößt. Das Gericht führte aus, dass der EuGH dahingehend zu verstehen sei, dass das Diskriminierungsverbot der Art. 43, 48 EG auch die Fälle ergreife, in denen eine Gesellschaft wirksam nach dem Recht eines Mitgliedstaates gegründet wurde und dort Rechtsfähigkeit erlangt hat, ihren faktischen Sitz aber stets nur in Deutschland hatte.[263]

Einen sehr breiten Raum in der praktischen Bewältigung der Rechtsprechung des EuGH nehmen Gerichtsentscheidungen zum *Handelsregister-*

---

[260] Dazu oben, Kapitel II.4.a)bb) m. w. Nachw.

[261] BGH, Beschluss vom 27.06.2007 – XII ZB 114/06 = NZG 2007, 752 = EuZW 2007, 580 m. Anm. Römermann, GmbHR 2007, 1050. Besprechung bei Ringe/Willemer, EuZW 2008, 44.

[262] BayObLG, Beschluss vom 19.12.2002 – 2Z BR 7/02 = ZIP 2003, 398 = IPRax 2003, 223 m. Anm. Behrens S. 193.

[263] Im Beschluss vom 26.08.1998 – 3Z BR 78/98 = IPRax 1999, 364 wurde das vom BayObLG noch verneint.

recht ein.[264] Dabei werden mehrere Themenkreise berührt: Zunächst wurde die grundsätzliche Frage der *Eintragungsfähigkeit* einer Gesellschaft aus dem europäischen Ausland problematisiert.[265] Zwei Oberlandesgerichte hatten sich mit der Frage der Sitzverlegung einer deutschen GmbH ins EU-Ausland (*Wegzugskonstellation*) zu befassen.[266] Auch über die Voraussetzungen für die *Vertretungsbefugnis* für eine englische *private company limited* zur Antragsstellung wurde entschieden.[267] Die Anforderungen an den Existenznachweis bei der Antragsstellung wurden hinterfragt.[268] Mehrere Entscheidungen ergingen zu der Frage, welche Anforderungen an die *Firma*[269] und an die Beschreibung des *Unternehmensgegenstands*[270]

---

[264] Die Voraussetzungen für die Anmeldung zur Eintragung einer Zweigniederlassung in das Handelsregister finden sich zusammengefasst bei Herchen, RIW 2005, 529. Ausführlich zu diesem Thema Klose-Mokroß, DStR 2005, 971 und 1013. Kritisch zum deutschen Zweigniederlassungsrecht Kögel, GmbHR 2006, 237. Gegen die Eintragung europäischer Auslandsgesellschaften als *Zweig*niederlassung Liese, NZG 2006, 201 und Wernicke, BB 2006, 843, die diese Gesellschaften als *Haupt*niederlassung eintragen lassen wollen.

[265] OLG Zweibrücken, Beschl. v. 26.03.2003 – 3 W 21/03 = GmbHR 2003, 530; KG, Beschl. v. 18.11.2003 – 1 W 444/02 = NJW-RR 2004, 331.

[266] OLG Brandenburg, Beschluss vom 30.11.2004 – 6 Wx 4/04 = ZIP 2005, 489: Die Eintragung der Sitzverlegung ins Ausland ist nicht in das Handelsregister eintragbar. So auch OLG München, Beschluss vom 04.10.2007 – 31 Wx 36/07 = ZIP 2007, 2124 m. Anm. EWiR 2007, 715 (Neye).

[267] OLG Dresden, Beschluss vom 21.05.2007 – 1 W 52/07 = ZIP 2007, 2076 m. Anm. EWiR 2007, 663 (Heckschen) und Wachter, GmbHR 2007, 1158 in Bestätigung von LG Chemnitz, Beschluss vom 03.08.2006 – 2 HK T 722/06 = GmbHR 2007, 263 m. Anm. Wachter S. 265; KG, Beschl. v. 18.11.2003 – 1 W 444/02 = NJW-RR 2004, 331; dazu Werner, GmbHR 2005, 288 (290 f.); Süß, DNotZ 2005, 180 (183 ff.); Wachter, MDR 2004, 611 (613); Wachter, DB 2004, 2795 (2799 ff.); LG Berlin, Beschluss vom 22.06.2004 – 102 T 48/04 = ZIP 2004, 2380 m. Anm. Ries S. 2382 = DB 2004, 2628 m. Anm. Wachter S. 2795; LG Gießen, Beschluss vom 22.11.2004 – 6 T 23/04 = DB 2005, 2808; LG Wiesbaden, Beschluss vom 08.06.2005 – 12 T 5/05 = GmbHR 2005, 1134.

[268] LG Wiesbaden, Beschluss vom 08.06.2005 – 12 T 5/05 = GmbHR 2005, 1134; LG Berlin, Beschluss vom 22.06.2004 – 102 T 48/04 = ZIP 2004, 2380 m. Anm. Ries S. 2382 = DB 2004, 2628 m. Anm. Wachter S. 2795.

[269] Die Firma der Zweigniederlassung unterliegt § 18 HGB, bei dessen Auslegung der Niederlassungsfreiheit Rechnung zu tragen ist: OLG München, Beschluss vom 07.03.2007 – 31 Wx 92/06 = NJW-RR 2007, 1677 m. Anm. Wachter, GmbHR 2007, 980. Siehe auch OLG Frankfurt a.M., Beschluss vom 29.12.2005 – 20 W 315/05 = GmbHR 2006, 259; LG Limburg/Lahn, Beschluss vom 15.09.2005 – 6 T 2/05 = GmbHR 2006, 261 m. Anm. Römermann S. 262; LG Aachen, Beschluss vom 10.04.2007 – 44 T 8/07 = ZIP 2007, 1011 m. Anm. EWiR 2007, 435 (Drygala); KG, Beschluss vom 11.09.2007 – 1 W 81/07 = NJW-RR 2008, 146.

[270] Anzumelden ist nur der Gegenstand der inländischen Zweigniederlassung, vgl. LG Bielefeld, Beschluss vom 08.07.2004 – 24 T 7/04 = GmbHR 2005, 98 m. abl. Anm. Wachter S. 99; LG Stuttgart, Beschluss vom 09.02.2005 – 32 T 9/04 KfH = Rpfleger 2005, 367; LG Cottbus, Beschluss vom 14.02.2005 – 11 T 1/05 = ZIP 2005, 2214

bei Anmeldung einer Zweigniederlassung zu stellen sind. Streitig behandelt wurde auch die Frage, ob die Befreiung vom Selbstkontrahierungsverbot des § 181 BGB in das Handelsregister eingetragen werden kann.[271] Es stellte sich auch die Frage nach der Notwendigkeit eines Zweigniederlassungszusatzes.[272] Die Vorlage eines Gesellschafterbeschlusses über die Gründung einer Zweigniederlassung ist nicht erforderlich[273], genauso wenig wie die Durchführung eines Liquidationsverfahrens für die Aufhebung der Zweigniederlassung.[274]

Aber auch andere Rechtsgebiete als das eher spezielle Registerrecht werden mehr und mehr mit den Folgen der Rechtsprechung des EuGH konfrontiert: Die Zuständigkeit für die Eröffnung eines *Insolvenzverfahrens* wurde problematisiert.[275] Es wurde auch thematisiert, welche An-

---

m. Anm. EWiR 2005, 733 (Wachter); OLG Hamm, Beschluss vom 28.06.2005 – 15 W 159/05 = NJW-RR 2005, 1626 m. Anm. Wachter GmbHR 2005, 1131 und EWiR 2005, 899 (Römermann); Thüringer OLG, Beschluss vom 09.09.2005 – 6 W 302/05 = DNotZ 2006, 153 und OLG Frankfurt a.M., Beschluss vom 29.12.2005 – 20 W 315/05 = GmbHR 2006, 259 m. Anm. EWiR 2006, 145 (Mankowski). Der Gegenstand der Zweigniederlassung muss jedoch hinreichend individualisiert sein, etwa um dessen Genehmigungsbedürftigkeit überprüfen zu können, siehe AG Charlottenburg, Beschluss vom 20.12.2005 – 99 AR 5223/05 B = GmbHR 2006, 264; OLG Celle, Beschluss vom 01.12.2006 – 9 W 91/06 = ZIP 2007, 71 = GmbHR 2007, 203 m. Anm. Wachter S. 205.
[271] Für eine Eintragung LG Freiburg, Beschluss vom 22.07.2004 – 10 T 5/04 = ZIP 2005, 84 m. Anm. EWiR 2004, 1225 (Schall); LG Chemnitz, Beschluss vom 24.03.2005 – 2 HK T 54/05 = GmbHR 2005, 691; LG Ravensburg, Beschluss vom 14.02.2005 – 7 T 1/04 KfH 1 = GmbHR 2005, 489; LG Augsburg, Beschluss vom 16.09.2004 – 1HK T 3917/04 = NZG 2005, 356 m. Anm. Wachter S. 338. Gegen eine Eintragung LG Leipzig, Beschluss vom 14.09.2004 – 6 HK T 3146/04 = NZG 2005, 759 m. Anm. EWiR 2005, 655 (Wachter); OLG Celle, Beschluss vom 14.04.2005 – 9 W 14/05 = GmbHR 2005, 1303; OLG München, Beschluss vom 17.08.2005 – 31 Wx 049/05 = ZIP 2005, 1826 = DB 2005, 1955 = GmbHR 2005, 1302 = DNotZ 2006, 152 m. Anm. EWiR 2005, 765 (Just). Auch für den ständigen Vertreter der Zweigniederlassung ist das Selbstkontrahierungsverbot nicht eintragungsfähig, OLG München, Beschluss vom 04.05.2006 – 31 Wx 23/06 = NJW-RR 2006, 1042 = GmbHR 2006, 603 = DB 2006, 2058 = DNotZ 2006, 871 m. Anm. EWiR 2006, 401 (Wachter) und OLG Hamm, Beschluss vom 21.07.2006 – 15 W 27/06 = GmbHR 2006, 1198 m. Anm. Werner S. 1202. Zur Eintragung der Befreiung bei der Ltd. & Co. KG für diese und die Organe der Komplementär-Ltd. die Eintragungsfähigkeit bejahend OLG Frankfurt a.M., Beschluss vom 28.07.2006 – 20 W 191/06 = GmbHR 2006, 1156 m. Anm. Werner S. 1158.
[272] Ein solcher ist nicht notwendig, LG Frankfurt a.M., Beschluss vom 15.02.2005 – 3–16 T 42/04 = GmbHR 2005, 1135 = BB 2005, 1297 m. Bespr. Wachter S. 1289; LG Göttingen, Beschluss vom 12.07.2005 – 3 T 1/05 = NZG 2006, 274 m. Anm. EWiR 2005, 797 (Wachter).
[273] OLG Düsseldorf, Beschluss vom 21.02.2006 – I-3 Wx 210/05 = NJW-RR 2006, 1040 m. Anm. EWiR 2006, 345 (Wachter).
[274] LG Krefeld, Beschluss vom 26.04.2006 – 11 T 4/06 = GmbHR 2006, 884.
[275] Siehe AG Nürnberg, Beschluss vom 01.10.2006 – 8034 IN 1326/06 = ZIP 2007, 83 m. Anm. Kebekus S. 84 und EWiR 2007, 179 (Kodek) und AG Nürnberg, Beschluss

forderungen an den Insolvenzantrag gestellt werden können[276] und ob die missbräuchliche Gründung schon bei der Verfahrenseröffnung von Amts wegen geprüft werden muss[277]. Wird die englische *private company limited* ohne die Durchführung eines Insolvenzverfahrens aus dem Register des *Companies House* gelöscht und existiert noch in Deutschland belegenes Vermögen, entsteht eine Restgesellschaft.[278] Das BayObLG hatte sich in einem Bestimmungsverfahren mit Fragen des allgemeinen Gerichtsstands einer in England gegründeten Gesellschaft ohne Zweigniederlassung im Inland zu befassen.[279] Erste Entscheidungen ergingen zur Möglichkeit einer Durchgriffs- oder Insolvenzverschleppungshaftung des Alleingesellschafters einer englischen *private company limited by shares* wegen Unterkapitalisierung.[280] Die Komplementärfähigkeit einer engli-

---

vom 15.08.2006 – 8004 IN 1326 – 1331/06 = ZIP 2007, 81 m. Anm. EWiR 2007, 81 (Duursma-Kepplinger), nach dem die Eröffnung eines englischen Hauptinsolvenzverfahrens gegen den verfahrensrechtlichen ordre public verstossen kann. Zu beiden Entscheidungen Andres/Grund, NZI 2007, 137. Zu den korrespondierenden Entscheidungen des High Court of Justice (Chancery Division) siehe EWiR 2007, 177 (Mankowski), EWiR 2007, 175 (Paulus) und Ballmann, BB 2007, 1121. Die internationale Zuständigkeit deutscher Gerichte bleibt bestehen, auch wenn die werbende Tätigkeit vor Antragsstellung eingestellt wird, AG Hamburg, Beschluss vom 01.12.2005 – 67a IN 450/05 = ZIP 2005, 2275 = EuZW 2006, 287 m. Anm. EWiR 2006, 169 (Herweg/Tschauner).

[276] Ein Sekundärinsolvenzverfahren ist nur zulässig, wenn bereits ein Hauptinsolvenzverfahren eröffnet worden ist, was der Antragssteller darzulegen und zu beweisen hat, AG Köln, Beschluss vom 01.12.2005 – 71 IN 564/05 = EuZW 2006, 63 = GmbHR 2006, 628 m. Anm. EWiR 2006, 109 (Mankowski). Wurde die *private company limited* aus dem Register des *Companies House* (dazu Kapitel V.2.c)cc)bbb)) gelöscht, ist sie nach deutschem Recht nicht mehr insolvenzfähig, wenn kein Gesellschaftsvermögen mehr vorhanden ist, LG Duisburg, Beschluss vom 20.02.2007 – 7 T 269/06 = ZIP 2007, 926.

[277] Eine missbräuchliche Gründung spielt für den Eröffnungsantrag keine Rolle und muss ggf. vom Insolvenzverwalter geltend gemacht werden, AG Saarbrücken, Beschluss vom 25.02.2005 – 106 IN 3/05 = ZIP 2005, 2027 m. Anm. EWiR 2005, 701 (Pannen/Riedemann).

[278] OLG Nürnberg, Beschluss vom 10.08.2007 – 13 U 1097/07 = GmbHR 2008, 41 m. Anm. Wachter S. 43; Thüringer OLG, Beschluss vom 22.08.2007 – 6 W 244/07 = ZIP 2007, 1709 m. Anm. Schmidt S. 1712 und Röder, RIW 2007, 866 und Bespr. Leible/Lehmann, GmbHR 2007, 1095. Zum *Companies House* siehe Kapitel V.2.c)cc)bbb).

[279] BayObLG, Beschluss vom 03.08.2005 – 1 Z 147/05 = NJW-RR 2006, 206: Aus dem Betreiben der Geschäfte überwiegend oder vollständig im Inland kann nicht auf eine hiesige Hauptverwaltung oder Hauptniederlassung geschlossen werden. So auch OLG Frankfurt, Beschluss vom 02.02.2007 – 14 UH 5/07 = OLGReport Frankfurt 2007, 557.

[280] Eine Haftung aus § 823 Abs. 2 BGB i. V. m. § 64 Abs. 1 GmbHG verneint hat das AG Bad Segeberg, Urteil vom 24.03.2005 – 17 C 289/04 = ZIP 2005, 812 = GmbHR 2005, 884 m. Anm. Dichtl S. 886, Anm. EWiR 2005, 425 (Mock) und Anm. Gräfe, DZWIR 2005, 410. Aufgehoben durch LG Kiel, Urteil vom 20.04.2006 – 10 S 44/06 = EuZW 2006, 478 m. Anm. Ringe/Willemer S. 621 = DB 2006, 1314 = BB 2006, 1468

schen *private company limited by shares* stand auf dem Prüfstand.[281]
Die Verwaltungsgerichtsbarkeit beschäftigte sich mit der Frage der IHK-
Pflichtmitgliedschaft einer in Deutschland tätigen *private company limited
by shares* aus England[282] und der Frage der Zulässigkeit einer Gewerbeun-
tersagungsverfügung gegen den *director* einer solchen Gesellschaft[283]. Die
ordentliche Gerichtsbarkeit beleuchtete die zivilrechtlichen Folgen einer
solchen Untersagung.[284] Der Verstoß gegen eine Gewerbeuntersagungs-
verfügung kann ein Ordnungswidrigkeitenverfahren nach sich ziehen.[285]
Die *private company limited by shares* als „EU-GmbH" zu bewerben wurde als irreführend und damit unlauter eingestuft.[286]

c) Reaktionen des Gesetzgebers

aa) Gesetz zur Neuregelung des Mindestkapitals der GmbH

Im April 2005 wurde vom Bundesministerium der Justiz ein Referentenentwurf für den Entwurf eines Gesetzes zur Neuregelung des Mindestkapitals der GmbH veröffentlicht.[287] Der Entwurf sah vor, dass das Min-

---

m. Bespr. Wachter S. 1463 = ZIP 2006, 1248 m. Anm. Just S. 1251 = GmbHR 2006,
710 m. Anm. Leutner/Langner S. 713 und Anm. EWiR 2006, 429 (Schilling).

[281] Die Komplementärfähigkeit verneinend AG Bad Oeynhausen, Beschluss vom
15.03.2005 – 16 AR 15/05 = GmbHR 2005, 692 m. Anm. Kowalski/Bormann S. 1045
und EWiR 2005, 541 (Wachter). Aufgehoben durch LG Bielefeld, Beschluss vom
11.08.2005 – 24 T 19/05 = GmbHR 2006, 89 m. Anm. Wachter S. 79. Siehe dazu auch
Werner, GmbHR 2005, 288 und Süß, GmbHR 2005, 673. Allgemein zur Zulässigkeit der
Ltd. & Co. KG siehe Schlichte, DB 2006, 87 m. w. Nachw. zur h. M., die diese bejaht.
Zu Problemen der Kapitalerhaltung in der Ltd. & Co. KG siehe Schlichte, DB 2006,
1357, zur Existenzvernichtungshaftung in der Ltd. & Co. KG Schlichte, DB 2006, 2672.

[282] VG Darmstadt, Urteil vom 07.11.2006 – 9 E 793/05 = ZIP 2006, 2273.

[283] OVG Nordrhein-Westfalen, Beschluss vom 09.09.2005 – 4 A 1486/05 = BB 2005,
2259 = DB 2005, 2128 m. Anm. EWiR 2006, 17 (Just).

[284] Die Eintragung der Gesellschaft als Zweigniederlassung kann in einem solchen Fall
verweigert werden, Thüringer OLG, Beschluss vom 09.03.2006 – 6 W 693/05 = DB
2006, 720 = ZIP 2006, 708 = BB 2006, 1181 = RIW 2006, 468 = GmbHR 2006,
541 m. Anm. Wachter S. 544 und Bespr. Mankowski, BB 2006, 1173. Bestätigt durch
BGH, Beschluss vom 07.05.2007 – II ZB 7/06 = NJW 2007, 2328, dazu oben, Kapitel II.4.b)aa)ddd).

[285] OLG Dresden, Beschluss vom 07.02.2006 – Ss (OWi) 955/05 = ZIP 2006, 1097
m. Anm. EWiR 2006, 337 (Mankowski).

[286] LG Dresden, Urteil vom 11.04.2006 – 42 O 0386/05 = GmbHR 2006, 1159 und
OLG Dresden, Beschluss vom 31.08.2006 – 14 U 907/06 = GmbHR 2006, 1161, beide
m. Anm. Römermann, GmbHR 2006, 1162 und EWiR 2007, 93 (Mankowski).

[287] Im Folgenden MindestkapG-RefE. Der Entwurf ist auf der Homepage des Justizministeriums unter www.bmj.de/media/archive/908.pdf abrufbar. Besprechungen bei
K. Schmidt, DB 2005, 1095 und Seibert, BB 2005, 1061.

deststammkapital der GmbH nach § 5 Abs. 1 GmbHG von € 25 000,00 auf € 10 000,00 gesenkt werden sollte.[288] Auf den Geschäftsbriefen der GmbH sollte künftig das gezeichnete und eingezahlte Stammkapital angegeben werden.[289] Das MindestkapG sollte der erste Schritt eines umfassenderen Prozesses sein, der mit der Deregulierung des GmbH-Innenrechts fortgesetzt werden sollte.[290] Der am 14.06.2005 in den Bundestag eingebrachte Gesetzesentwurf griff nur die Herabsetzung des Mindeststammkapitals auf.[291]

Sowohl der Referentenentwurf als auch der Gesetzesentwurf bezogen sich in der Begründung explizit auf die Inspire-Art-Entscheidung des EuGH.[292] Durch diese sei es notwendig geworden, die GmbH gegenüber dem Wettbewerbsdruck europäischer Alternativen zu stärken. In anderen europäischen Rechtsordnungen würden viel geringere Anforderungen an die Aufbringung des gezeichneten Kapitals bei Gründung einer GmbH gestellt.[293] Die Änderungen sollten bei einer grundsätzlichen Beibehaltung des bewährten Haftkapitalsystem der GmbH, die Rechtsform der GmbH für den deutschen Mittelstand insgesamt attraktiv erhalten.[294] Aufgrund der vorzeitigen Beendigung der 15. Wahlperiode des Deutschen Bundestages wurde die Beratung des Gesetzes nicht mehr zu Ende geführt.[295]

bb) Gesetz zur Modernisierung des GmbH-Rechts und zur Bekämpfung von Missbräuchen

Nach den Neuwahlen zum 16. Deutschen Bundestag wurde zunächst ein neuer Referentenentwurf zur GmbH-Reform vorgelegt, der Entwurf eines Gesetzes zur Modernisierung des GmbH-Rechts und zur Bekämpfung von Missbräuchen.[296] Am 25.05. 2007 folgte dann der entsprechende Regie-

---

[288] Art. 1 Nr. 2 MindestkapG-RefE. Kritisch dazu Wilhelmi, GmbHR 2006, 13 (24).

[289] Art. 1 Nr. 3 lit. a) MindestkapG-RefE.

[290] Begründung MindestkapG-RefE, S. 4.

[291] MindestkapG-GesE, BT-Drucks. 15/5673. Zu weitergehenden Vorschlägen für eine Reform des Rechts der GmbH siehe Happ, ZHR 2005, 6; Triebel/Otte, ZIP 2006, 311; Drygala, ZIP 2006, 1797 und Thiessen, ZIP 2006, 1892. Zu den verschiedenen Vorschlägen zur Vermehrung der Rechtsformen, etwa einen Einzelkaufmann m.b.H. oder eine Basisgesellschaft m.b.H. siehe K. Schmidt, DB 2006, 1096.

[292] Begründung MindestkapG-RefE, S. 3 und MindestkapG-GesE, BT-Drucks. 15/5673, S. 3.

[293] MindestkapG-GesE, BT-Drucks. 15/5673, S. 3.

[294] MindestkapG-GesE, BT-Drucks. 15/5673, S. 3.

[295] Siehe dazu Mellert, BB 2005, 1809.

[296] Im Folgenden MoMiG-RefE. Der Entwurf ist auf der Homepage des Justizministeriums unter www.bmj.bund.de/media/archive/1236.pdf abrufbar. Stellungnahme der Centrale für GmbH Dr. Otto Schmidt in GmbHR 2006, 978. Besprechungen bei Seibert, ZIP 2006, 1157; Breitenstein/Meyding, BB 2006, 1457; Römermann, GmbHR 2006,

rungsentwurf.[297] Die Entwürfe beziehen sich in ihrer Begründung wiederum auf die Inspire-Art-Entscheidung des EuGH und die aus diesem Urteil folgende Konkurrenz der Rechtsformen in Europa, aber auch auf Entwicklungen im nationalen Bereich, die Korrekturen am Recht der GmbH erforderlich machen.[298]

Das Mindeststammkapital soll, als Reaktion auf die diesbezüglichen Vorschriften in anderen europäischen Ländern, auf € 10 000,00 gesenkt werden.[299] Daneben sieht der Entwurf einige tiefgreifendere Änderungen im GmbH-Recht vor. Im Hinblick auf die angestrebte Modernisierung und ebenfalls als Reaktion, diesmal auf die Gründungsmodalitäten in anderen europäischen Ländern, soll die Registereintragung beschleunigt werden und mit den elektronischen Handels- und Unternehmensregistern synchronisiert werden.[300] Durch die Änderung des § 4a GmbHG soll eine Sitzverlegung der GmbH ins Ausland ermöglicht werden.[301]

673; Haas, GmbHR 2006, 729; Noack, DB 2006, 1475; Triebel/Otte, ZIP 2006, 1321; Bormann, GmbHR 2006, 1021; Gesmann-Nuissl, WM 2006, 1756; Leuering, ZRP 2006, 201; K.Schmidt, GmbHR 2007, 1. Zu den Auswirkungen auf inländische Zweigniederlassungen von Auslandsgesellschaften Wachter, GmbHR 2006, 793. Zu den Auswirkungen auf die GmbH & Co. KG Ehinger, BB 2006, 2701.

[297] Entwurf eines Gesetzes zur Modernisierung des GmbH-Rechts und zur Bekämpfung von Missbräuchen, BR-Drucks. 354/07 = ZIP-Beilage zu Heft 23/2007, im Folgenden MoMiG-RegE. Überblicke bei Noack, DB 2007, 1395 und Breitenstein/Meyding, BB 2007, 1457.

[298] Begründung MoMiG-RefE, S. 33 und MoMiG-RegE, S. 55. Zum Vergleich der deutschen und der englischen Reformbemühungen siehe Dierksmeier/Scharbert, BB 2006, 1517. Zu den Auswirkungen auch weiterer Gesetzesänderungen auf die in Deutschland agierende *private company limited* Kußmaul/Ruiner, IStR 2007, 696.

[299] Art. 1 Nr. 3 lit. a) MoMiG-RefE und Art. 1 Nr. 5 lit. a) MoMiG-RegE.

[300] Die Beschleunigung soll mit dem Verzicht auf die Stellung von Sicherheitsleistungen bei der Ein-Personen-GmbH (§§ 7 Abs. 2 S. 3, 19 Abs. 4 GmbHG) und die Vorlage von Genehmigungen nach § 8 Abs. 1 GmbHG (diese soll dann binnen 3 Monaten nachgereicht werden), erreicht werden.

[301] Art. 1 Nr. 2 MoMiG-RefE und Art. 1 Nr. 4 MoMiG-RegE. Dazu eingehend Hoffmann, ZIP 2007, 1581 und Peters, GmbHR 2008, 245. Zu weiteren Punkten der Reform wie die Bereiche gutgläubiger Erwerb von Geschäftsanteilen, Cash Pooling, Eigenkapitalersatzrecht, Insolvenzantragspflicht und der neuen Rechtsform der Unternehmergesellschaft (haftungsbeschränkt) siehe aus der umfangreichen Literatur beispielsweise Müller, GmbHR 2006, 953; Schockenhoff/Höder, ZIP 2006, 1841; Bayer/Lieder, GmbHR 2006, 1121; Breitenstein/Meyding, BB 2006, 1457; Wilhelm, DB 2006, 2729; Grunewald, WM 2006, 2333; Seibert, ZIP 2006, 1157; K. Schmidt, ZIP 2006, 1925; Ekkenga, WM 2006, 1986; Tillmann, GmbHR 2006, 1289; Bormann, DB 2006, 2616; Thiessen, ZIP 2007, 253; Wilhelm, DB 2007, 1510; Böcker/Poertzgen, WM 2007, 1203; Seibert, GmbHR 2007, 673; Jacob, GmbHR 2007, 796; Drygala/Kremer, ZIP 2007, 1289; Veil, ZIP 2007, 1241; Freitag/Riemenschneider, ZIP 2007, 1485; Knof/Mock, GmbHR 2007, 852; Steffek, BB 2007, 2077; Vossius, DB 2007, 2299; K. Schmidt, GmbHR 2007, 1072; Veil, GmbHR 2007, 1080; Poertzgen, GmbHR 2007, 1258.

cc) Referentenentwurf zum Internationalen Gesellschaftsrecht

Das Bundesministerium der Justiz hat am 07.01.2008 einen Referentenentwurf für ein Gesetz zum Internationalen Privatrecht der Gesellschaften, Vereine und juristischen Personen veröffentlicht.[302] Der Entwurf beruht auf Vorarbeiten der Spezialkommission „Internationales Gesellschaftsrecht" des Deutschen Rates für Internationales Privatrecht.[303] Der Entwurf bezieht sich ausdrücklich auf die Rechtsprechung des EuGH zur Niederlassungsfreiheit, die den Schluss nahe lege, auf Gesellschaften, Vereine und juristische Personen, die in einem Mitgliedstaat der Europäischen Union wirksam gegründet worden sind, das Gründungsrecht anzuwenden.[304]

Dementsprechend sollen Gesellschaften, Vereine und juristische Personen des Privatrechts dem Recht des Staates unterliegen, in dem sie in ein öffentliches Register eingetragen sind.[305] Liegt keine oder noch keine Eintragung in ein öffentliches Register vor, sollen solche Gesellschaften dem Recht des Staates unterliegen, nach dem sie sich organisiert haben.[306] Das nach diesen Vorschriften anzuwendende Recht soll insbesondere maßgeblich sein für die Rechtsnatur und die Rechts- und Handlungsfähigkeit, die Gründung und die Auflösung, den Namen und die Firma, die Organisations- sowie die Finanzverfassung, die Vertretungsmacht der Organe, den Erwerb und den Verlust der Mitgliedschaft und die mit dieser verbundenen Rechte und Pflichten, die Haftung der Gesellschaft, des Vereins oder der juristischen Person sowie die Haftung ihrer Mitglieder und Organmitglieder für Verbindlichkeiten der Gesellschaft, des Vereins oder der juristischen Person und die Haftung wegen der Verletzung gesellschaftsrechtlicher Pflichten.[307]

Der Entwurf enthält keine Regelungen bezüglich des Zusammenspiels von Gesellschaftsstatut und Erbstatut, ohne dass er hierauf gesondert

---

[302] Im Folgenden IntGesR-RefE. Im Internet erhältlich unter www.bmj.bund.de/files//2751/RefE%20Gesetz%20zum%20Internationalen%20Privatrecht%20der%20Gesellschaften,%20Vereine%20und%20juristischen%20Personen.pdf.

[303] Vgl. Sonnenberger, Vorschläge und Berichte zur Reform des europäischen und deutschen internationalen Gesellschaftsrechts und Sonnenberger/Bauer, Vorschlag des Deutschen Rates für Internationales Privatrecht für eine Regelung des Internationalen Gesellschaftsrechts auf europäischer/nationaler Ebene, abgedruckt als Beilage 1 zu RIW 2006, Heft 4. Ein alternativer Entwurf findet sich bei Zimmer, RabelsZ 67 (2003).

[304] IntGesR-RefE, S. 5. Der Begriff der „Gesellschaften, Vereine und juristischen Personen" sei dabei untechnisch und in dem Sinne zu verstehen, wie er in dieser Weise auch in anderen Vorschriften verwendet werde, IntGesR-RefE, S. 9.

[305] Nach dem Wortlaut des neuen Art. 10 Abs. 1 S. 1 EGBGB, IntGesR-RefE, S. 2.

[306] Nach dem Wortlaut des neuen Art. 10 Abs. 1 S. 2 EGBGB, IntGesR-RefE, S. 2. Damit korrespondierend sind neue Regelungen für den Vertrauensschutz in den neuen Absätzen 2 und 3 des Art. 12 EGBGB vorgesehen, IntGesR-RefE, S. 4 und 14 f.

[307] Nach dem Wortlaut des neuen Art. 10 Abs. 2 lit. 1.-8. EGBGB, IntGesR-RefE, S. 3.

eingeht. Die Spezialkommission des Deutschen Rates für Internationales Privatrecht hat diesen Aspekt ausdrücklich von ihren Vorschlägen ausgeklammert, da die in den verschiedenen europäischen Staaten bestehenden gesellschafts- und erbrechtlichen Regelungen höchst unterschiedlich seien und das Zusammenspiel dieser Regelungen von der Qualifikation im Einzelfall abhänge, sodass eine generelle kollisionsrechtliche Regelung in einem auf das Gesellschaftsrecht beschränkten europäischen Normierungsinstrument ausscheide.[308] Da der Referentenentwurf auf den Vorarbeiten der Kommission beruht, ist davon auszugehen, dass der Aspekt des Ineinandergreifens von Gesellschaftsstatut und Erbstatut auch bei einer Normierung des Internationalen Gesellschaftsrechts mit Hilfe der bisherigen Lösungsansätze zu bewältigen sein wird.

5. Weitere Entscheidungen des EuGH

a) Die Entscheidung Lasteyrie du Saillant

Die vom EuGH in der Entscheidung Überseering in Abgrenzung zur Daily-Mail-Entscheidung vorgenommene Unterscheidung zwischen Zuzugs- und Wegzugsbeschränkungen[309] hat zur Folge, dass es nicht gegen die Niederlassungsfreiheit verstößt, wenn der Gründungsstaat den Wegzug einer Gesellschaft sanktioniert.[310] Das Recht des Staates, aus dem der tatsächliche Sitz der Gesellschaft herausverlegt werden soll, ist daher zu befragen, ob es eine Verlegung zuläßt.[311]

Das beruht auf dem Verständnis des EuGH von der Niederlassungsfreiheit von Gesellschaften.[312] Eine Gesellschaft, die innerhalb einer Rechtsordnung manifestiert wird, kann die einmal erworbene rechtliche Identität gegenüber einem sogenannten Zuzugsstaat innerhalb der Gemeinschaft einfordern. Ansonsten liegt ein Eingriff in die Niederlassungsfreiheit vor. Der Gründungsstaat hingegen, der mit seiner Rechtsordnung die Gesellschaft erst Realität werden läßt, kann durch seine rechtlichen Regelungen die Niederlassungsfreiheit bei einem Wegzug gar nicht be-

---

[308] Sonnenberger, Vorschläge und Berichte zur Reform des europäischen und deutschen internationalen Gesellschaftsrechts, S. 37.

[309] EuGH, Urteil Überseering, Rn. 61–73.

[310] Eidenmüller, ZIP 2002, 2233 (2242 f.); Leible/Hoffmann, RIW 2002, 925 (927 f.); Lutter, BB 2003, 7 (10); Paefgen, WM 2003, 561 (567 f.); Schanze/Jüttner, AG 2003, 30 (33); Weller, IPRax 2003, 324 (327); Zimmer, BB 2003, 1 (2 f.); a. A. Wertenbruch, NZG 2003, 618 (619).

[311] Eidenmüller, JZ 2004, 25 (30).

[312] Ebenso, aber mit anderen Schlussfolgerungen Hirte/Bücker/Forsthoff, Grenzüberschreitende Gesellschaften, S. 57 Rn. 22.

schränken. Enthält das Recht, durch das die Gesellschaft ausgestaltet wird, eine Wegzugsbeschränkung, ist diese Beschränkung in der Verfassung der Gesellschaft angelegt und stellt keine Diskriminierung durch einen anderen Staat dar. Es handelt sich auch nicht lediglich um einen Fall der Inländerdiskriminierung, sondern ist im Verständnis des Gerichtshofs vom Entstehen von Gesellschaften selbst angelegt, auch wenn man dies aus rechtspolitischen Gründen bedauern mag.[313]

Lediglich ein totales Verbot des Wegzugs würde auch den Herkunftsstaat gegen das Verbot der Beschränkung der Niederlassungsfreiheit verstoßen lassen.[314] Ein Verbot ist jedoch nicht allein darin zu sehen, dass der Herkunftsstaat an den Wegzug negative Folgen knüpft, etwa die Liquidierung der Gesellschaft.[315] Denn das liegt innerhalb der Reichweite der Rechtsordnung, die der Gesellschaft vom Gründungsstaat mitgegeben wird. Der Niederlassungsfreiheit wird aus der Wegzugperspektive genüge getan, wenn es der Gesellschaft ermöglicht wird, ihr Kapital teilweise oder vollständig auf eine Gesellschaft des Zuzugsstaats zu übertragen.[316]

Die Entscheidung des EuGH „Lasteyrie du Saillant"[317] ändert hieran nichts.[318] In einem Rechtsstreit des Hughes de Lasteyrie du Saillant über französische Vorschriften betreffend die Besteuerung bestimmter Gewinne (stille Reserven) bei der Verlegung des steuerlichen Wohnsitzes ins Ausland, hatte der französische Conseil d'État den Gerichtshof mit einer Vorlagefrage zum Grundsatz der Niederlassungsfreiheit nach Artikel 43 EG befasst. Der EuGH stellte einen Verstoß gegen Art. 43 EG fest. Da diese Entscheidung eine natürliche Person betraf, war der Maßstab aber ausschließlich Art. 43 EG.[319] Da Art. 48 EG auf Gesellschaften abstellt, die nach dem Recht eines Mitgliedsstaats gegründet sind und weitere, zusätzliche Voraussetzungen aufstellt, ist diese Entscheidung auf die

---

[313] Maul/Schmidt, BB 2003, 2297 (2300); Behrens, IPRax 2003, 193 (205) und 2004, 20 (26); Ziemons, ZIP 2003, 1913 (1919); Geyrhalter/Gänßler, DStR 2003, 2167 (2170); Bayer BB 2004, 1 (4).

[314] EuGH, Urteil Daily Mail, Rn. 16.

[315] EuGH, Urteil Daily Mail, Rn. 18.

[316] EuGH, Urteil Daily Mail, Rn. 18; a. A. Triebel/von Hase, BB 2003, 2409 (2410).

[317] Rs. C-9/02, Slg. 2004, S. I-2409 – Lasteyrie du Saillant.

[318] Probst/Kleinert, MDR 2003, 1265 (1269); Stieb, GmbHR 2004, 492 (493); Eidenmüller/Rehm, ZGR 2004, 159 (178, Fn. 78); dies., Ausländische Kapitalgesellschaften im deutschen Recht, S. 34 Rn. 59 ff.; a. A. Wachter, GmbHR 2004, R 161 (R 162).

[319] Ebenso bereits vor der Urteilsfindung Triebel/von Hase, BB 2003, 2409 (2410). Für eine analoge Anwendung der Rspr. des EuGH auf Kapitalgesellschaften aus steuerrechtlicher Sicht hingegen Klümpen-Neusel/Ressos, BB 2004, 801 (808), auch aus gesellschaftsrechtlicher Sicht Weller, DStR 2004, 1218 (1219) und Teichmann. ZIP 2006, 357.

Niederlassungsfreiheit von Gesellschaften nicht übertragbar.[320] Der Gerichtshof erwähnt dementsprechend die Entscheidung Daily Mail in der Entscheidung Lasteyrie du Saillant schon gar nicht mehr.

b) Die Entscheidung SEVIC

Eine weitere Entscheidung kann helfen, den Einfluss, den die Niederlassungsfreiheit der Art. 43, 48 EG auf das nationale Gesellschaftsrecht und auch das Gesellschaftskollisionsrecht hat, zu beleuchten: Die Entscheidung des EuGH „SEVIC"[321], die das Umwandlungsrecht betrifft. Das deutsche Registergericht hatte einen Antrag der deutschen SEVIC Systems AG zurückgewiesen, ihre Verschmelzung mit der in Luxemburg ansässigen Gesellschaft Security Vision Concept SA in das deutsche Handelsregister einzutragen. Das Beschwerdegericht legte dem Gerichtshof die Frage vor, ob es europarechtswidrig sei, dass § 1 Abs. 1Nr. 1 UmwG nur eine Umwandlung inländischer Rechtsträger vorsehe. Der Gerichtshof stellte fest, dass die aus den Art. 43 und 48 EG folgende Niederlassungsfreiheit verletzt sei, wenn die Eintragung einer Verschmelzung durch Auflösung ohne Abwicklung einer Gesellschaft und durch Übertragung ihres Vermögens als Ganzes auf eine andere Gesellschaft in das nationale Handelsregister generell verweigert wird, wenn eine der beiden Gesellschaften ihren Sitz in einem anderen Mitgliedstaat hat, während eine solche Eintragung bei Sitz beider Gesellschaften im erstgenannten Staat möglich ist.

Die Entscheidung macht deutlich, dass der EuGH für die Niederlassungsfreiheit von Gesellschaften ein umfassendes Konzept vertritt. Der Gerichtshof löst sich von einer rein gesellschaftsrechtlichen Betrachtungsweise und charakterisiert Gesellschaften als am Wirtschaftsleben Beteiligte, die hinsichtlich des Zugangs zu anderen Mitgliedstaaten unterschiedslos zu inländischen Wirtschaftsbeteiligten behandelt werden müssen.[322] Grenzüberschreitende Verschmelzungen stellen nach Ansicht des EuGH

---

[320] Dasselbe gilt auch für eine frühere Entscheidung des EuGH, Rs. C-251/98, Slg. 2000, S. I–2787 – Baars. In diesem Fall wehrte sich mit C. Baars eine natürliche Person gegen eine Regelung des niederländischen Vermögenssteuerrechts, nach welcher eine wesentliche Beteiligung an einem Unternehmen in gewissem Umfang von der Vermögenssteuer befreit wird, aber nur, wenn das Unternehmen seinen Sitz in den Niederlanden hat. Die Feststellung eines Verstoßes gegen Art. 43 EG ist aus den vorgenannten Gründen jedoch nicht auf eine gesellschaftsrechtliche Konstellation übertragbar.

[321] Rs. C-411/03 – SEVIC = NJW 2006, 425 m. Anm. EWiR 2006, 25 (Drygala); Ringe, DB 2005, 2806; Schmidt/Maul, BB 2006, 13. Siehe auch die Besprechungen bei Bayer/Schmidt, ZIP 2006, 210; Kuntz, IStR 2006, 224; Oechsler, NJW 2006, 812 und Doralt, IPRax 2006, 572. Auch zu den steuerrechtlichen Folgen Meilicke/Rabback, GmbHR 2006, 123; Sedemund, BB 2006, 519; Kraft/Bron, IStR 2006, 26.

[322] EuGH, Urteil SEVIC, Rn. 18.

wichtige Modalitäten der Ausübung der Niederlassungsfreiheit dar und
gehören damit zu den wirtschaftlichen Tätigkeiten, hinsichtlich deren die
Mitgliedstaaten die Niederlassungsfreiheit beachten müssen.[323] Der Generalanwalt hatte das Verhältnis von Niederlassungsrecht und Gesellschaftsrecht in seinen Schlussanträgen noch pointierter dargelegt und ausgeführt,
die Niederlassungsfreiheit betreffe nicht nur das Recht, in einen anderen
Mitgliedstaat zu übersiedeln, um dort die eigene Tätigkeit auszuüben, sondern alle Aspekte, die mit der Ausübung dieser Tätigkeit und damit mit
der vollen Ausübung der im Vertrag verankerten Freiheit in irgendeiner
Weise komplementär und funktionell zusammenhängen.[324] Die Entscheidung des EuGH SEVIC ist somit künftig bei der Behandlung der noch offe-
nen Fragen des Internationalen Gesellschaftsrechts zu berücksichtigen.[325]
Das gilt nicht nur für die Frage der Wegzugsbeschränkung, also das Verhältnis der Entscheidung SEVIC zur Entscheidung des EuGH Daily Mail,
die hier momentan in den Vordergrund gerückt ist.[326] Eine Gelegenheit,
über eine Wegzugskonstellation zu entscheiden, bietet sich dem EuGH
eventuell durch die Vorlage eines Ungarischen Gerichts in der Rechtssa-
che „Cartesio".[327] Allerdings liegt dem dortigen Sachverhalt der Wegzug
einer Personenhandelsgesellschaft (Kommanditgesellschaft) zugrunde.

Die Konsequenzen der Entscheidung des EuGH SEVIC waren aber,
auch was das Umwandlungsrecht betrifft, noch nicht in jeglicher Hinsicht
klar.[328] Eine Klärung ist in diesem Punkt mittlerweile auf der Ebene der
Gesetzgebung erfolgt. Denn die Frage der Zulässigkeit grenzüberschrei-

---

[323] EuGH, Urteil SEVIC, Rn. 19.

[324] Schlussanträge des Generalanwalts Tizzano in der Rs. SEVIC, Rn. 32 = DB 2005,
1510 m. Anm. Sinewe S. 2061 und EWiR 2005, 581 (Wachter). Besprechung der Schlussanträge bei Geyrhalter/Weber, NZG 2005, 837; Kuntz, EuZW 2005, 524; Drygala, ZIP
2005, 1995.

[325] Vgl. Ringe, DB 2005, 2806. Die Entscheidung wurde auch als Mosaikstein im Internationalen Gesellschaftsrecht der EU bezeichnet bei Siems, EuZW 2006, 135.

[326] Ob aus der Entscheidung SEVIC zu folgern ist, dass auch Wegzugsbeschränkungen
für Gesellschaften gegen die Niederlassungsfreiheit verstoßen, ist streitig, siehe Ringe,
DB 2005, 2806 f.; EWiR 2006, 25, 26 (Drygala); Teichmann, ZIP 2006, 355 (357 ff.);
Kappes, NZG 2006, 101 f.; Schmidtbleicher, BB 2007, 613.

[327] Vorabentscheidungsersuchen des Szegedi Ítélőtábla, eingereicht am 5. Mai 2006 –
Cartesio Oktató és Szolgáltató Bt., ABl. EU C 165 vom 15.7.2006, S. 17 = ZIP 2006,
1536, beim EuGH unter dem Az. Rs. C-210/06 anhängig. Siehe dazu die Anm. EWiR
2006, 459 (Neye) und Kleinert/Schwarz, GmbHR 2006, R 365, die sich für eine Aufgabe
der Daily-Mail-Rechtsprechung aussprechen.

[328] Beispielsweise lehnte das OLG München im Beschluss vom 02.05.2006 – 31 Wx
9/06 = DB 2006, 1148= ZIP 2006, 1049 = BB 2006, 1185 = DNotZ 2006, 783 =
GmbHR 2006, 600 m. Anm. Wachter S. 601 die konstitutive Verschmelzung einer GmbH
auf eine englische *private company limited by shares* (Herausverschmelzung) in das
Handelsregister der Zweigniederlassung der aufnehmenden Gesellschaft, ab.

tender Gesellschaften war Gegenstand der Richtlinie 2005/56/EG des Europäischen Parlaments und des Rates.[329] Das deutsche Umwandlungsgesetz[330] wurde dementsprechend mittlerweile geändert.[331]

c) Die Entscheidung innoventif

Das LG Berlin legte dem EuGH die Frage vor, ob es mit der Niederlassungsfreiheit von Gesellschaften nach den Art. 43 und 48 EG vereinbar sei, dass die Eintragung einer von einer Kapitalgesellschaft mit Sitz im Vereinigten Königreich in Deutschland errichteten Zweigniederlassung im Handelsregister von der Zahlung eines Vorschusses abhängig gemacht wird, der sich nach den Kosten der Veröffentlichung des Geschäftsgegenstandes der Gesellschaft, so wie er in den einschlägigen Klauseln des Memorandum of Association niedergelegt ist, bemisst.[332] Im konkreten Fall hatte das Amtsgericht Charlottenburg als Registergericht die Eintragung der Zweigniederlassung einer in England gegründeten Gesellschaft von der Zahlung eines Kostenvorschusses i. H. v. € 3 000,00 abhängig gemacht.

Der EuGH hat hierin keinen Verstoß gegen die Niederlassungsfreiheit gesehen.[333] Der Gerichtshof stellte fest, dass die 11. (Zweigniederlassungs-) Richtlinie es den Mitgliedstaaten ausdrücklich erlaube, bei der Eintragung einer Zweigniederlassung in das Handelsregister, die Offenlegung des Errichtungsakts und ggf. der Satzung zu verlangen.[334] Die Offenlegung des Unternehmensgegenstands sei darin beinhaltet.[335] Die 11. (Zweigniederlassungs-)Richtlinie sehe auch eine entsprechende Bekanntmachung der Angaben vor.[336] Die Vorschusszahlung orientiere sich unterschiedslos an

---

[329] Richtlinie 2005/56/EG des Europäischen Parlaments und des Rates vom 26.10.2005 über die Verschmelzung von Kapitalgesellschaften aus verschiedenen Mitgliedstaaten, ABl. EU L 310 vom 25.11.2005, S. 1. Dazu Drinhausen/Keinath, RIW 2006, 81; Nagel, NZG 2006, 97.

[330] Umwandlungsgesetz vom 28. Oktober 1994, BGBl. 1994 I, S. 3210, 1995 I S. 428.

[331] Durch das Zweite Gesetz zur Änderung des Umwandlungsgesetzes vom 19. April 2007, BGBl. 2007 I, S. 542. Besprechungen des Entwurfs vom 13.02.2006 bei Neye/Timm, DB 2006, 488; Drinhausen/Keinath, BB 2006, 725; Forsthoff, DStR 2006, 613; Müller, NZG 2006, 286.

[332] LG Berlin, Vorlagebeschluss vom 31.08.2004 – 102 T 57/04 = GmbHR 2005, 686 m. Anm. Melchior S. 689 und EWiR 2005, 499 (Wachter).

[333] EuGH, Rs. C-453/04 – innoventif = ZIP 2006, 1293 = BB 2006, 1811 = DNotZ 2006, 868 = EuZW 2006, 537 = GmbHR 2006, 707 m. Anm. Wachter S. 709 und EWiR 2006, 713 (Schall).

[334] EuGH, Urteil innoventif, Rn. 34.

[335] EuGH, Urteil innoventif, Rn. 35.

[336] EuGH, Urteil innoventif, Rn. 36.

den tatsächlichen Verwaltungskosten je nach Länge der Eintragung und beschränke daher nicht die Niederlassungsfreiheit.[337] Auch die Entscheidung des Gerichtshofs innoventif trägt zur Konturierung des Verständnisses des EuGH von der Niederlassungsfreiheit von Gesellschaften nach den Art. 43, 48 EG bei. Die Behandlung einer Gesellschaft nach ihrer Gründungsrechtsordnung bedeutet nur eine Gleichbehandlung und nicht eine Besserstellung mit inländischen Gesellschaften durch ein und denselben Rechtsträger. Eine Gesellschaft, die in einem Mitgliedstaat der EU wirksam gegründet wurde, wird in dem Außenbereich des fremden Rechts, in dem sie sich bewegt, wie andere sich dort befindliche Gesellschaften behandelt.

6. Zusammenfassung

Die Rechtsprechung des Gerichtshofs der Europäischen Gemeinschaft hat dazu geführt, dass in einem Mitgliedstaat der Gemeinschaft gegründete Gesellschaften unter „Mitnahme" ihres Gründungsrechts in anderen Mitgliedstaaten tätig werden können. Dabei agiert die Gesellschaft als am Wirtschaftsleben Beteiligte, die in allen Aspekten, die mit ihrer Tätigkeit zusammenhängen, wie eine inländische Gesellschaft behandelt werden muss, obgleich sich ihre innere Verfassung und Teile des auf sie anwendbaren Rechts nach einer anderen, der Gründungsrechtsordnung richten. Bei der Bestimmung des Gesellschaftsstatus muss diese Rechtsprechung des EuGH daher künftig beachtet werden.

---

[337] EuGH, Urteil innoventif, Rn. 38 ff.

III. Das Erbstatut

1. Anknüpfungsgegenstand

Das Internationale Erbrecht Deutschlands ist in den Art. 25, 26 EGBGB geregelt.[1] Art. 25 EGBGB führt zu dem anwendbaren Recht, Art. 26 EGBGB regelt die Form aller Verfügungen von Todes wegen.[2] Eine Rechtswahl ist gemäß Art. 25 Abs. 2 EGBGB nur für im Inland belegenes unbewegliches Vermögen zulässig und auch nur zugunsten des deutschen Erbrechts.[3] Sie muss in Form einer Verfügung von Todes wegen erfolgen.

Der Anknüpfungsgegenstand der Rechtsnachfolge von Todes wegen umfasst im Grundsatz alle erbrechtlichen Fragen. Damit besteht im Prinzip ein System der Nachlasseinheit. So sollen Schwierigkeiten, die mit einer Aufspaltung in Teilnachlässe verbunden sind, vermieden werden.[4] Durchbrechungen dieses Prinzips lassen sich jedoch nicht vermeiden. Das deutsche Recht kennt verschiedene Sondererbfolgen, beispielsweise im Höferecht[5] und im Wohnraummietrecht[6]. Ebenso kann es im Falle einer Rück- oder Weiterverweisung durch das gem. Art. 25 Abs. 1 EGBGB anwendbare Recht zu einer Nachlassspaltung kommen.

Das Erbstatut als Gesamtstatut umfasst isoliert betrachtet Fragestellungen, die in der *Person des Erblassers* begründet sind, wie die Ausle-

---

[1] Im Hinblick auf die Vereinheitlichungstendenzen innerhalb der EU siehe die Studie der erbrechtlichen Regelungen des Internationalen Verfahrensrechtes und Internationalen Privatrechts der Mitgliedsstaaten der Europäischen Union, DNotI, Les Successions Internationales dans l'UE und Herweg, Die Vereinheitlichung des Internationalen Erbrechts im Europäischen Binnenmarkt.

[2] Art. 26 Abs. 1–3 EGBGB orientieren sich am Haager Übereinkommen über das auf die Form letztwilliger Verfügungen anzuwendende Recht v. 05.10.1961, BGBl. 1965 II, S. 1145, abgedruckt und übersetzt bei Jayme/Hausmann, S. 142Nr. 60.

[3] Eine analoge Anwendung der Vorschrift, die eine Wahl auch ausländischen Rechts oder die Wahl deutschen Rechts auch für im Ausland belegenes Vermögen ermöglichen würde, wird von der h. M. abgelehnt, siehe dazu m. w. Nachw. Haas, ZNotP 2002, 206 (207 f.). Art. 25 Abs. 2 EGBGB bringt somit nur für den ausländischen Erblasser etwas, der, auch in dem Fall, dass sein Heimatrecht nicht auf das deutsche Recht zurückverweist, für inländisches unbewegliches Vermögen deutsches materielles Erbrecht wählen kann (Haas, a. a. O., S. 208).

[4] Bundestagsdrucksache 10/504, S. 75.

[5] § 4 HöfeO (Höfeordnung vom 07.07.1947, neugefasst durch Bek. v. 26. 7.1976, BGBl. I, S. 1933, zuletzt geändert durch Art. 7 Abs. 13 Gesetz v. 27. 6.2000, BGBl. I, S. 897).

[6] § 563 BGB.

gung der letztwilligen Verfügung und Fragestellungen die in der *Person des Erben* begründet sind, wie die nach der Erbfähigkeit, dem Kreis der Erbberechtigten, dem Erwerb und Verlust der Erbenstellung, der Rechtsstellung der Erben, allgemein der Ausgestaltung einer Erbengemeinschaft sowie nach dem Erbrecht des Ehegatten und dem Erbrecht des Fiskus. Auch Fragestellungen die den *Nachlass selbst* betreffen, wie etwa nach dessen Umfang, nach der Höhe der Erbquoten, nach der Haftung für Nachlassverbindlichkeiten, Vermächtnisanordnungen und Schenkungen von Todes wegen sind erfasst.[7] Ebenso werden Fragen, die sich unter dem Begriff der *Administration des Nachlasses* zusammenfassen lassen, wie etwa die Regelung der Vor- und Nacherbschaft, Fragen der Nachlassverwaltung und Fragen der Testamentsvollstreckung vom Erbstatut beantwortet.[8] Das gilt schließlich auch für die *gesetzlichen Folgen* unwillkürlicher oder willkürlicher Regelungen, wie die Wirkungen der gewillkürten Erbfolge, das Vorliegen von Pflichtteilsberechtigungen und die Statthaftigkeit des Testamentsinhalts.[9]

2. Anknüpfungspunkt

Die Anknüpfung des Art. 25 Abs. 1 EGBGB erfolgt an die Staatsangehörigkeit des Erblassers im Zeitpunkt des Todes. Dabei besteht die Besonderheit, dass sich die Bestimmung der Staatsangehörigkeit immer, auch wenn sie beispielsweise als Vorfrage aufgeworfen wird, nach dem Recht des Staates richtet, dessen Zugehörigkeit in Frage steht.[10] Das deutsche IPR kann nicht, auch nicht durch eine kollisionsrechtliche Verweisung, indirekt beeinflussen, wer Angehöriger eines ausländischen Staates ist.[11]

---

[7] A.A. PWW/Freitag, Art. 25 EGBGB Rn. 9, der generell den Umfang des Nachlasses nach den Rechten, die als Einzelstatut (insbes. Forderungs-, Sach-, oder Gesellschaftsstatut) jeweils darüber entscheiden, ob der Erblasser Inhaber des betreffenden Nachlassgegenstandes war, bestimmen will. Dabei handelt es sich jedoch eher um eine Vorfrage, vgl. BGH, Urteil vom 15.04.1959 – V ZR 5/58 = NJW 1959, 1317; OLG Düsseldorf, Urteil vom 07.04.2000 – 7 U 273/98 = FamRZ 2001, 1102 = ZEV 2001, 484.

[8] Erman/Hohloch, Art. 25 EGBGB Rn. 29. Dazu gehört auch die Frage, ob der Nachlass kraft Gesetzes auf die Erben übergeht oder eine dritte Person zwischengeschaltet ist, so speziell zum *administrator* aus dem anglo-amerikanischen Rechtskreis Soergel/Schurig, Art. 25 EGBGB Rn. 41 m. w. Nachw. aus der Rspr.

[9] Siehe auch die Aufzählung bei Hk-BGB/Staudinger, Art. 25 EGBGB Rn. 4 ff. m. w. Nachw.

[10] Von Bar/Mankowski, IPR I, S. 681 Rn. 210.

[11] MünchKommBGB/Sonnenberger, EinlIPR Rn. 709.

3. Nachlassabwicklung

a) Internationale Zuständigkeit

Es existieren keine gemeinschaftsrechtlichen oder staatsvertraglichen Regelungen zur internationalen Zuständigkeit in Nachlasssachen.[12] Die EuGVO[13] ist gemäß Art. 1 Abs. 2 lit. a), das Luganer Übereinkommen[14] gemäß Art. 1 Abs. 2 Nr. 1 nicht auf erbrechtliche Streitigkeiten anwendbar, was jeweils auch für den Kernbereich der freiwilligen Gerichtsbarkeit gilt.[15] Auch die §§ 72 ff. FGG enthalten keine ausdrückliche Regelung der internationalen Zuständigkeit der Nachlassgerichte. Vor allem in der Literatur wird vertreten, die internationale Zuständigkeit wie im streitigen Verfahren in Anlehnung an die Vorschriften über die örtliche Zuständigkeit zu bestimmen.[16] Die deutsche Rechtsprechung geht jedoch von der sogenannten Gleichlauftheorie aus, nach der die internationale Zuständigkeit der deutschen Nachlassgerichte im Grundsatz davon abhängt, dass deutsches Recht Erbstatut ist.[17] Das anzuwendende *Verfahrensrecht* ist grundsätzlich dasjenige der lex fori.[18]

b) Erbanfall und Erbgang

Spannungen die daraus resultieren, dass, aus deutscher Perspektive, unter Umständen fremdes materielles Nachlassabwicklungsrecht und eigenes Verfahrensrecht zur Anwendung kommen, könnten eventuell vermieden werden, wenn die Fragen der Abwicklung der Erbschaft einem eigenen Sta-

---

[12] Hk-BGB/Staudinger, Art. 25 EGBGB Rn. 20.

[13] Verordnung (EG) Nr. 44/2001 des Rats über die gerichtliche Zuständigkeit und die Anerkennung und Vollstreckung von Entscheidungen in Zivil- und Handelssachen vom 22.12.2000, ABl. EG 2000, L 12/01.

[14] Luganer Übereinkommen über die gerichtliche Zuständigkeit und die Vollstreckung gerichtlicher Entscheidungen in Zivil- und Handelssachen vom 16.09.1988, BGBl. 1994 II, S. 2660; in: Jayme/Hausmann, S. 295 Nr. 152.

[15] Kropholler, Europäisches Zivilprozessrecht, S. 76 Rn. 21; Thomas/Putzo/Hüßtege, Art. 1 EuGVO Rn 4.

[16] MünchKommBGB/Birk, Art. 25 EGBGB Rn. 315; Bamberger/Roth/Lorenz, Art. 25 EGBGB Rn. 63 (analoge Anwendung von § 73 FGG); Habscheid, FGG, S. 70; kritisch dazu Keidel/Kuntze/Winkler/Schmidt, FGG, Einl. Rn. 65.

[17] Von Bar/Mankowski, IPR I, S. 456 Rn. 151; MünchKommBGB/Birk, Art. 25 EGBGB Rn. 316; Habscheid, FGG, S. 70; jeweils mit Nachw. zur Rspr. und zur Kritik an dieser Theorie. *Ausnahmen* vom Gleichlaufgrundsatz bestehen bei der Zuständigkeit zur Erbscheinserteilung nach § 2369 BGB (falls im Inland belegener Nachlass vorhanden ist), wenn die Ablehnung der internationalen Zuständigkeit zur Rechtsverweigerung führen würde, wenn ein dringendes Fürsorgebedürfnis besteht und bei vorläufig sichernden Maßnahmen, siehe Bamberger/Roth/Lorenz, Art. 25 EGBGB Rn. 64 m. w. Nachw.

[18] Statt aller von Bar/Mankowski, IPR I, S. 399 Rn. 75.

tut unterstellt würden. Der Erbgang, also die Art und Weise des Erwerbs, die Ausgestaltung der Erbengemeinschaft, die Schuldenhaftung und die Testamentsvollstreckung würden dann generell der lex fori unterstellt.[19] Dieser Vorschlag hat sich bislang jedoch nicht durchgesetzt.[20]

4. Ausblick

Die Europäische Kommission hat am 01.03.2005 das Grünbuch „Erb- und Testamentsrecht" vorgelegt.[21] Die Fragen basieren auf einer rechtsvergleichenden Studie der erbrechtlichen Regelungen des Internationalen Verfahrensrechtes und Internationalen Privatrechts der Mitgliedsstaaten der Europäischen Union.[22] Die Studie ist Teil des Prozesses zur Schaffung eines „Raumes der Freiheit, der Sicherheit und des Rechts" in der Europäischen Union zur Verwirklichung der im Amsterdamer Vertrag und vom Europäischen Rat in Tampere (15./16. Oktober 1999) festgelegten Ziele.[23] Grundlage ist die Kompetenz der Gemeinschaft zur Vereinheitlichung des Internationalen Privat- und Zivilverfahrensrechts in den Art. 61 lit. c) i. V. m. Art. 65 lit. b) EG. Da die sog. Brüssel II-VO[24] den Bereich des Erbrechts nicht mit abdeckt, soll auch dieser nun entsprechend dem Maßnahmeprogramm des Rats der EU vom 24.11.2000[25] in den Bereich der Rechtsvereinheitlichung miteinbezogen werden.[26] Die Harmonisierung

---

[19] Ausführlich zu diesem Vorschlag Berenbrok, Internationale Nachlassabwicklung, S. 152 ff.

[20] Staudinger/Dörner, Art. 25 EGBGB (2007), Rn. 21.

[21] KOM(2005)65 (endgültig) = Ratsdokument 7027/05 = BR-Drucksache 174/05 vom 14.03.2005; abrufbar unter http://ec.europa.eu/justice_home/doc_centre/civil/doc/com_2005_065_de.pdf. Vorstellung bei Stumpf, EuZW 2006, 587. Eine Stellungnahme zu den Fragen findet sich bei Lehmann, ZErb 2005, 320. Zu den internationalen Reaktionen Lehmann, IPRax 2006, 204.

[22] DNotI, Les Successions Internationales dans l'UE; mit Länderberichten in deutscher Übersetzung abrufbar unter http://europa.eu.int/comm/justice_home/doc_centre/civil/studies/doc_civil_studies_en.htm; Zusammenfassung bei Dörner/Hertel/Lagarde/Riering, IPRax 2005, 1.

[23] DNotI, Les Successions Internationales dans l'UE, S. 170.

[24] Verordnung (EG)Nr. 1347/2000 vom 29. Mai 2000 über die Zuständigkeit und die Anerkennung und Vollstreckung von Entscheidungen in Ehesachen und in Verfahren betreffend die elterliche Verantwortung für die gemeinsamen Kinder der Ehegatten, ABl. EG 2000, L 160/19.

[25] Maßnahmenprogramm zur Umsetzung des Grundsatzes der gegenseitigen Anerkennung gerichtlicher Entscheidungen in Zivil- und Handelssachen ABl. EG 2001, C 12/1.

[26] Maßnahmenprogramm zur Umsetzung des Grundsatzes der gegenseitigen Anerkennung gerichtlicher Entscheidungen in Zivil- und Handelssachen, ABl. EG 2001, C 12/1 (12/3, 12/8).

soll den an einem Erbfall mit Auslandsbezug Beteiligten die Arbeit erleichtern und den EU-Bürgern bei praktischen Schwierigkeiten konkrete Lösungen an die Hand geben.[27] Nach Ansicht der Kommission empfiehlt es sich, beim Kollisionsrecht anzusetzen, da eine vollständige Angleichung des materiellen Rechts der Mitgliedstaaten nicht in Frage komme.[28] Daneben sollen Fragen der gerichtlichen Zuständigkeit geklärt und die Einführung eines „Europäischen Erbscheins" in Betracht gezogen werden.[29] In kollisionsrechtlicher Hinsicht befassen sich die Fragen des Grünbuchs „Erb- und Testamentsrecht" mit der objektiven Anknüpfung der Erbfolge, also den Fragen nach Nachlasseinheit oder Nachlassspaltung und ob an die Staatsangehörigkeit oder den letzten gewöhnlichen Aufenthalt des Erblassers anknüpft werden soll, mit der Frage der erbrechtlichen Rechtswahl, mit der Frage der Anknüpfung von Teil- und Sonderfragen und der Reichweite der erbrechtlichen Anknüpfung. Die Europäisierung des Kollisionsrechts wird damit fortgesetzt.[30] Mit Gesetzesvorschlägen zum Internationalen Erb- und Erbverfahrensrecht wurde frühestens im Laufe des Jahres 2007 gerechnet.[31]

---

[27] Grünbuch „Erb- und Testamentsrecht", KOM (2005)65 (endgültig), S. 3.
[28] Grünbuch „Erb- und Testamentsrecht", KOM (2005)65 (endgültig), S. 3.
[29] Grünbuch „Erb- und Testamentsrecht", KOM (2005)65 (endgültig), S. 4.
[30] Dörner, ZEV 2005, 137.
[31] Süß, ZErb 2005, 28 (32); Dörner, ZEV 2005, 137 (138).

IV. Ineinandergreifen von Erb- und Gesellschaftsstatut

1. Ausgangspunkt

a) Einleitung

Erbrechtliche Nachfolge und Gesellschaftsrecht verhalten sich wie Wasser und Öl.[1] Schon die Probleme, die in einem inländischen Erbgang an einer inländischen Personengesellschaft angelegt sind, sind Gegenstand einer Jahrzehnte währenden Diskussion.[2]

Der Tod einer Person, die Anteile an einer ausländischen Gesellschaft hält, wie es in der Ausgangskonstellation zugrunde gelegt ist, führt zu einem weiteren, umstrittenen, ungelösten Problem: Wie werden Erb- und Gesellschaftsstatut voneinander abgegrenzt? An diese Fragestellung kann aus unterschiedlichen Perspektiven herangegangen werden. Eine der möglichen Sichtweisen fragt danach, welchen Einfluss der erbrechtliche Vorgang auf die Gesellschaftsanteile nimmt. Es kann aber auch gefragt werden, in wie weit gesellschaftsrechtliche Regeln Einfluss auf den erbrechtlichen Vorgang nehmen.

Konsens scheint zu sein, dass die Anknüpfungsgegenstände des Erbrechts und des Gesellschaftsrechts im deutschen Kollisionsrecht zunächst parallel berufen werden und somit, falls das Ergebnis nicht die Anwendung der gleichen Rechtsordnung ist, verschiedene Rechtsordnungen nebeneinander berufen sind.[3] Dabei wird davon ausgegangen, dass die Möglichkeit, nur ein Statut alleine über den gesamten Vorgang entscheiden zu lassen, ausgeschlossen ist. Beispielsweise brauche sich das Gesellschaftssta-

---

[1] So plastisch Süß, Erbrecht in Europa, S. 140 Rn. 160.

[2] Statt aller K. Schmidt, GesR, S. 1331 ff. m. w. Nachw.

[3] Ferid, FS Hueck, S. 343 (344), spricht von „einer rein kollisionsrechtlichen Vorfrage, nach welchem Recht sich die Gesellschaft beurteilt und welches das maßgebende Erbstatut ist"; nach von Oertzen, IPRax 1994, 73 f. „führt die unterschiedliche Anknüpfung des Gesellschaftsstatuts (Sitzstaat der Gesellschaft) und Erbstatuts (Heimatrecht des Erblassers) häufig [zum] Aufeinandertreffen verschiedener Rechtsordnungen" und Witthoff, Die Vererbung von Anteilen deutscher Personengesellschaften im Internationalen Privatrecht, S. 51, spricht von einer „potentiell gleichzeitigen Berufung von Erbstatut und Gesellschaftsstatut".

tut durch das Erbstatut keine ihm unbekannte Struktur der Beteiligung aufdrängen lassen.[4]

Diese Überlegungen scheinen darauf zu beruhen, dass das Problem aus unterschiedlichen Perspektiven betrachtet wird. Stirbt eine natürliche Person und finden sich in ihrem Vermögen Gesellschaftsanteile, liegt die Unterstellung der damit zusammenhängenden Fragen unter das Erbstatut nahe, da der Tod der Person das zeitlich letzte Ereignis bildet und daher die maßgebliche Sichtweise vorzugeben scheint. Es wäre allerdings auch möglich, das Ereignis aus Sicht der Gesellschaft bzw. der verbleibenden Gesellschafter zu sehen. Für diese stellt sich ebenfalls die Frage, was mit den Anteilen des verstorbenen Gesellschafters geschieht. Aus ihrer Perspektive scheint jedoch eine Lösung durch das Gesellschaftsstatut näher zu liegen. Immerhin ist die Errichtung der Gesellschaft das zeitlich frühere Ereignis.[5] Beruft man beide Statute, kommt man den Interessen beider Perspektiven nach, verursacht jedoch Abgrenzungsprobleme. Diese Probleme sollen in diesem Kapitel näher beleuchtet werden und zwar nicht nur unter dem Aspekt deutschen Erb- und englischen Gesellschaftsrechts, sondern dort, wo es der Illustration dient, auch in umgekehrter Weise.

b) Personen- und Kapitalgesellschaften

Der Konflikt zwischen Erbstatut und Gesellschaftsstatut soll nur auftreten, wenn es sich um die Rechtsnachfolge in Anteile an einer Personengesellschaft handelt. Bei Kapitalgesellschaften soll es genügen, alleine das Erbstatut zur Anwendung kommen zu lassen.[6]

Diese Sichtweise basiert auf der in der deutschen Rechtsprechung und Literatur herausgebildeten Sondererbfolge in Anteile an Personengesellschaften, mit der Interessenkonflikte zwischen Rechtsnachfolge von Todes

---

[4] MünchKommBGB/Birk, Art. 25 EGBGB, Rn. 248; von Oertzen, IPRax 1994, 73 (75).

[5] Vgl. zu diesem Argument Gamillscheg, in: Vorschläge und Gutachten zur Reform des deutschen internationalen Personen-, Familien und Erbrechts, S. 245 (262) in Bezug auf das Verhältnis von Erb- und Güterrechtsstatut, der davon ausgeht, dass dem Vorrang des Güterrechts eine Bewertung zugrunde liegt, die genauso gut das Erbrecht berechtigen könnte, die Qualifikation an sich zu ziehen, da ein enger Zusammenhang eben auch aus dessen Sicht besteht, a. a. O., S. 261.

[6] MünchKommBGB/Birk, Art. 25 EGBGB, Rn. 180; Staudinger/Dörner, Art. 25 EGBGB (2007), Rn. 70; Deutscher Erbrechtskommentar/Völkl, Art. 25 EGBGB, Rn. 38; PWW/Freitag, Art. 25 EGBGB Rn. 12. Anders nur Ebenroth, ErbR, der schon immer vertreten hat, dass bei ausländischen Kapitalgesellschaften die jeweilige Rechtsordnung danach zu untersuchen ist, wie sie das Verhältnis zwischen Kapitaleigner und Gesellschaft ausgestaltet, a. a. O., S. 868 Rn. 1282. Dies findet sich jetzt auch angedeutet bei Wachter, GmbHR 2005, 407 (408) und Süß, Erbrecht in Europa, S. 141 Rn. 162, speziell für die Vererbung von Anteilen an einer englischen *private company limited*.

wegen und gesellschaftsrechtlichen Gestaltungsmöglichkeiten gelöst werden sollen. Aus deutscher Sicht ist es auf den ersten Blick sicherlich richtig, dass die bei Personengesellschaften aufgrund der engeren persönlichen Beziehung der Gesellschafter untereinander auftretenden Interessenkonflikte bei der Kapitalgesellschaft nicht zur Rechtfertigung der Abweichung vom Prinzip der Universalsukzession taugen. Durch die in der Praxis zunehmende rechtliche Verselbstständigung der Personengesellschaften in Abkehr vom Prinzip der Gesamthand seit einer grundlegenden Entscheidung des BGH[7] – ein Vorgang der hier im Einzelnen nicht weiter dargestellt werden kann[8] – müssen die Argumente, die auf der engen Beziehung der Gesellschafter untereinander beruhen, jedoch mit erhöhter Vorsicht betrachtet werden. Unabhängig davon geht jedoch die Differenzierung des Problems in die Nachfolge an Anteilen von Personengesellschaften einerseits und Kapitalgesellschaften andererseits, von einer Qualifikation des Problems streng nach der lex fori aus und blendet die Möglichkeit aus, dass diese Unterscheidung in anderen Rechtsordnungen nicht notwendigerweise in dieser Form erfolgen muss.

Das Erbstatut im Fall der Kapitalgesellschaft alleine über den Vorgang entscheiden zu lassen verstößt auch gegen die Art. 43, 48 EG. Auf den ersten Blick scheint das zwar eher fernliegend, da die Zuordnung zum Erbstatut für alle aus- und inländischen Gesellschaften gleich angewendet wird.[9] Der EuGH hat, wie bereits dargelegt[10], jedoch ein spezifisches Verständnis von der Niederlassungsfreiheit der Gesellschaften des Rechtsraums der Gemeinschaft. Die europäischen Auslandsgesellschaften müssen als Gesellschaften *ihres jeweiligen Rechts* behandelt werden. Sie nehmen ihr Gründungsrecht bei Grenzübertritt quasi mit sich. Dieser Ansicht folgt nunmehr auch der BGH, der verlangt, dass innerhalb des Geltungsbereichs des EG-Vertrags die Rechtsfähigkeit einer Gesellschaft *als solche ausländische Gesellschaft* anerkannt wird.[11] Damit kann jedoch nicht mehr allein das deutsche Erbrecht über das Schicksal von Gesellschaftsanteilen einer ausländischen Gesellschaft des Gemeinschaftsrechtsraums entscheiden. Denn dann würde die Gründungsrechtsordnung, die eventuell andere Voraussetzungen und Rechtsfolgen im Falle des Todes eines

---

[7] BGH, Urteil vom 29.01.2001 – II ZR 331/00 = BGHZ 146, 341 = NJW 2001, 1056.
[8] Siehe dazu K. Schmidt, NJW 2001, 993, der die grundsätzliche Frage aufwirft, ob die Körperschaften und die rechtsfähigen Personengesellschaften nur Varianten der Einheitsfigur „juristische Person" darstellen.
[9] Zur grundsätzlichen Frage nach den Auswirkungen des europäischen Primärrechts auf das Internationale Privatrecht siehe bereits Kapitel II.1.c)aa) m. w. Nachw. in Fn. 97.
[10] Siehe Kapitel II., insbes. Kap. II.3.b)dd)bbb).
[11] BGH, Urteil vom 13. März 2003 – VII ZR 370/98 = NJW 2003, 1461.

Gesellschafters (oder auch einer sonstigen Veränderung betreffend den Gesellschaftsanteil) vorsieht, übergangen. Verträgt sich etwa das Prinzip der Universalsukzession nicht mit dem Gründungsrecht einer ausländischen Kapitalgesellschaft, darf es dieser nicht einfach aufgezwungen werden. Die Unterscheidung der Nachfolge in Anteile an Personen- und an Kapitalgesellschaften scheint somit noch aus einer Zeit zu stammen, in der die Sitztheorie in Deutschland herrschend war und ausländische Gesellschaften hier entweder nicht rechtsfähig waren oder als deutsche Personengesellschaften eingeordnet wurden.[12] Daher wird im Folgenden für die grundsätzlichen Erwägungen keine Unterscheidung zwischen Personen- und Kapitalgesellschaften vorgenommen. Dabei soll nicht verkannt werden, dass bei der Lösung des Einzelfalls natürlich Unterschiede bestehen können.

c) Stand der Diskussion

Das Ergebnis der Abgrenzung des Erb- vom Gesellschaftsstatut lautet in seltener Übereinstimmung: Das Erbstatut soll bestimmen, wer Erbe wird; das Gesellschaftsstatut soll dagegen entscheiden, was dem Erben aus dem Gesellschaftsverhältnis zufließt.[13]

Da dieses Ergebnis, es sei zunächst als richtig unterstellt, nur in Betracht kommt, wenn im Grundsatz sowohl das Erb- als auch das Gesellschaftsstatut für die Falllösung befragt werden, müssen diese voneinander abgegrenzt werden. Dafür kommen verschiedene kollisionsrechtliche Instrumente in Betracht. Diese Lösungsmöglichkeiten sollen im Folgenden dargestellt und mit den jeweiligen Nachteilen erläutert werden. Dann soll näher auf den Bereich der Qualifikation eingegangen und dargelegt werden, warum sich innerhalb dieses Bereichs eine vorzugswürdige Lösungsmöglichkeit zur Abgrenzung von Erb- und Gesellschaftsstatut finden lässt, die vom Ergebnis her auch mit der herrschenden Meinung übereinstimmt.

---

[12] Siehe dazu statt aller die Nachweise bei Staudinger/Großfeld, IntGesR (1998), Rn. 427 ff.

[13] So grundlegend Ferid, FS Hueck, S. 343 (358); MünchKommBGB/Birk, Art 25 EGBGB Rn. 183 und MünchKommBGB/Kindler, IntGesR, Rn. 681; Soergel/Schurig, Art. 25 EGBGB Rn. 76; Staudinger/Dörner, Art. 25 EGBGB (2007), Rn. 64; Erman/Hohloch, Art. 25 EGBGB Rn. 35; Palandt/Heldrich, Art. 25 EGBGB Rn. 15; Bamberger/Roth/Mäsch, Art. 12 EGBGB Anhang: Internationales Gesellschaftsrecht, Rn. 84; Süß, Erbrecht in Europa, S. 140 Rn. 161; Wachter, GmbHR 2005, 407(409); Kropholler, IPR, S. 443; Witthoff, Die Vererbung von Anteilen deutscher Personengesellschaften im Internationalen Privatrecht, S. 53.

2. Mögliche Lösungsansätze

a) Abgrenzung Einzelstatut/Gesamtstatut – Art. 3 Abs. 3 EGBGB

Art. 25 EGBGB verweist auf ein einheitliches Vermögensstatut (Gesamtstatut) und beherrscht somit im Grundsatz den gesamten Nachlass.[14] Auch das Gesellschaftsstatut ist ein Gesamtstatut. Nach der Einheitslehre erfasst es grundsätzlich alle Fragen vom Beginn bis zum Ende der Gesellschaft.[15] Gegenstände, die im Vermögen einer Personen- oder Kapitalgesellschaft stehen, sind Gegenstand eines übergreifenden Vermögens, das kollisionsrechtlich als Gesamtheit behandelt wird.[16] Es wird vertreten, dass eine Lösung der Konkurrenz von Erb- und Gesellschaftsstatut durch eine analoge Anwendung des Art. 3 Abs. 3 EGBGB gefunden werden kann.[17]

Hierzu sind drei Schritte notwendig: Zunächst muss begründet werden, warum im Verhältnis zweier Gesamtstatute untereinander sich das Eine zum Sonder- oder Einzelstatut wandelt. Als nächstes ist zu klären, ob das Einzel- dem Gesamtstatut vorgeht oder umgekehrt. Dann stellt sich die Frage, ob die analoge Anwendung des Art. 3 Abs. 3 EGBGB für die konkrete Fragestellung eine Lösung bereit hält.

aa) Gesellschaftsstatut als Sonderstatut

Art. 3 Abs. 3 EGBGB unterwirft Gegenstände, die eigentlich einem Gesamtstatut des dritten oder vierten Abschnitts des EGBGB unterfallen, die an dem Ort, an dem sie sich befinden jedoch besonderen Vorschriften unterliegen, dem Recht dieses Belegenheitsortes. Unter den Begriff der „Gegenstände" fallen neben körperlichen Gegenständen auch immateri-

---

[14] MünchKommBGB/Sonnenberger, Art. 3 EGBGB Rn. 17.

[15] Staudinger/Großfeld, IntGesR (1998), Rn. 17.

[16] Staudinger/Stoll, IntSachenR (1996), Rn. 183; von Bar/Mankowski, IPR I, S. 575 Rn. 43 begründet das für die Personengesellschaft mit der gesamthänderischen Bindung des Vermögens. Dass dieses Argument heute zweifelhaft ist, wurde bereits unter Kapitel IV.1.b) dargestellt. Dann hat jedoch die rechtsfähige Personengesellschaft wie eine Körperschaft das Vermögen inne, was den übergreifenden Rahmen für das Vermögen bildet.

[17] Ferid, FS Hueck, S. 343 (369) zu § 28 EGBGB a.F., der Art. 3 Abs. 3 EGBGB entspricht (Ferid bezeichnet das Gesellschaftsstatut im Verhältnis zum Erbstatut als „partielles Gesamtstatut", a. a. O., S. 369 oder als „beschränktes Statut", a. a. O., S. 367); von Oertzen, IPRax 1994, 73 (75). Dazu auch Staudinger/Hausmann (2003), Art. 3 EGBGB Rn. 75.

elle Güter wie Forderungen, gewerbliche Rechte u. ä.[18] Um auch Gesellschaftsanteile zu erfassen kommt es daher entscheidend darauf an, wie der Begriff der „besonderen Vorschriften", denen der Gegenstand unterliegen muss, verstanden werden kann.[19]

Art. 3 Abs. 3 EGBGB umfasst in erster Linie materiell-rechtliche Vorschriften eines Staates, die einzelne Gegenstände des Erblassers von der normalen Erbfolge ausnehmen und dadurch ein Sondervermögen bilden, also Familienfideikommisse, Stammgüter, Rentengüter, Anerbengüter oder Erbhöfe.[20] Weitere Voraussetzung ist, dass der betreffende Staat sein materielles Sondervermögensrecht *auch* kollisionsrechtlich beruft, wenn diese Interessen betroffen sind.[21] Dann ist auch deutsches Belegenheitsrecht von der Regelung erfasst.[22] Nicht umfasst sind die Fälle, in denen ein Belegenheitsstaat die Rechtsnachfolge von Todes wegen lediglich generell anders anknüpft als nach nationalem Recht.[23] Streitig sind die Fälle, in denen *nur* kollisionsrechtlich eine Nachlassspaltung vorliegt. Liegt nicht lediglich im Gesamten eine andere Anknüpfung vor, lässt es eine Meinung genügen, wenn das ausländische Kollisionsrecht einen Nachlassteil dem Belegenheitsrecht unterstellt, während eine andere Ansicht materiell-rechtliche Vorschriften, die ein Sondervermögen hervorbringen, fordert.[24]

Im deutschen Recht gilt für die Anteile an einer Personengesellschaft im Erbfall eine Sondererbfolge als Ausnahme vom Prinzip der Universalsukzession gem. § 1922 BGB, der alle Gesellschaftsanteile von Personengesellschaften in Deutschland unterliegen.[25] Zu dieser materiell-rechtlichen

---

[18] MünchKommBGB/Sonnenberger, Art. 3 EGBGB Rn. 35; Staudinger/Hausmann (2003), Art. 3 EGBGB Rn. 74, jeweils m. w. Nachw.

[19] MünchKommBGB/Birk, Art. 25 EGBGB Rn. 100.

[20] Von Bar/Mankowski, IPR I, S. 577 Rn. 46.

[21] Kegel/Schurig, IPR, S. 428.

[22] MünchKommBGB/Sonnenberger, Art. 3 EGBGB Rn. 31 mit Verweis auf die h. M. und w. Nachw.; a. A. Kegel/Schurig, IPR, S. 429 f.

[23] Tiedemann, Internationales Erbrecht in Deutschland und Lateinamerika, S. 51 f.; Dörner, IPRax 1994, 362 (363).

[24] Solomon, IPRax 1997, 81 (83) m. umfangreichen w. Nachw. für beide Ansichten (Fn. 31 u. 32). Fallgruppen mit Beispielen für den Fall, dass man der Ansicht folgt, der unbedingte Geltungsanspruch des Belegenheitsstaats könne auch in einer Kollisionsnorm zum Ausdruck kommen, finden sich bei Haas, ZNotP 2002, 206 (209 f.).

[25] Dazu Menold, Die erbrechtlichen Schranken der Gestaltung der Vererbung von Anteilen an Gesamthandspersonengesellschaften (OHG, KG und Außen-GbR), S. 60 ff. – Der Rechtsübergang von Anteilen an Gesellschaften im Wege der Sonderrechtsnachfolge vollzieht sich einer Ansicht nach als erbrechtlicher Vorgang (sog. erbrechtliche Lösung), anderer Ansicht nach als gesellschaftsrechtlicher Vorgang (sog. gesellschaftsrechtliche Lösung). Das betrifft auf den ersten Blick nur die Frage, wie eine Mehrheit von Erben in den Gesellschaftsanteil eintritt. Mittelbar stellt sich jedoch das Problem, wie deutsches materielles Erbrecht und Gesellschaftsrecht voneinander abzugrenzen sind.

Sondernachfolge soll Art. 3 Abs. 3 EGBGB die kollisionsrechtliche Parallele darstellen.[26] Der Anteil an der Personengesellschaft unterliegt einer speziellen erbrechtlichen Nachfolgeregelung und soll deshalb ein von dem übrigen Nachlass geschiedenes Sondervermögen darstellen.[27] Dem wird dann eine generelle Regel entnommen, die auch für ausländische Personengesellschaftsanteile gilt.

Die Entscheidung, ob das Erb- oder das Gesellschaftsstatut das Einzelstatut bildet, wird durch die Anwendung des Art. 3 Abs. 3 EGBGB vorweggenommen. Denn beruft man das Gesellschaftsstatut über Art. 3 Abs. 3 EGBGB im Verhältnis zum Erbstatut, verdrängt in diesem Fall konsequenterweise das Gesellschaftsstatut als Einzelstatut die erbrechtlichen Regelungen.[28]

bb) Vorrang des Sonderstatuts

Im materiellen Recht gilt der Grundsatz, dass die speziellere Norm die allgemeinere in ihrer Anwendung verdrängt. Im IPR soll der ähnlichlautende Grundsatz „Einzelstatut bricht Gesamtstatut" gelten. Das ist nicht unumstritten. Eine Ansicht geht davon aus, Art. 3 Abs. 3 EGBGB sei der Ausdruck eines allgemeinen Regelungsgedankens, der immer dann gilt, wenn ein Gesamtstatut mit einem Sonderstatut in Konflikt kommt.[29] Die Gegenansicht geht davon aus, dass dem Gesamtstatut vor dem Einzelstatut der Vorrang einzuräumen ist.[30]

Bei genauer Betrachtung muss die generelle Fragestellung, wie sich im Kollisionsrecht das Einzel- zum Gesamtstatut verhält, für eine Lösung der Abgrenzung von Erb- und Gesellschaftsstatut aber nicht gelöst werden. Denn die Vertreter dieser Lösung berufen das Gesellschaftsstatut ja über Art. 3 Abs. 3 EGBGB, der unstreitig eine Normierung des Vorrangs des Einzelstatuts in *bestimmten Fällen* enthält. Diese Fallgruppen werden um die der Vererbung von Gesellschaftsanteilen erweitert.

---

[26] Witthoff, Die Vererbung von Anteilen deutscher Personengesellschaften im Internationalen Privatrecht, S. 64.

[27] Bamberger/Roth/Mäsch, Art. 12 EGBGB Anhang: Internationales Gesellschaftsrecht, Rn. 84; Schotten/Schmellenkamp, Das Internationale Privatrecht in der notariellen Praxis, S. 358 Rn. 335 mit Nachweisen zu dieser Ansicht in Fn. 480; von Bar, IPR II, S. 265 Rn. 371.

[28] Deutscher Erbrechtskommentar/Völkl, Art. 25 EGBGB, Rn. 42.

[29] Zitelmann, IPR II, S. 28–32 – nachvollzogen bei Reichelt, Gesamtstatut und Einzelstatut im IPR, S. 53 ff.; Frankenstein, IPR I, S. 509–515 – siehe Reichelt, Gesamtstatut und Einzelstatut im IPR, S. 62 ff.; Wolff, IPR, S. 83; Raape/Sturm, IPR I, S. 187.

[30] Melchior, RabelsZ 3 (1929), 733 (749); ders., IPR, S. 185 ff. und S. 404; Reichelt, Gesamtstatut und Einzelstatut im IPR, S. 110.

cc) Analoge Anwendung auf das Gesellschaftsstatut

Eine direkte Anwendung des Art. 3 Abs. 3 EGBGB scheidet vorliegend aus, da das durch das Gesellschaftsstatut berufene Recht, das das Erbstatut als Gesamtstatut verdrängen soll, nicht unbedingt zwingend identisch mit dem Belegenheitsrecht sein muss, wie Art. 3 Abs. 3 EGBGB dem Wortlaut nach fordert. Zum Beispiel würde bei einer ausländischen Gesellschaft, die nach der Gründungstheorie zu beurteilen ist, eine direkte Anwendung des Art. 3 Abs. 3 EGBGB zur Anwendung des Belegenheitsrechts (Recht des tatsächlichen Verwaltungssitzes) führen, während das maßgebliche Gesellschaftsrecht (Gründungsrecht) vom Belegenheitsrecht abweichen kann.[31] Damit würden aber nicht die Normen des Belegenheitsrechts die Sonderregeln im Sinne des Art. 3 Abs. 3 EGBGB darstellen, aufgrund derer vom Erbstatut abgewichen werden soll. Trotzdem sollen die Sonderregeln des Gesellschaftsrechts dem Erbstatut vorgehen, was somit nur durch eine analoge Anwendung des Art. 3 Abs. 3 EGBGB erreicht werden kann.

Mit anderen Worten geht es den Vertretern der Ansicht, die Art. 3 Abs. 3 EGBGB auf das vorliegende Problem zumindest analog anwenden wollen, nicht so sehr um die Lösung, die die Norm des Art. 3 Abs. 3 EGBGB konkret bietet. Mit der Anwendung von Art. 3 Abs. 3 EGBGB soll vor allem das Weichen des Gesamtstatuts vor dem Einzelstatut ausgedrückt werden.[32] Argumentiert wird also auf der Basis der Lehre des Vorrangs des Einzelstatuts vor dem Gesamtstatut.

dd) Bewertung

Art. 3 Abs. 3 EGBGB ist als restriktiv auszulegende Ausnahmevorschrift konzipiert. Rechtspolitischer Hintergrund ist die Befürchtung, das Gesamtstatut gegen das Recht des Staates, in dem sich die Sache befindet, nicht durchsetzten zu können.[33] Das als Berechtigung anzuführen, die Einheit der Sachnormen des Gesamtstatuts zu zerbrechen, ist jedoch zweifelhaft, weil die Gründe, das eigene Kollisionsrecht geschlossen zu Anwendung zur bringen demgegenüber genauso schwer wiegen.[34]

---

[31] Von Oertzen, RIW 1994, 818.

[32] Von Oertzen, IPRax 1994, 73 (75), spricht von einer „analogen Anwendung des Regelungsgedankens des Art. 3 Abs. 3 EGBGB"; Ferid, FS Hueck, S. 343 (369) stellt auf den in der Norm enthaltenen „Grundgedanken" ab.

[33] Tiedemann, Internationales Erbrecht in Deutschland und Lateinamerika, S. 40, m. Nachw. für und gegen das Durchsetzbarkeitsargument in Fn. 14.

[34] Kropholler, IPR, S. 183.

Aber auch dogmatische Einwände sprechen gegen die Lösung der Verzahnung von Erbstatut und Gesellschaftsstatut über Art. 3 Abs. 3 EGBGB. Die Anwendung des Art. 3 Abs. 3 EGBGB auf Fälle, in denen das Belegenheitsrecht spezielle Regeln (hier: Sondererbfolge) im Gegensatz zu einem eigenen, allgemeinen Rechtsgrundsatz (hier: Universalsukzession) ausbildet, würde den Anwendungsbereich des Art. 3 Abs. 3 EGBGB erheblich ausweiten. Art. 3 Abs. 3 EGBGB würde zu einem Grundsatz ausgeweitet, demzufolge das Einzelstatut bei vermögensbezogenen Kollisionsnormen immer vorginge – einen solchen gibt es jedoch im deutschen IPR nicht.[35] Denn Art. 3 Abs. 3 EGBGB regelt keinen allgemeinen Vorrang des Einzelstatuts vor dem Gesamtstatut, sondern beruft nur besondere Vorschriften des im Belegenheitsstaat geltenden Kindschafts-, Ehegüterrechts oder Erbrechts zur Anwendung.[36] Art. 3 Abs. 3 EGBGB bildet Sonderstatute zu bestimmten Vermögensstatuten, hat aber mit dem Einzelsachstatut – derjenigen Rechtsordnung, der ein zum Vermögen gehörender Gegenstand als rechtliches Einzelobjekt untersteht – als solchem nichts zu tun.[37]

Auch der Wortlaut des Art. 3 Abs. 3 EGBGB spricht dagegen, dass dieser das Gesellschaftsstatut beruft. Seine Verweisung betrifft vermögensrechtliche Verhältnisse „im Dritten und Vierten Abschnitt", während die Nachfolge in Gesellschaftsanteile von vornherein den ungeschriebenen gesellschaftsrechtlichen Anknüpfungsregeln unterliegt.[38]

Schließlich mag aus deutscher Sicht im Falle der Vererbung von Anteilen an deutschen Personengesellschaftsanteilen eine Sondererbfolge vorliegen. Daraus kollisionsrechtlich die Abgrenzung von Erb- und Gesellschaftsstatut zu konstruieren, erscheint jedoch problematisch, weil die Sondererbfolge vor allem den Gegensatz zu dem Prinzip der Universalsukzession bilden soll und vorrangig als Problemlösung für die Fälle gedacht ist, in denen der Anteil auf mehrere Erben übergeht. Das hat zwar mit der Frage, wie materielles Erbrecht und Gesellschaftsrecht ineinander greifen zu tun, beantwortet diese aber nicht.[39]

---

[35] Kegel/Schurig, IPR, S. 433.

[36] Staudinger/Stoll, IntSachenR (1996), Rn. 182. Nach Flick/Piltz/Wachter, S. 82 Rn. 221 gehört wohl daher zumindest die Sondererbfolge bei Personengesellschaften bereits nicht zu den besonderen Vorschriften im Sinne des Art. 3 Abs. 3 EGBGB.

[37] Von Bar/Mankowski, IPR I, S. 577 Rn. 45 a.E.

[38] Dörner, IPRax 2004, 519 (520).

[39] Geht man von der erbrechtlichen Lösung aus, nach der der Gesellschaftsanteil Teil des Nachlasses ist, können dennoch die Regeln des Personengesellschaftsrechts nicht ignoriert werden. Das Erb- und das Gesellschaftsrecht greifen dann derart ineinander, dass die Mitgliedschaft vertraglich oder gesetzlich und rein gesellschaftsrechtlich vererblich gestellt wird, während allein das Erbrecht den Rechtsübergang (im Wege der Sondererbfolge auf einen oder einzelne Erben) bewirkt. Siehe dazu Menold, Die erbrechtlichen Schranken der Gestaltung der Vererbung von Anteilen an Gesamt-

Wenn aber die Normen, die im Sinne des Art. 3 Abs. 3 EGBGB das Sondervermögen ausbilden, dieses Sondervermögen bereits materiellrechtlich nicht dem Erbrecht oder dem Gesellschaftsrecht zuordnen können, ist nicht ersichtlich, warum sie im Kollisionsrecht diese Funktion wahrnehmen können sollten.

b) Vorfrage

Als weiterer Vorschlag zur Lösung des Abgrenzungsproblems zwischen Erb- und Gesellschaftsstatut wird vertreten, dass die Frage, ob ein Gesellschaftsanteil Teil des Nachlasses ist, als Vorfrage aufgeworfen werden soll.[40]

Der dem zugrunde liegende Gedankengang sieht folgendermaßen aus: Ob ein beim Tod des Erblassers vorhandenes Aktivum oder Passivum dem Erblasser gehörte oder vom ihm geschuldet war und ob es auf den Erben übergeht, ist selbständig anzuknüpfende Vorfrage; über sie entscheidet das Einzelstatut, nämlich die Rechtsordnung, die das Aktivum oder Passivum beherrscht, nicht das Erbstatut als Gesamtstatut.[41] Der Gesellschaftsanteil, der sich im Vermögen des Erblassers findet, ist ein einzelner Vermögenswert. Für die Frage seiner Zugehörigkeit zur Erbmasse wäre nach den eben getroffenen Überlegungen das Gesellschaftsstatut maßgeblich.

aa) Begriff

Eine Vorfrage tritt auf, wenn sich nach vollzogener kollisionsrechtlicher Anknüpfung der Hauptfrage herausstellt, dass das Sachrecht oder das zunächst berufene Kollisionsrecht, das zur Anwendung kommt, einen Rechtsbegriff verwendet, der Gegenstand einer eigenen Kollisionsnorm ist.

Das ist auch der Unterschied zu *Substitution*: Bei dieser ist das anzuwendende Sachrecht bereits ermittelt und es stellt sich die Frage, ob bestimmte Tatbestandselemente einer Norm dieses Sachrechts auch im Ausland erfüllt werden können. Bei der Vorfrage wird erneut eine Kollisionsnorm berufen.

handspersonengesellschaften (OHG, KG und Außen-GbR), S. 64 f., 68 und S. 95. Auch in materiellrechtlicher Hinsicht ist die Frage der Abgrenzung von Erb- und Gesellschaftsrecht somit vorrangig. Die Regeln der Sondererbfolge betreffen aber nur den Rechtsübergang.

[40] Von Oertzen, IPRax 1994, 73 (74) und Ferid, FS Hueck, S. 343 (344), die darin keinen Widerspruch zu der von Ihnen ebenfalls vertretenen Lösung über Art. 3 Abs. 3 EGBGB sehen; Palandt/Heldrich, Art. 25 EGBGB Rn. 17; Flick/Piltz/Wachter, Der Internationale Erbfall, S. 24 Rn. 99.

[41] Kegel/Schurig, IPR, S. 1004 f.

Etwas anderes ist auch die Problematik der *Teilfragen*. Teilfragen betreffen Rechtsverhältnisse, die nicht alleine einem Anknüpfungsgegenstand unterfallen, sondern unselbständige Glieder eines Tatbestands bilden.[42] Im Unterschied zur Vorfrage können sie nicht in anderem Zusammenhang als Hauptfrage auftreten. So sind zum Beispiel die materielle Wirksamkeit und die Formwirksamkeit eines Rechtsgeschäfts Teilfragen des eigenständigen Anknüpfungsgegenstands Art. 11 EGBGB.[43]

bb) Selbstständige oder unselbstständige Anknüpfung?

Die Vorfrage stellt sich, wie bereits ausgeführt, wenn nach einer vollzogenen Anknüpfung ein weiterer Anknüpfungsgegenstand auftaucht: Unterliegt dieser Begriff dann dem Recht, das das ursprüngliche Kollisionsrecht für ihn bestimmt – oder ist das IPR, das für die Hauptfrage maßgeblich ist, auch für die Ermittlung der Vorfrage maßgeblich?[44] Die erste Variante wird *selbständige* Anknüpfung genannt, die zweite *unselbständige* Anknüpfung. Über das Für und Wider der beiden Varianten der Anknüpfung existiert eine nicht unerhebliche Anzahl von Darstellungen.[45] Die Rechtsprechung knüpft in der Mehrzahl selbständig an, aber nicht nur.[46]

Eine Entscheidung über die Frage, welche der beiden Anknüpfungsvarianten vorzugswürdig ist, kann hier offen bleiben. Denn Art. 25 EGBGB verweist auf das Heimatrecht des Erblassers, in unserem Ausgangsfall also auf deutsches Sachrecht. Da man daher auch bei unselbständiger Anknüpfung des Gesellschaftsstatuts zu einer Anwendung des deutschen IPR gelangt, handelt sich mithin um eine Vorfrage, nicht aber um ein Vorfragenproblem.[47]

cc) Das auf die Gesellschaft anwendbare Recht als Vorfrage

Da sich eine Vorfrage immer nur bei einem präjudiziellen Rechtsverhältnis ergeben kann, muss eine Hauptfrage aufgeworfen sein, deren Beantwortung zu einem Ergebnis, einer Kollisions- oder Sachnorm führt, die einen Anknüpfungsgegenstand aufwirft, der dann selbständig angeknüpft wird.

---

[42] Staudinger/Sturm/Sturm, EinlIPR (2003), Rn. 252.
[43] Von Bar/Mankowski, IPR I, S. 667 Rn. 185.
[44] Kegel/Schurig, IPR, S. 376.
[45] Siehe von Bar/Mankowski, IPR I, S. 670 Rn. 192 ff. mit Nachweisen für die Vertreter einer selbständigen Anknüpfung in auf S. 670 in Fn. 792 und für die unselbständige Anknüpfung auf S. 671 in Fn. 793.
[46] Kegel/Schurig, IPR, S. 378.
[47] Kegel/Schurig, IPR, S. 377.

Dieser Anknüpfungsgegenstand ist in der vorliegenden Konstellation der Begriff der Nachlasszugehörigkeit.

Diese Überlegungen gehen jedoch davon aus, dass bei der Qualifikation zunächst das Erbstatut berufen wird. Dieses stellt dann, wie eben dargestellt, die Hauptfrage dar. Geht man jedoch davon aus, dass Erb- und Gesellschaftsstatut als Gesamtstatute gleichwertig sind und zugleich zur Anwendung berufen werden, kann das eine Statut nicht zur Beantwortung der Vorfrage des anderen Statuts berufen werden. Es gibt keinen Grund, ein Statut erst nach der Anwendung des anderen Statuts zu berufen. Der Vorrang kann somit nicht geklärt werden und ein Statut alleine kann, wie bereits ausgeführt, nicht über alle relevanten Fragestellungen entscheiden.[48]

c) Substitution

Es wird vertreten, dass die Abgrenzung von Erb- und Gesellschaftsstatut mittels der Substitution erfolgen kann.[49]

aa) Begriff

Substitution bedeutet die Ersetzung eines Rechtsinstituts einer Rechtordnung durch ein funktionell gleichwertiges Institut einer anderen Rechtsordnung.[50] Im Rahmen der Anwendung von Sachrecht wird ein von einer Sachnorm (Ausgangsnorm) vorausgesetztes normatives Tatbestandsmerkmal (Anknüpfungsgegenstand) durch eine ausländische Gestaltung als erfüllt angesehen, indem die Tatbestandserfüllung im Ausland jener im Inland gleichgestellt wird.[51]

Die Substitution kann mit der Vorfragenproblematik zusammenhängen.[52] Finden sich in einer Sachnorm Rechtsbegriffe, die als Rechtsfolgen anderer Normen definiert sind und Anknüpfungsgegenständen des IPR zugeordnet werden können (z. B. Ehe, Kindschaft, Eigentum), ist für diese zunächst wieder das anwendbare Recht zu bestimmen; es handelt sich um

---

[48] S. o., Kapitel IV.1.a) IV. 1. a).

[49] Heyn, Die „Doppel-" und „Mehrfachqualifikation" im IPR, S. 60 ff.; siehe auch Witthoff, Die Vererbung von Anteilen deutscher Personengesellschaften im Internationalen Privatrecht, S. 103.

[50] Rauscher, IPR, S. 117.

[51] Von Bar/Mankowski, IPR I, S. 701 Rn. 240.

[52] Mansel, FS Lorenz (1991), 689 (692), spricht dann von einem „kollisionsrechtlichen Anwendungsbefehl" in Abgrenzung zum „verfahrensrechtlichen Anwendungsbefehl", der die Fälle betrifft, in denen eine Entscheidung (z. B. ein Urteil) bereits Festlegungen getroffen hat, ob die fragliche Tatbestandsvoraussetzung der Rechtsnorm gegeben ist.

eine Vorfrage.[53] Führt die Anknüpfung der Vorfrage zur Anwendung eines abweichenden Sachrechts, stellt sich die Frage, ob das Ergebnis (die Rechtsfolge) dieses Sachrechts in die Ausgangsnorm, die die Vorfrage provoziert hat, eingefügt werden kann, also mit dieser kompatibel ist. Das ist nicht selbstverständlich so, denn Sachnormen beziehen sich in ihrer Begrifflichkeit immer auf das eigene Sachrecht.[54] Von der Ausgangsnorm her ist die fremde Rechtsfolge also dahingehend auszulegen, ob sie in das vorhandene Sachrechtsgefüge eingefügt, d. h. substituiert werden kann.

Die Substitutionsproblematik kann aber auch im Zusammenhang mit verfahrensrechtlichen Fragen auftreten, beispielsweise der Frage, ob die Klageerhebung oder ein Beweissicherungsverfahren im Ausland die Verjährung i. S. d. § 204 Abs 1 Nr. 1 bzw. 7 BGB hemmt.[55] Das deutsche Internationale Privatrecht enthält für diese Fälle keine Kollisionsnorm, so dass sich eine abweichend anzuwendende Rechtsordnung nicht durch eine Vorfragenanknüpfung ergeben kann. Dennoch stellt sich die Frage, ob eine Klageerhebung vor einem ausländischen Gericht in den Tatbeständen der (im Beispiel deutschen) Sachnormen die gleiche Funktion erfüllen kann wie die Klageerhebung vor einem inländischen Gericht.

Grundsätzlich stellt die Substitution jedoch ein eigenständiges Rechtsinstitut des Allgemeinen Teils des IPR dar.[56]

bb) Technik der Substitution

Voraussetzung der Substitution ist, dass die Sachnorm von der ausgegangen wird, die Substitution eines ihrer Begriffsmerkmale zulässt. Nur ganz ausnahmsweise ist das nicht der Fall, etwa muss die Auflassung eines Grundstücks gem. § 925 Abs. 1 Satz 2 BGB vor einem *deutschen* Notar erfolgen.[57]

Ist die erste Hürde genommen, ist weiter zu fragen, ob das fremde Rechtsinstitut vergleichbar mit dem Institut ist, das die Sachnorm eigentlich meint. Die Frage der Vergleichbarkeit führt zu der Unterscheidung von drei Formen der Substitution: Die *reguläre*, wenn die ausländischen und die inländischen Rechtserscheinungen voll kongruent sind, die *über-*

---

[53] Kegel/Schurig, IPR, S. 67; Staudinger/Sturm/Sturm, EinlIPR (2003), Rn. 224, beziehen auch in *Kollisionsnormen* vorausgesetzte Tatbestandsmerkmale mit ein, da der Begriff der Erstfrage dezidiert abgelehnt wird, Rn. 251.

[54] Kegel/Schurig, IPR, S. 67.

[55] Diese Fälle bilden laut Mansel, FS Lorenz (1991), 689 (693), die Fallgruppe der „Substitution bei fehlendem Anwendungsbefehl", da die fremde Rechtsordnung rein faktisch berufen ist.

[56] Hug, Die Substitution im IPR, S. 23 ff. und 180 f.

[57] Rauscher, IPR, S. 118.

brückende, wenn sich die Rechtserscheinungen immerhin im wesentlichen entsprechen und die *umdeutende*, wenn nur ein Teil der fremden Rechtserscheinung verwertet werden kann.[58] In allen drei Fällen kommt eine Substitution in Betracht, wenn der Auslandsvorgang dem Inlandsvorgang funktionell gleichwertig ist. Gesprochen wird auch etwas technisch von konkret-funktionaler Äquivalenz von System- und Substitutionsbegriff.[59] Es wird einzelfallbezogen ein auf den Zweck der Norm abstellender Wirkungsvergleich, in sozialer und ökonomischer Hinsicht vorgenommen.

Ist das ausländische Rechtsinstitut einer Substitution zugänglich, nimmt es in dem Tatbestand der Ausgangsnorm die Funktion des inländischen Instituts wahr. Andernfalls muss das fehlende Tatbestandsmerkmal den Vorschriften des Herkunftsstaats der Ausgangsnorm entsprechend nachgeholt werden.[60]

cc) Nachfolge in Gesellschaftsanteile als Fall der Substitution?

aaa) Ausgangspunkt

Ausgangspunkt für die Substitutionslösung im Bereich der Nachfolge in Gesellschaftsanteile ist die Überlegung, dass nicht das Erbstatut und das Gesellschaftsstatut parallel berufen sind und somit deren Ineinandergreifen zu klären ist, sondern dass eines der beiden Statute quasi die Oberhand gewinnt, da aufgrund einer Interessenabwägung prinzipiell nur *ein* Statut für alle einschlägigen Fragen des Sachverhalts berufen sein kann.[61] Nach dieser Lösung entscheidet das Gesellschaftsstatut alleine sowohl über die gesellschaftsrechtlichen als auch die erbrechtlichen Folgen für den Gesellschaftsanteil im Falle des Todes eines Gesellschafters.

Sollen die Anteile an einer Gesellschaft auf den oder die Erben übergehen, kann sich jedoch, wenn auf das restliche Vermögen das fremde Erbstatut Anwendung findet, die Frage stellen, ob der nach diesem fremden Erbstatut ermittelte Erbe im Hinblick etwa auf die Ausgestaltung der Erbenstellung einem Erben entspricht, wie er in dem Recht vorgesehen ist, das über die gesellschaftsrechtliche Anknüpfung zur Anwendung kommt.

Soll beispielsweise allein das deutsche Gesellschaftsstatut über die Sondernachfolge in einen deutschen Personengesellschaftsanteil entscheiden und ist nach dem gemäß dem Erbstatut anwendbaren Recht eigentlich

---

[58] Kropholler, IPR, S. 233. Weitere Unterformen der Substitution bei Hug, Die Substitution im IPR, S. 154 ff.

[59] Rehm, RabelsZ 64 (2000), 104 (107).

[60] Rauscher, IPR, S. 120; weitere Möglichkeiten bei Hug, Die Substitution im IPR, S. 170 ff.

[61] Heyn, Die „Doppel-" und „Mehrfachqualifikation" im IPR, S. 60.

zunächst ein Erbschaftsverwalter (z. B. ein *personal representative*[62]) eingesetzt, stellt sich aus deutscher Sicht die Frage, wer in diesem Fall als Erbe im Sinne des deutschen Sachrechts anzusehen ist. Das kann der *personal representative* sein, wenn der Begriff des *personal representative* mit dem Begriff des Erben substituiert werden kann, oder es ist der letztendlich Begünstigte (*beneficiary*[63]) des Nachlasses. Umgekehrt kann sich aus der Sicht eines Landes, das dem angloamerikanischen Rechtskreis angehört, die Frage stellen, ob bei Anwendung deutschen Erbrechts der deutsche Testamentsvollstrecker durch einen *personal representative* ersetzt werden kann.

bbb) Bewertung des Lösungswegs

Der Lösungsweg über die Substitution geht zurück auf die Grundannahme, dass die Fälle, in denen auf den ersten Blick mehrere Anknüpfungsgegenstände berufen sind, nach generellen Interessenschwerpunkten zu durchsuchen sind, die das Gewicht zu nur einem Anknüpfungsgegenstand hin verschieben.[64] Bei der Vererbung von Gesellschaftsanteilen liege der Interessenschwerpunkt auf der gesellschaftsrechtlichen Seite, so dass man sich so zu verhalten habe, als sei eine rein gesellschaftsrechtliche Problematik aufgeworfen.[65]

Dann ist jedoch eigentlich auch die Frage nach der Erbenstellung allein nach dem Recht des Gesellschaftsstatuts zu lösen. Befragt man das Erbstatut trotz der postulierten Behandlung des Problems als rein gesellschaftsrechtliche Problematik nach der Erbenstellung, kann man das nur, wenn man die Erbenstellung als *Vorfrage* behandelt.[66] Nach der Substitutionslösung gilt in diesem Fall aber, dass auch die erbrechtliche Vorfrage im Sinne des Gesellschaftsstatuts befriedigend beantwortet werden muss, was zu einer Überprüfung des Begriffs des Erben auf seine funktionale Entsprechung bzw. Verträglichkeit mit dem Gesellschaftsstatut führt.[67]

---

[62] Siehe dazu ausführlich Kapitel V.2.b)cc).

[63] Siehe dazu ebenso Kapitel V.2.b)cc).

[64] Heyn, Die „Doppel-" und „Mehrfachqualifikation" im IPR, S. 60.

[65] Heyn, Die „Doppel-" und „Mehrfachqualifikation" im IPR, S. 60.

[66] Heyn, Die „Doppel-" und „Mehrfachqualifikation" im IPR, S. 60 führt dazu aus: „[Im] Fall der Vererbung von Anteilen an einer Personengesellschaft [...] hat man sich so zu verhalten, als ob eine rein gesellschaftsrechtliche Problematik aufgeworfen sei, – [...] Erst wenn man zu einem bestimmten Sachrecht gelangt ist, tritt die erbrechtliche Komponente in Form einer Vorfrage in Erscheinung."

[67] Witthoff, Die Vererbung von Anteilen deutscher Personengesellschaften im Internationalen Privatrecht, S. 103; Heyn, Die „Doppel-" und „Mehrfachqualifikation" im IPR, S. 60.

Streng genommen gelangt man so zu einer Substitution aber gar nicht mehr. Innerhalb des Anknüpfungsgegenstands des Gesellschaftsrechts einer Rechtsordnung nehmen sich die erbrechtlichen Begriffe einer anderen Rechtsordnung natürlich als Fremdkörper aus. Sie funktional-äquivalent in die Rechtsordnung des Gesellschaftsstatus zu transponieren, führt dann im Ergebnis zwar zu einer stimmigen Lösung. Denn gegebenenfalls werden die fremden Rechtsinstitute überbrückend oder umdeutend „filetiert" und somit in das Gesellschaftsstatut passgenau eingefügt. Ist jedoch der Vorfrage die Aufgabe gestellt, das Recht zu bestimmen, nach dem sich die Erbenstellung richtet und wird der Erbe nach diesem Recht ermittelt, ist fraglich, ob diese Erbenstellung im Wege der Substitution auf ihre Vergleichbarkeit mit einer Erbenstellung des Ausgangsstatuts zu überprüfen und ggf. an die gesellschaftsrechtlichen Voraussetzungen des Ausgangsstatuts anzupassen ist. Denn das Gesellschaftsstatut schafft die gesellschaftsrechtlichen Voraussetzungen, in die der Erbe „eingefügt" wird. Ob dieser Erbe, das Recht des Gesellschaftsstatus befragt, aus dessen Sicht nicht berufen sein kann, spielt keine Rolle.

Das Problem, wie Erb- und Gesellschaftsstatut voneinander abzugrenzen sind, verlagert sich also auch im Rahmen der Lösung über die Substitution auf die Ebene der Vorfrage, da es nur im Rahmen bzw. als Annex einer Vorfragenproblematik aufgeworfen werden kann. Die Lösung über die Substitution ist daher aus den vorgenannten und aus den bei der Behandlung der Vorfrage bereits genannten Gründen abzulehnen.

d) Erstfrage

Bei der Erstfrage findet sich der Anknüpfungsgegenstand, der neben der Hauptfrage auftaucht, nicht im fremden Kollisions- oder Sachrecht, sondern bereits in der eigenen Kollisionsnorm. Daher ergeben sich für die Erstfrage auch unterschiedliche Konsequenzen bezüglich ihrer Anknüpfung. Denn dadurch, dass sie schon zu beantworten ist, bevor die lex causae für die Hauptfrage gewonnen ist, ist eine andere Anknüpfung als eine selbstständige hier kaum denkbar.[68]

Fraglich ist jedoch, ob Art. 25 EGBGB oder der ungeschriebene gesellschaftsrechtliche Anknüpfungsgegenstand überhaupt eine Erstfrage aufwerfen können. Grundsätzlich ist auch der Anknüpfungsgegenstand „Rechtsnachfolge von Todes wegen" in Art. 25 Abs. 1 EGBGB einer Auslegung, die nach den Regeln des nach deutschem Rechts vorzunehmen ist, zugänglich.[69] Eine Erstfrage ließe sich im Bereich des Art. 25 EGBGB viel-

---

[68] Kropholler, IPR, S. 223 f.
[69] Staudinger/Dörner, Art. 25 EGBGB (2007), Rn. 19.

leicht durch die Überlegung konstruieren, ob von dem Anknüpfungsgegenstand der „Rechtsnachfolge von Todes wegen" bestimmte Vermögenswerte gar nicht erfasst sind, weil sie sich nach eigenen, etwa gesellschaftsrechtlichen Übertragungsvorgängen verhalten und somit gar nicht Nachlassbestandteil werden, wenn ihr Inhaber stirbt.[70] Diese Erstfrage ließe sich auch umgekehrt von der Seite des Gesellschaftskollisionsrechts her stellen. Bei genauer Betrachtung würde das jedoch der Lösung über Art. 3 Abs. 3 EGBGB entsprechen und diese nur an einer anderen Stelle in der kollisionsrechtlichen Falllösung einbauen. Selbst wenn Art. 25 EGBGB einen Anknüpfungsgegenstand enthielte, der Gegenstand einer Erstfrage sein könnte, scheitert eine dogmatische Lösung des Verhältnisses von Erb- und Gesellschaftsstatut über die Rechtsfigur der Erstfrage daher aus den gleichen Gründen wie bei der Vorfrage. Der eigenständige Anknüpfungsgegenstand würde sich in diesem Fall zwar bereits in der eigenen Kollisionsnorm finden lassen. Die Qualifikation wäre jedoch ebenfalls in der Annahme vorgenommen worden, eines der beiden möglichen Statute sei das Hauptstatut, das die Erstfrage dann aufwirft.

e) Anpassung

Als weiteres kollisionsrechtliches Instrumentarium zur Abgrenzung des Erb- vom Gesellschaftsstatut wird die Anpassung vertreten.[71]

aa) Begriff

Es kommt vor, dass die Lösung eines internationalprivatrechtlichen Falls verschiedenen Rechtsordnungen gleichzeitig zu entnehmen ist. Die zur Anwendung berufenen Sachrechte sind aber nicht aufeinander abgestimmt, wie es innerhalb einer einzigen Rechtsordnung normalerweise der Fall ist. Die Probleme die dabei entstehen können, sind mittels einer Anpassung (Angleichung) zu bewältigen. Sie lassen sich im wesentlichen in drei Fallgruppen einteilen:[72]

Die erste Gruppe ist dadurch gekennzeichnet, dass die berufenen Rechtsnormen wegen ihrer Fremdartigkeit im deutschen Recht nicht nachvoll-

---

[70] Vertreten wurde das namentlich von Ulmer, der diese Auffassung jedoch mittlerweile aufgegeben hat, s. dazu die Nachw. in GroßkommHGB/Schäfer § 139 Rn. 43, Fn. 108 und Ulmer/Schäfer, ZHR 1996, 413. Siehe zur nun herrschenden Ansicht, die die Anteile als Bestandteil des Nachlasses ansieht auch Siegmann, NJW 1995, 481 (484); MünchKommHGB/K. Schmidt, § 139 Rn. 12 m. w. Nachw.

[71] Witthoff, Die Vererbung von Anteilen deutscher Personengesellschaften im Internationalen Privatrecht, S. 107 ff.

[72] MünchKommBGB/Sonnenberger, EinlIPR Rn. 601.

ziehbar sind. Beispiele aus der Sicht des deutschen Erbrechts sind die Zuwendung eines Vindikationslegats oder der Umgang mit rechtlichen Konstrukten im Erbscheinsverfahren, die dem angloamerikanischen Rechtskreis entstammen, wie *administrator*, *executor*, *distributee* und *trust*.[73]

In der zweiten Fallgruppe passen die Rechtsfolgen der verschiedenen Statute nicht zueinander. Sie schließen sich entweder gegenseitig aus (logischer Widerspruch) oder sind in ihrer Kombination wertungs- oder sinnwidrig (teleologischer Widerspruch).[74]

Die dritte Fallgruppe bilden die Fälle, in denen die Rechtfolge des fremden Sachrechts ausbleibt, weil das fremde Kollisionsrecht passende Rechtsnormen gar nicht beruft.[75] Diese Konstellation tritt beispielsweise auf, wenn das ausländische Unterhaltsrecht, das als Unterhaltsstatut berufen ist, keinen Auskunftsanspruch wie die §§ 1580, 1605 BGB kennt, sondern die Informationsbeschaffung verfahrensrechtlich regelt.[76] Der Auskunftsanspruch des hiesigen Rechts ist als Sachrecht nicht berufen und der deutsche Richter kann nur deutsches Verfahrensrecht anwenden.

In allen Fällen wird man bei wertender Betrachtung zu dem Ergebnis gelangen, dass die aufgeworfenen Probleme nicht ungelöst bleiben dürfen. Das Ergebnis des Rechtsanwendungsprozesses, das sich bei regelstrenger Handhabung des Kollisionsrechts ergibt, ist aus sachrechtlichen Billigkeits- und Gerechtigkeitserwägungen heraus zu korrigieren.[77]

bb) Sachrechtliche oder kollisionsrechtliche Anpassung?

Als Lösungstechniken für die oben angesprochenen Problemlagen werden entweder eine modifizierte Anwendung des Kollisionsrechts oder des Sachrechts vertreten.[78]

Bei der sachrechtlichen Lösung werden die kollisionsrechtlich berufenen materiellen Rechtssätze einschränkend oder ausdehnend so angewendet, dass der Widerspruch entfällt.[79] Das verletzt das Interesse an einer realen Rechtsanwendung, weil die Rechtsordnungen verbogen werden müssen um den Normwiderspruch auszuräumen.

---

[73] Staudinger/Sturm/Sturm, EinlIPR (2003), Rn. 217.
[74] Kegel/Schurig, IPR, S. 359.
[75] MünchKommBGB/Sonnenberger, EinlIPR Rn. 601.
[76] MünchKommBGB/Sonnenberger, EinlIPR Rn. 604.
[77] Von Bar/Mankowski, IPR I, S. 708 Rn. 250.
[78] Kropholler, IPR, S. 237, der noch als fernliegende Lösungen die Anwendung einer dritten Rechtsordnung statt der widerstreitenden und die völlige Neuregelung durch den Richter nennt, a. a. O. S. 238.
[79] Rauscher, IPR, S. 125.

Die kollisionsrechtliche Lösung verschiebt die Grenzen zwischen den Kollisionsnormen oder bildet eine neue Kollisionsnorm.[80] Hier wird von den Interessen abgewichen, die zu der kollisionsrechtlichen Anknüpfung geführt haben.

Eine Anpassung auf kollisionsrechtlicher Ebene korrigiert am Ende des Rechtsanwendungsprozesses dessen Ausgangspunkt, die Qualifikation. Die Qualifikationsentscheidungen des eigenen IPR würden unter dem Strich rückwirkend revidiert und damit ignoriert.[81] Die Regeln des Qualifikationsprozesses wären irrelevant, da es sich nur um eine vorläufige, approximative Zuordnung zu einem Anknüpfungsgegenstand handeln würde. Anders gewendet, kann eine Qualifikation, die als mehrschichtiger Prozess das anzuwendende Sachrecht auch im Lichte der kollisionsrechtlichen Anknüpfungsgegenstände sieht, nicht wegen Ungereimtheiten des sachlichen Ergebnisses in Frage gestellt werden.[82] Es handelt sich insgesamt um eine „grobschlächtige" Lösung.[83] Eine kollisionsrechtliche Anpassung ist daher abzulehnen.[84]

cc) Anwendung auf das Verhältnis von Erb- und Gesellschaftsstatut?

Nach dem oben Gesagten bleibt nur die Möglichkeit einer sachrechtlichen Anpassung, wenn die in den Fallgruppen genannten Problemfälle eintreten.

Kommt zum Beispiel ausländisches Erbrecht auf deutsche Gesellschaftsanteile zur Anwendung und wollte der Erblasser einen *testamentary trust* einsetzen, ist dieser dem deutschen Recht unbekannt.[85] Daher sind die deutsche Sachrechtsordnung und das ausländische Erbrecht anzupassen. Der *testamentary trust* ist in Bezug auf den Gesellschaftsanteil als Anordnung einer Vorerbschaft in Kombination mit einer Testamentsvollstreckung zu sehen, da so der vornehmliche Zweck des *testamentary trust*, den Nachlassgegenstand langfristig zu binden, erreicht werden kann.[86]

Auch wenn fremdes Gesellschaftsrecht und deutsches Erbrecht aufeinander treffen, könnte an eine Anpassung gedacht werden, etwa wenn das

---

[80] Kegel/Schurig, IPR, S. 361.
[81] Von Bar/Mankowski, IPR I, S. 712 Rn. 257.
[82] MünchKommBGB/Sonnenberger, EinlIPR Rn. 605.
[83] Kegel/Schurig, IPR, S. 365.
[84] Staudinger/Sturm/Sturm, EinlIPR (2003), Rn. 223; MünchKommBGB/Sonnenberger, EinlIPR Rn. 605 ff., 613; von Bar/Mankowski, IPR I, S. 712 Rn. 257.
[85] Siehe oben die erste Fallgruppe.
[86] Witthoff, Die Vererbung von Anteilen deutscher Personengesellschaften im Internationalen Privatrecht, S. 108.

Prinzip der Universalsukzession auf Nachlassgegenstände trifft, die den Übergang auf einen Zwischenerwerber vorsehen.

Eine sachrechtliche Anpassung bietet aber keine generelle, dogmatisch befriedigende Lösung für die Frage, wie das Erb- und das Gesellschaftsstatut voneinander abzugrenzen sind. Da sie am Ende des Rechtsanwendungsprozesses steht, kann sie zur Lösung dieser vorgreiflichen Frage nichts beitragen. Im Übrigen würde eine internationalprivatrechtliche Anpassung ebenfalls keine wirkliche Lösung des Problems bieten. Denn auch sie setzt an den Symptomen an und versucht auftretende Probleme einzelfallbezogen zu lösen. Dass sie dabei gegebenenfalls das Verhältnis von Erbstatut und Gesellschaftsstatut neu bestimmt, bedeutet nicht, dass sich daraus allgemeine Regeln ableiten ließen.

f) Qualifikation

Die Qualifikation ist der erste Schritt, wenn in einem Fall eine Auslandsberührung festgestellt wird (und internationales Einheitsrecht keine Anwendung findet). Sie ist die Methode, mit der die maßgebliche (evtl. auch staatsvertragliche) Kollisionsnorm gesucht wird, die zum anwendbaren Recht führt.

Ob mittels der Methode der Qualifikation das Ineinandergreifen von Erb- und Gesellschaftsstatut geklärt werden kann, soll nach einem Überblick über den Qualifikationsprozess geprüft werden.

aa) Einführung

Die kollisionsrechtliche Qualifikation ist mit der sachrechtlichen Subsumtion vergleichbar, weist aber, da mehrere Rechtsordnungen berührt werden und innerhalb dieser zusätzlich noch das Kollisionsrecht, mehr Schichten auf als diese. Das Grundproblem der Qualifikation ist, dass das IPR alle in die einzelnen Sachrechte der verschiedenen Staaten umgesetzten Sachverhalte erfassen und daher einen hohen Abstraktionsgrad aufweisen muss.[87] Aufgrund der hohen Komplexität ist es wohl nicht zu vermeiden, dass sowohl über den Gegenstand und die Methode, als auch um die einzelnen Schritte im Qualifikationsprozess, Streit herrscht.

Probleme bei der Qualifikation können bereits im Ausgangsrecht auftreten. Innerhalb einer Rechtsordnung müssen materielles Recht und Kollisionsrecht nicht deckungsgleich sein, beispielsweise kann das materielle Recht Begriffe verwenden oder Zuordnungen vornehmen, die im Kollisi-

---

[87] Statt aller Kropholler, IPR, S. 114.

onsrecht nicht aufgegriffen werden und umgekehrt.[88] In diesen Fällen obliegt es jedoch der Ausgangsrechtsordnung selbst, das Problem zu lösen. Ein Vergleich oder gar die Heranziehung einer fremden Rechtsordnung kommt nicht in Betracht. Das nationale IPR bestimmt die Kollisionsnorm.[89]

Kommt es zum Kontakt mit einer fremden Rechtsordnung, kann das fremde Recht die Systembegriffe des eigenen IPR, die Anknüpfungsgegenstände, mit anderen Inhalten verbinden oder sie gar nicht aufweisen.[90] Welcher Kollisionsnorm können solche Sachverhalte zugeordnet werden? Und ist das nur aus der eigenen Sicht zu beurteilen oder auch (oder nur) aus der Sicht der (oder aller) in Betracht kommenden Rechtsordnungen?

Doch wie bereits angedeutet, ist schon die Frage, was genau dem Anknüpfungsgegenstand zugeordnet wird, also der Gegenstand der Qualifikation, streitig. Hierauf ist vor der Darstellung des Methodenstreits einzugehen.

bb) Gegenstand der Qualifikation

Die Qualifikation weist entweder einen rechtlich unberührten *Lebenssachverhalt*, ein *Rechtsverhältnis*, einen *Anspruch*, eine *Sachnorm* oder eine *Rechtsfrage* einem kollisionsrechtlichen Anknüpfungsgegenstand zu.[91]

Dabei ist festzuhalten, dass der Lebenssachverhalt erst durch das Stellen der Frage, das Erkennen des juristischen Problems oder das Begehren der juristischen Lösung mit der Rechtsfrage befrachtet wird. Das Recht als von Menschen geschaffenes Konstrukt, hat immer das menschliche Miteinander zum Gegenstand, das es mit seinen Mitteln zu ordnen sucht. Daher ist Gegenstand zunächst immer der Lebenssachverhalt, der dann juristisch betrachtet wird. Daraus ergibt sich dann der juristisch betrachtete Sachverhalt, der die Rechtsfrage aufwirft, als Gegenstand der Qualifikation.[92]

---

[88] Siehe das Beispiel bei Rauscher, IPR, S. 96: Das Kollisionsrecht bietet für das internationale Namensrecht eine Regelung in Art. 10 EGBGB an, während materiellrechtlich der Ehename als allgemeine Ehewirkung (§ 1355 BGB) und der Kindesname als Frage des Rechtsverhältnisses von Eltern und Kind behandelt wird (§§ 1616–1618 BGB).
[89] Rauscher, IPR, S. 96.
[90] Kegel/Schurig, IPR, S. 327.
[91] Von Bar/Mankowski, IPR I, S. 662 Rn. 179 m. w. Nachw.
[92] Kropholler, IPR, S. 118 f.; von Bar/Mankowski, IPR I, S. 662 Rn. 179 a.E.

cc) Methode der Qualifikation

Über die Methode der Qualifikation herrscht Streit. Es konkurrieren die Qualifikation nach der lex fori, die Qualifikation nach der lex causae, die rechtsvergleichende und die funktionelle (teleologische) Qualifikation.[93]

aaa) Qualifikation nach der lex fori

Die Qualifikation nach der lex fori legt der Auslegung der Kollisionsnormen und der Einordnung des Sachverhalts die Kriterien des eigenen Rechts, des Rechts des Forumstaates zugrunde.[94] Diese Art der Qualifikation liegt nahe, denn auch die Kollisionsnorm, die gefunden werden soll und die über das anwendbare Recht entscheidet, wird dem Recht des Forumstaates angehören.

Liegt ein Sachverhalt zugrunde, für den das ausländische Recht ein Rechtsinstitut zur Verfügung stellen könnte, wie etwa die Morgengabe, das eigene Recht jedoch nicht, kann bei dieser Methode der Qualifikation auf die Einordnung des fremden Rechts keine Rücksicht genommen werden. Das gleiche gilt in Fällen verschiedenartiger Einordnung, etwa zum Güterrechtsstatut in dem einen Recht, statt zum Erbstatut in dem anderen Recht.

Die Anknüpfungsgegenstände des IPR müssen bei dieser Form der Qualifikation sehr weit gefasst sein, um auch die fremden Erscheinungen abzudecken. Damit entfernt sich das IPR von den Instituten des materiellen Rechts. Dafür ist die Methode praktikabel und logisch. Sie wird in der deutschen Rechtsprechung überwiegend als Ausgangspunkt praktiziert.[95]

bbb) Qualifikation nach der lex causae

Die Theorie der Qualifikation nach der lex causae will die Einordnung des Sachverhalts dem Recht überlassen, das möglicherweise zur Anwendung kommt. Der Anknüpfungsgegenstand des eigenen Rechts wäre nach fremdem Recht auszulegen. Dahinter steht die Überlegung, dass man bei einer Einordnung nach der lex fori das ausländische Recht unter die eigenen Vorstellungen zwingt, was unbeholfen sein kann und vielleicht dem Geist dieses Gesetzes widerspricht.[96]

Auf den ersten Blick erscheint es zwar unlogisch, die zutreffende Kollisionsnorm nach einem fremden Recht zu bestimmen, das durch die kollisionsrechtlichen Überlegungen ja erst gefunden werden soll. Dieser Einwand

---

[93] Überblick bei Rauscher, IPR, S. 99 ff. I.-IV.
[94] Staudinger/Sturm/Sturm, EinlIPR (2003), Rn. 211.
[95] Siehe die Nachweise bei Staudinger/Sturm/Sturm, EinlIPR (2003), Rn. 213.
[96] Wolff, IPR, S. 54.

trifft jedoch nicht genau zu, da es sich um eine hypothetische Erwägung handelt. Die Theorie der Qualifikation nach der lex causae setzt eine interpolierende Qualifikationskollisionsnorm voraus, die ähnlich aussehen würde wie Art. 31 EGBGB, nach dem sich das Zustandekommen und die Wirksamkeit eines Vertrages nach dem Recht beurteilen, das anzuwenden wäre, wenn der Vertrag wirksam wäre.[97] Es wird gefragt, unter welchen Anknüpfungsgegenstand das fremde Recht den Sachverhalt fassen würde, wenn es denn zur Anwendung gelangen würde.[98] Es wird nicht gesagt, dass das fremde Recht alleine seinen Anwendungsbereich bestimmt.

Diese Methode ist jedoch problematisch. Weist der Sachverhalt mehrere Auslandsbeziehungen auf, kommt es zu unerwünschten Normenhäufungen und zu Normenmangel.[99] Auch ist die Qualifikationskollisionsnorm als Grundlage für die hypothetischen Erwägungen dem positiven Recht schlicht nicht zu entnehmen.[100] Schließlich würde der Gesetzgeber die Zügel aus der Hand geben, wenn er die Kategorisierung der Anknüpfungsgegenstände einem fremden Recht überlassen würde, da er bei den eigenen Anknüpfungsgegenständen die Regeln nicht kennen würde, nach der irgendein fremdes Recht die Zuordnung von Sachverhalt/Rechtsfrage zu einem Anknüpfungsgegenstand vornimmt.[101] Die Qualifikation nach der lex causae ist daher als alleinige Methode ungeeignet, die Kollisionsnorm zu bestimmen, auch wenn sie einen sinnvollen Blick auf die Anknüpfungsgegenstände des fremden Rechts wirft.

Verwandt mit der Qualifikation nach der lex causae, ist die Lehre von der *Stufenqualifikation*. Nur wird hier der Sachverhalt nicht anfangs hypothetisch eingeordnet, sondern komplett neu qualifiziert, wenn man in ein fremdes Recht gelangt.[102] Die Eingangsqualifikation erfolgt also lege fori.[103] Dann ist eine erneute Qualifikation jedoch überflüssig. Kennt

---

[97] Von Bar/Mankowski, IPR I, S. 646 Rn. 154.

[98] S. Wolff, IPR, S. 54: „der deutsche Richter hat einen ausländischen Rechtssatz so einzuordnen, wie ihn dasjenige ausländische Recht einordnet, das bei solcher Einordnung anwendbar ist."

[99] MünchKommBGB/Sonnenberger, EinlIPR Rn. 508; von Bar/Mankowski, IPR I, S. 647 Rn. 158; Kegel/Schurig, IPR, S. 342; Raape/Sturm, IPR, S. 277; Wolff, IPR, S. 58 ff.

[100] Von Bar/Mankowski, IPR I, S. 646 Rn. 155.

[101] Grundmann, Qualifikation gegen die Sachnorm, S. 45; von Bar/Mankowski, IPR I, S. 647 Rn. 157.

[102] Siehe das Beispiel bei von Bar/Mankowski, IPR I, S. 648 Rn. 159: Das LG Salzburg qualifizierte die materiellen Eheschließungswirkungen nach dem nach den Vorstellungen des österreichischen IPR (1. Stufe) maßgeblichen zypriotischen Recht. Dort angelangt qualifizierte das LG noch einmal völlig neu (2. Stufe) nach den zypriotischen Vorstellungen.

[103] MünchKommBGB/Sonnenberger, EinlIPR Rn. 502.

das eigenen Recht das fremde Institut nicht, würde die Qualifikationsarbeit sinnlos vermehrt: Denn auf der ersten Stufe müsste festgestellt werden, dass eine Qualifikation nach der lex fori allein nicht möglich ist. Gelangt man über rechtsvergleichende Überlegungen zu einer Kollisionsnorm, die zu einem fremden Recht führt, das für den in Frage stehenden Sachverhalt eine eigenen Kollisionsnorm aufweist, wäre die ganze Arbeit der Einordnung zunichte gemacht. Die Stufenqualifikation ist demnach als überkonstruiert abzulehnen.[104]

ccc) Rechtsvergleichende Qualifikation

Die rechtsvergleichende Qualifikation will sich von den Anknüpfungsgegenständen, die in den einzelnen Rechtssystemen herausgebildet wurden, lösen und auf einer Metaebene Anknüpfungsgegenstände ausbilden, die durch rechtsvergleichende Studien aus allen existierenden Rechtssystemen gewonnen werden.[105] Die Einordnung des in Frage stehenden Sachverhalts kann dann zwischen den einzelnen Staaten nicht mehr divergieren und ist auch für einander fremde Rechtsinstitute gelöst.

Solange es dieses System jedoch nicht gibt, können aus der rechtsvergleichenden Methode zumindest Impulse für das Qualifikationsproblem gewonnen werden.[106] Es ist das Verdienst der rechtsvergleichenden Qualifikation und der Lehre von der lex causae, gezeigt zu haben, dass auch andere Aspekte, insbesondere das möglicherweise zur Anwendung kommende fremde Sachrecht in den Qualifikationsprozess mit einzubeziehen sind.[107]

ddd) Funktionelle (teleologische) Qualifikation

Die Qualifikation nach der lex fori ist autonom und blendet aus, dass jeder Rechtsbegriff nur im Rahmen seines Rechtssystems zu verstehen ist.[108] Aber sie bildet den richtigen Ausgangspunkt, den Einstieg in die Falllösung, die innerhalb des aus rechtspolitischen Gründen gesetzten Rahmens des nationalen IPR und der gewachsenen nationalen Anknüpfungsgegenstände zu erfolgen hat.[109] Sekundär kommen dann rechtsver

---

[104] Von Bar/Mankowski, IPR I, S. 649 Rn. 160.

[105] Grundlegend Rabel, RabelsZ 5 (1931), 241; siehe dazu von Bar/Mankowski, IPR I, S. 649 Rn. 161 ff.

[106] Rabel selbst bezeichnet die rechtsvergleichende Qualifikation als „den Weg und das Ziel", a. a. O., S. 287.

[107] Raape/Sturm, IPR, S. 278.

[108] Frankenstein, IPR, S. 278 und 273 ff., der es als „Bankrott des Grenzrechts" bezeichnet, die Qualifikation der lex fori zu entnehmen, a. a. O.

[109] Von Bar/Mankowski, IPR I, S. 658 Rn. 174.

gleichende Überlegungen ins Spiel.[110] Der materielle Gehalt der in Betracht kommenden ausländischen Norm wird erfasst und überprüft, ob dieser Gehalt einem Anknüpfungsgegenstand des deutschen IPR adäquat ist.[111] Geboten ist diese zweite Ebene der Überlegungen aus dem gleichen Grund, der als Ausgangspunkt eine Bestimmung nach der lex fori rechtfertigt: Wenn es in unserem Rechtssystem Gründe gibt, bestimmte Vorgänge einem Anknüpfungsgegenstand zuzuordnen, gibt es diese Gründe in anderen Rechtssystemen auch. Diese müssen ernst genommen und hinterfragt werden. Dabei ist die Funktion oder der Zweck des inländischen Anknüpfungsgegenstands mit der Funktion oder dem Zweck des in Rede stehenden materiellen Rechtsinstituts zu vergleichen.[112]

Die Methode der funktionellen oder teleologischen Qualifikation vereint die Vorteile aller Qualifikationsmethoden in sich und bietet praktikable Lösungen. Auch der BGH geht nach der primären Zuordnung zur lex fori den vergleichenden und teleologischen Weg, wenn er im Hinblick auf die Auslegung fremden Rechts formuliert: „Die dem deutschen Richter dabei obliegende Aufgabe ist es, die Vorschrift des ausländischen Rechts, insbesondere wenn sie eine dem deutschen Recht unbekannte Rechtsfigur enthält, nach ihrem Sinn und Zweck zu erfassen, ihre Bedeutung vom Standpunkt des ausländischen Rechts zu würdigen und sie mit Einrichtungen der deutschen Rechtsordnung zu vergleichen. Auf der so gewonnenen Grundlage ist sie den aus den Begriffen und Abgrenzungen der deutschen Rechtsordnung aufgebauten Merkmalen der deutschen Kollisionsnorm zuzuordnen."[113]

dd) Die einzelnen Schritte im Qualifikationsprozess

Mittels des Qualifikationsprozesses soll der Sachverhalt, der die Rechtsfrage aufwirft, einem Anknüpfungsgegenstand, einem Systembegriff des IPR zugeordnet werden. Der Qualifikationsprozess besteht aus drei Schritten.

Im ersten Schritt ist der deutsche Anknüpfungsgegenstand auszulegen.[114] Dann ist im zweiten Schritt die möglicherweise heranzuziehende

---

[110] Kegel/Schurig, IPR, S. 349.

[111] Rauscher, IPR, S. 101; MünchKommBGB/Sonnenberger, EinlIPR Rn. 514.

[112] Kropholler, IPR, S. 126.

[113] BGHZ 29, 137 (139); weitere Fundstellen bei Kropholler, IPR, S. 126 Fn. 5 u. 4 und bei Grundmann, Qualifikation gegen die Sachnorm, S. 1, der in BGHZ 47, 324 den Abschied des BGH von der strengen lex-fori-Qualifikation sieht.

[114] Von Bar/Mankowski, IPR I, S. 637 Rn. 138; enger verstehen den Begriff der Qualifikation Staudinger/Sturm/Sturm, EinlIPR (2003), Rn. 208, die unter die „Qualifikation im technischen Sinn" nur die Prüfung verstehen, unter welche Kollisionsnorm eine frem-

fremde Sachnorm zu bestimmen.[115] Im dritten Schritt wird dann geprüft, ob die möglicherweise heranzuziehende fremde Sachnorm in ihrem eigenen Rechtssystem einem Systembegriff unterfällt, der der Einordnung unseres Anknüpfungsgegenstandes entspricht.[116]

Es wird vertreten, dass es auf der Ebene des ersten und des dritten Schrittes zu einer Doppel- oder Mehrfachqualifikation kommen kann: Auf der *ersten Ebene* sollen Fallgestaltungen unter den Begriff der Doppel- oder Mehrfachqualifikation fallen, wenn ein Sachverhalt beispielsweise die Rechtsfrage nach vertraglicher und zugleich außervertraglicher Haftung auslöst.[117] Aber in diesem Fall werden schlicht zwei Qualifikationsprozesse ausgelöst. Es kommt zur Anwendung von zwei Kollisionsnormen. Eines eigenen Begriffs hierfür bedarf es nicht. Ebenfalls kein Fall der Doppel- oder Mehrfachqualifikation liegt vor, wenn man sich im ersten Schritt für denselben Sachverhalt nicht für einen eindeutigen Anknüpfungsgegenstand entscheiden will.[118] Das Problem ist durch Auslegung der Anknüpfungsgegenstände zu lösen und einer konkreten Entscheidung für den einen oder den anderen Systembegriff zuzuführen.[119] Auf der *dritten Ebene* soll eine Doppel- oder Mehrfachqualifikation möglich sein, wenn die in Frage kommende fremde Sachnorm verschiedene Funktionen hat und deshalb nicht eindeutig einem einzelnen Anknüpfungsgegenstand zuzuordnen ist.[120] Dazu ist zu bemerken, dass bei der Auslegung der fremden Sachnormen – nach ihrem Sinn und Zweck innerhalb ihres eigenen Rechtssystems – natürlich alle dortigen Funktionen der Norm bedacht werden müssen. Letztlich muss aber doch nur entschieden werden, ob die fremde Sachnorm dem Anknüpfungsgegenstand des Forums *adäquat* ist. Das kann sie auch sein, wenn sie mehrere Funktionen hat und nur ein Teil dieser Funktionen unter den Anknüpfungsgegenstand des Forums fallen. Deswegen müssen nicht gleich mehrere Anknüpfungsgegenstände des Forums berufen werden.

---

de Sachnorm fällt; die Auslegung der eigenen Anknüpfungsgegenstände des IPR wird vor die Klammer der „eigentlichen" Qualifikation gezogen, vgl. a. a. O., Rn. 210; zu weiteren Varianten Dörner, StAZ 1988, 345 (348).

[115] Staudinger/Sturm/Sturm, EinlIPR (2003), Rn. 210.

[116] In Fragen gefasst bei Raape/Sturm, IPR, S. 276: „1. Welcher Art sind die von der Kollisionsnorm berufenen Sachnormen? 2. Wie lautet und was besagt die in Betracht kommende Sachnorm? 3. Ist sie von jener Art?"

[117] MünchKommBGB/Sonnenberger, EinlIPR Rn. 531.

[118] So aber Heyn, Die „Doppel-" und „Mehrfachqualifikation" im IPR, S. 44.

[119] Raape/Sturm, IPR, S. 281; Staudinger/Sturm/Sturm, EinlIPR (2003), Rn. 214.

[120] MünchKommBGB/Sonnenberger, EinlIPR Rn. 531.

ee) Qualifikation erb- und gesellschaftsrechtlicher Fragestellungen

Bei der Vererbung von Anteilen an ausländischen Gesellschaften, stellt sich aufgrund der Auslandsberührung die Frage nach dem anwendbaren Recht.

aaa) Zuordnung zu einem Anknüpfungsgegenstand

Im ersten Schritt muss eine Zuordnung zu einem Anknüpfungsgegenstand, einem Systembegriff der lex fori erfolgen. In Betracht kommen zwei Anknüpfungsgegenstände: Die Rechtsnachfolge von Todes wegen (Art. 25 EGBGB) und die ungeschriebenen Normen des Gesellschaftskollisionsrechts. Dabei stößt man auf ein Grundproblem im Qualifikationsprozess: Soll man kollisionsrechtlich dem Statut desjenigen Rechtsverhältnisses den Vorzug geben, von dem die etwaige Veränderung ausgeht (hier das Erbstatut), oder soll man auf das Statut des Rechtsverhältnisses abstellen, das möglicherweise abgeändert wird (hier das Gesellschaftsstatut)?[121]

Spätestens an dieser Stelle fällt auf, dass der Gegenstand der Qualifikation einer Präzisierung bedarf. Wie bereits ausgeführt, ist der Gegenstand der Qualifikation ein Sachverhalt, der eine bestimmte Rechtsfrage aufwirft. Diese Rechtsfrage kann im vorliegenden Fall zum einen auf die erbrechtliche Komponente des Sachverhalts zielen, etwa wenn es um die Frage geht, wer Erbe wird, wie hoch dessen Anteil ist, oder ob eine Testamentsvollstreckung angeordnet wird. Zum anderen kann die Frage auch auf den gesellschaftsrechtlichen Aspekt des Sachverhalts abzielen, etwa was beim Tod eines Gesellschafters mit dessen Anteil geschieht, oder bei Verlust der Verfügungsbefugnis an dem Anteil durch Testamentsvollstreckung (§ 2211 BGB). Der Vorgang ist im Hinblick auf möglicherweise einschlägige Kollisionsnormen zu interpretieren und demjenigen Statut zuzuordnen, in dessen Bereich er am ehesten gehört.[122]

Ist der Sachverhalt, die Rechtsfrage, in dieser Weise präzisiert, verlagert sich das Problem auf die Auslegung der Anknüpfungsgegenstände.[123] Sowohl der Anknüpfungsgegenstand des Erbrechts als auch der des Gesellschaftsrechts stehen zur Verfügung. Beides sind Vermögens- oder Gesamt-

---

[121] Wengler, NJW 1963, 593 (594), der im Übrigen jedoch vertritt, dass es bei der Qualifikation nicht um die Qualifikation einer Rechtsfrage geht, sondern um die Qualifikation bestimmter Sätze des positiven Rechts und auf dieser Grundlage zu einer „Mehrfachqualifikation" kommt (595); zur Frage der Perspektive siehe auch oben unter Kapitel IV.1.a).

[122] Coester, JA 1979, 351 (353).

[123] So auch MünchKommBGB/Sonnenberger, Art. 3 EGBGB Rn. 36; Dörner, IPRax 2004, 519 (520).

statute. Es besteht kein Vorrangverhältnis zwischen den beiden Statuten. Nach obiger Prüfung wandelt sich das eine im Verhältnis zum anderen auch nicht zum Einzelstatut. Es findet also keine Beschränkung des einen durch das andere Statut statt, sondern Erb- und Gesellschaftsstatut beschränken sich gegenseitig. Jedes Statut bestimmt selbst über seinen Geltungsbereich.[124] Erb- und gesellschaftsrechtliche Kollisionsnormen werden also parallel, aber nicht beide zugleich für dasselbe Problem berufen. Für jede Fragestellung ist entweder das Erb- oder das Gesellschaftsstatut berufen.[125] Das Ausgangsproblem ist demnach durch Qualifikation zu lösen, da die Abgrenzung der Reichweite der erbrechtlichen und gesellschaftsrechtlichen Kollisionsnormen durch Auslegung der Anknüpfungsgegenstände zu bewältigen ist.[126]

Als Beispiel für eine eindeutige Zuordnung sei an dieser Stelle die Frage nach der Erbenstellung herausgegriffen. Diese ist dem Anknüpfungsgegenstand der Rechtsnachfolge von Todes wegen zuzuordnen. Natürlich ist die Erbenstellung mit gesellschaftsrechtlichen Folgen verbunden. Das darf aber nicht zu einer Doppelqualifikation führen. Für die Erbenstellung liegt das Erbrecht näher als das Gesellschaftsrecht. Es ist eine eindeutige Entscheidung zu treffen. Die Frage ist demjenigen Anknüpfungsgegenstand zuzuordnen, der die größere Sachnähe aufweist.

bbb) Funktionelle (teleologische) Überprüfung

Im *zweiten Schritt* des Qualifikationsprozesses wird überprüft, welche der fremden Sachnormen aufgrund der nach der lex fori gefundenen Zuordnung zum gesellschaftsrechtlichen oder erbrechtlichen Anknüpfungsgegenstand für die Falllösung in Betracht kommen. Schließlich wird im *dritten Schritt* verglichen, ob die Sachnormen des möglicherweise zur Anwendung kommenden Rechts dem gleichen Anknüpfungsgegenstand unterfallen würden, wie es bei der lex fori der Fall ist, ob also mit anderen Worten in dem möglicherweise anwendbaren Recht ebenso der Anknüpfungsgegenstand der Rechtsnachfolge von Todes wegen oder der des Gesellschaftsrechts berufen wäre.

---

[124] Coester, JA 1979, 351 (353).
[125] In Anlehnung an Schurig, IPRax 2001, 446 (448) könnte hier von einer aufgespaltenen Qualifikation gesprochen werden.
[126] MünchKommBGB/Sonnenberger, Art. 3 EGBGB Rn. 36; Staudinger/Hausmann, Art. 3 EGBGB (2003), Rn. 75; Staudinger/Dörner, Art. 25 EGBGB (2007), Rn. 558; Soergel/Schurig, Art. 25 EGBGB Rn. 89 in Fn. 63; Kegel/Schurig, IPR, S. 430.

ccc) Die problematischen Fragestellungen

Dem *Erbstatut* sind folgende Fragestellungen zugeordnet:[127] Kreis der Erbberechtigten, Erbfähigkeit, Höhe der Erbquoten, Vorliegen von Pflichtteilsberechtigungen, Rechtsstellung der Erben, Ausgestaltung der Erbengemeinschaft, Umfang des Nachlasses, Haftung für Nachlassverbindlichkeiten, Erwerb und Verlust der Erbenstellung, Fragen der Nachlassverwaltung, Fragen der Testamentsvollstreckung, Regelung der Vor- und Nacherbschaft, Vermächtnisanordnungen.

Dem *Gesellschaftsstatut* unterstehen die Fragen nach:[128] Außen- oder Innenverhältnis, Gründung und Auflösung, Rechts- Geschäfts- und Handlungsfähigkeit, Verfassung und die daraus erwachsende Rechtsstellung von Organen und Mitgliedern, Haftung der Organe, Durchgriffshaftung.

Überschneidungen scheinen möglich bei: Nachlasszugehörigkeit, Pflichtteilsrecht, Bestehen einer Miterbengemeinschaft, Einschaltung eines Zwischenerwerbers und Testamentsvollstreckung, Vor- und Nacherbschaft.

(1) Nachlasszugehörigkeit Die aufgeworfene Rechtsfrage, der Gegenstand der Qualifikation, lautet hier aus gesellschaftsrechtlicher Perspektive: Was geschieht beim Tod eines Mitgesellschafters mit dessen Anteil? Aus erbrechtlicher Sicht hingegen wäre die Frage: Fällt der Anteil in den Nachlass? Dabei käme es nicht auf dessen gesellschaftsrechtliche Gebundenheit an. Würde die Frage dem Anknüpfungsgegenstand der Rechtsnachfolge von Todes wegen zugeordnet, würde ihr spezifischer, gesellschaftsrechtlicher Gehalt außer Acht gelassen.

Das Erbstatut bestimmt grundsätzlich den Umfang des Nachlasses. Damit ist jedoch nicht gesagt, dass es für jeden einzelnen Vermögenswert, der dem Erblasser zugeordnet werden kann, bestimmt, ob er in den Nachlass fallen kann oder nicht. Das Erbstatut kann nur abstrakt bestimmen, welche Vermögenswerte – soweit sie zu Verfügung stehen – in den Nachlass fallen und somit den theoretischen Nachlassumfang bestimmen.

Es handelt sich nicht um eine Vorfragenproblematik, da sich die Frage nach dem Umfang des Nachlasses nicht nach dem Auffinden des maßgeblichen Erbstatuts stellt, sondern vom gleichzeitig berufenen Gesellschaftsstatut geklärt wird.[129] Nur dieses kann die Gesellschafterstellung überhaupt vererblich stellen. Das Gesellschaftsstatut ist näher dran, da es sich letztlich um eine mitgliedschaftliche Frage handelt. Deshalb können die Gesellschaftsanteile nicht mit den anderen potentiellen Nachlassge-

---

[127] Zusammenfassung Hk-BGB/Staudinger, Art. 25 EGBGB Rn. 4 ff. m. w. Nachw.
[128] Zusammenfassung Hk-BGB/Staudinger, Anh Art. 7 EGBGB Rn. 1 m. w. Nachw.
[129] Siehe bereits oben, Kapitel IV.2.b)cc).

genständen verglichen werden. Bei diesen kann die Nachlasszugehörigkeit ohne Interessenkonflikt mit einem gleichrangigen Gesamtstatut im Wege der Vorfrage entschieden werden.[130]

Eine Präzisierung des Qualifikationsgegenstands und die Auslegung der Anknüpfungsgegenstände ergibt somit, dass das Gesellschaftsstatut darüber bestimmt, ob die Gesellschafterstellung als solche in den Nachlass fällt. Aus dem gleichen Grund wird auch die Frage, ob nur ein Abfindungs- oder Ausgleichsanspruch in den Nachlass fällt, durch das Gesellschaftsstatut beantwortet.[131] Das Erbstatut kann hierauf keinen Einfluss nehmen, weil die Qualifikation das Gesellschaftsstatut berufen hat und der Regelungsgedanke des Erbrechts somit nicht von Belang ist.

(2) Pflichtteilsrecht   Ob einem Nichterben aufgrund seiner persönlichen Verbindung zum Erblasser eine Mindestbeteiligung am Nachlass zusteht, ist eine erbrechtliche Fragestellung. Zudem ist, wie bereits aufgezeigt, auch die Frage nach dem Umfang des Nachlasses erbrechtlicher Natur. Das könnte zu der Annahme verleiten, dass das Pflichtteilsrecht insgesamt dem Erbstatut zu unterstellen ist. Wie ebenfalls bereits ausgeführt, unterliegt jedoch die Entscheidung, ob jeder der einzelnen Vermögenswerte des Erblassers unterschiedslos in den Nachlass fällt, nicht unbedingt allein dem Erbstatut. Handelt es sich bei dem Vermögenswert um eine Beteiligung an einer Gesellschaft, greift der gesellschaftsrechtliche Regelungsvorrang. Der Gesellschaftsanteil fällt schon gar nicht in den Nachlass.

Kommt deutsches Gesellschaftsrecht zur Anwendung gilt: Wird die Gesellschaft unter Ausschluss der Erben nur unter den überlebenden Gesellschaftern fortgesetzt, entsteht in der Regel ein *Abfindungsanspruch* gegen die Gesellschafter, denen der Anteil des Verstorbenen anwächst.[132] Da das Gesellschaftsstatut bestimmt, ob die Gesellschafterstellung als solche in den Nachlass fällt, entscheidet es auch darüber, ob ein Abfindungsanspruch entsteht. Dass sich der Abfindungsanspruch gegen die verbleibenden Gesellschafter richtet, zeigt bereits seine Nähe zum Gesellschaftsstatut. Der freigegebene Vermögenswert fällt in den Nachlass und wird nach Maßgabe des Erbstatuts unter den Erbberechtigten verteilt.[133] Ob ein gesellschaftsrechtlich wirksam *ausgeschlossener Abfindungsanspruch* hingegen bei der Berechnung des Pflichtteilsanspruchs zu berücksichtigen ist, entscheidet das Erbstatut. Denn hier geht es nicht mehr um eine ge-

---

[130] Siehe Palandt/Heldrich, Art. 25 EGBGB Rn. 17 m. w. Nachw. aus der Rspr.; Hk-BGB/Staudinger, Art. 25 EGBGB Rn. 4, 9.
[131] Von Oertzen, IPRax 1994, 73 (74); dazu sogleich.
[132] Palandt/Edenhofer, § 1922 BGB Rn. 15.
[133] Dörner, IPRax 2004, 519 (520).

sellschaftsrechtliche Beteiligung an den Vermögenswerten des Erblassers, sondern nur noch um eine vermögensrechtliche. Pflichtteilsschuldner ist der Erbe, bzw. sind die Erben. Nach deutschem Erbrecht besteht im Falle des wirksam ausgeschlossenen Abfindungsanspruchs auch kein Pflichtteilsanspruch, da sich der Pflichtteil gem. §§ 2303, 2311 BGB nach dem Wert des gesetzlichen Erbteils berechnet.[134]

Entsteht bei der Vererbung von Anteilen an einer ausländischen Gesellschaft ein gesellschaftsrechtlich zu qualifizierender Abfindungsanspruch (oder ähnliches), wird auch dieser nach dem maßgeblichen Erbstatut verteilt. Ist ein solcher Abfindungsanspruch gesellschaftsrechtlich wirksam ausgeschlossen, kann das Erbstatut, wenn es danach befragt wird, ob trotzdem eine Beteiligung an den entgangenen Vermögenswerten im Wege eines Pflichtteilsrechts (oder ähnlicher Konstrukte) gewährt werden kann, das nur bejahen, wenn die entsprechenden Vermögenswerte dem Nachlass auch zugerechnet werden können. Im Falle der Anwendung deutschen Erbstatuts auf ausländische Gesellschaftsanteile scheitert das daran, dass der Gesellschaftsanteil nach deutschem IPR bereits gar nicht in den Nachlass fällt und somit bei der Ermittlung des Werts des Nachlasses nicht berücksichtigt werden kann. Dementsprechend kann auf der anderen Seite auch ein ausländisches Erbstatut Pflichtteilsansprüche oder ähnliches ausschließen.[135]

Ausgleichsansprüche, die im deutschen Recht entstehen können, wenn bei Vorliegen einer qualifizierten Nachfolgeklausel einzelne Erben nicht beteiligt werden, sind erbrechtlicher Natur.[136] Sie richten sich gegen den Erben, der den Gesellschaftsanteil erhält, was schon auf ihre Nähe zum Erbstatut hindeutet. Im deutschen Recht gilt, dass der Ausschluss jeglichen Ausgleichs zwar nach Gesellschaftsrecht, aber nicht nach Erbrecht möglich ist, da das Pflichtteilsrecht die Grenze bildet.[137] Da – im Hinblick auf einzelne Erben – Vermögenswerte vom Gesellschaftsstatut freigegeben

---

[134] Palandt/Heldrich, § 2311 BGB Rn. 10; MünchKommBGB/Lange, § 2311 Rn. 32; ausführlich Staudinger/Haas, § 2311 BGB (2006), Rn. 95 ff.

[135] Im Übrigen fällt die Versagung des Pflichtteilsanspruchs nach h. M. nicht unter den ordre public gem. Art. 6 EGBGB, Palandt/Heldrich, § 6 EGBGB Rn. 30; Soergel/Schurig, Art. 25 EGBGB Rn. 104; differenzierend Staudinger/Dörner, Art 25 EGBGB (2007), Rn. 731; a. A. (wenn der Betreffende deshalb der deutschen Sozialhilfe zur Last fällt) MünchKommBGB/Birk, Art. 25 EGBGB Rn. 113; ähnlich Bamberger/Roth/Lorenz, Art. 25 EGBGB Rn. 59 (wenn die betreffende Person minderjährig oder bedürftig ist und die fehlende erbrechtliche Versorgung nicht unterhaltsrechtlich ausgeglichen wird) unter Hinweis auf BVerfG, Beschluss vom 19. April 2005 – 1 BvR 1644/00 = ZEV 2005, 301; für eine Ausweitung dieser Fallgruppen auf die Fälle fraudulöser Vermögensverschiebungen Gruber, ZEV 2001, 463 (468 f.).

[136] Staudinger/Dörner, Art. 25 EGBGB (2007), Rn. 65.

[137] Palandt/Edenhofer, § 1922 BGB Rn. 17; Baumbach/Hopt, § 139 HGB Rn. 18.

wurden und durch das Erbstatut auf diese einzelnen Erben übertragen
wurden, können diese Werte auch im Hinblick auf die anderen Erben
vermögensmäßig berücksichtigt werden.[138]

Stehen den übergangenen Angehörigen nach dem (aus deutscher Sicht
fremden) Erbstatut echte Noterbenrechte zu, kann eventuell das der Nachfolgeklausel zugrunde liegende Rechtsverhältnis (z. B. Schenkung von Todes wegen oder Vermächtnis) auch durch „Herabsetzungsklage" angefoch-
ten werden und ein Rückübertragungsanspruch an dem Gesellschaftsanteil
begründet werden.[139] Es handelt sich dann um einen rein erbrechtlichen
Vorgang.

(3) Miterbengemeinschaft Mehrere Erben bilden nach deutschem
Recht eine Miterbengemeinschaft, eine Form der Gesamthand. Theore-
tisch möglich und in anderen Rechtsordnungen auch so geregelt, wäre
auch die Rechtsform der Bruchteilsgemeinschaft. Diese innere Struktur
wird durch das Erbstatut geregelt.[140]

Die Erbengemeinschaft in Form der Gesamthand als Rechtsträger kommt
aber, nach dem oben Gesagten, nur für Vermögensgegenstände in Betracht, die für eine Verteilung durch das Erbstatut zur Verfügung stehen. Die Frage der inneren Ausgestaltung der Erbengemeinschaft stellt
zwar unmittelbar keinen Vermögensgegenstand dar. Mittelbar ist die Frage der direkten oder indirekten Beteiligung am Nachlass jedoch als Annex der einzelnen Vermögenspositionen zu sehen. Berücksichtigt werden
muss auch, dass bei einem Abwägen der gesellschafts- und der erbrechtlichen Interessen, das Fortbestehen einer werbenden Gesellschaft Vorrang
vor den Interessen einer Liquidationsgemeinschaft hat. Daher ist es vorzugswürdig, das Gesellschaftsstatut auch darüber entscheiden zu lassen,
in welcher Form die Vermögensgegenstände, also die Gesellschaftsanteile, zur Verteilung durch das Erbstatut zur Verfügung stehen. Überließe
man die innere Ausgestaltung dem Erbstatut, ließe man einen wesentlichen Unterschied zu den sonstigen Vermögensgegenständen des Nachlasses unberücksichtigt: Für den Gesellschaftsanteil existiert möglicherweise

---

[138] Zu den Versuchen, diesen Ausgleich im deutschen Recht dogmatisch zu begründen,
siehe die Nachweise bei Staudinger/Marotzke, § 1922 BGB (2000), Rn. 183 f. Miss-
verständlich ist es m.E., die Frage, ob überhaupt eine *Ausgleichspflicht* besteht, dem
Gesellschaftsstatut zuzuordnen, vgl. MünchKommBGB/Birk, Art. 25 EGBGB Rn. 186.
Denn das Gesellschaftsstatut entscheidet darüber eben nur mittelbar dadurch, dass es
eine qualifizierte Nachfolge zulässt und Vermögenswerte freigibt, die dann durch das
Erbstatut übertragen werden.
[139] Handbuch Pflichtteilsrecht/Süß, S. 711 Rn. 216 mit einem Beispiel aus dem belgi-
schen Erbrecht.
[140] MünchKommBGB/Birk, Art. 25 EGBGB Rn. 247.

ein anderes Haftungsregime als für den Erbteil. Innerhalb des deutschen Rechts wurde mit diesem Argument auch die Sondererbfolge in Personengesellschaftsanteile begründet.[141]

Die Struktur der Erbengemeinschaft, bzw. der Anknüpfungsgegenstand der Rechtsnachfolge von Todes wegen, muss hier aufgrund einer Interessenabwägung sehr weit vor der gesellschaftsrechtlichen Struktur zurückweichen. Die Ausgestaltung des Verhältnisses mehrerer Erben untereinander richtet sich demnach für den Gesellschaftsanteil nach dem Gesellschaftsstatut.[142] Lässt dieses eine gesamthänderische Struktur, wie sie das deutsche Recht kennt, als Trägerin des Gesellschaftsanteils zu, wird der Gesellschaftsanteil bei deutschem Erbstatut Teil des Gesamthandvermögens. Kommt nur eine Nachfolge einzelner Personen in Betracht, scheiden die Anteile aus dem Gesamthandvermögen, das den restlichen Nachlass bildet, aus.

(4) Testamentsvollstreckung und Zwischenerwerber Die Anordnung der Testamentsvollstreckung wird zum Problem, wenn Anteile an fremden Gesellschaften nach deutschem Recht vererbt werden und das fremde Recht ein solches Institut nicht vorsieht, bzw. für den deutschen Gesellschaftsanteil eine Testamentsvollstreckung vorgesehen ist, die es nach dem fremden Erbrecht nicht gibt.[143] Spiegelbildlich ist es problematisch, wenn ein fremdes Gesellschaftsrecht den Erwerb durch einen Zwischenerwerber vorsieht und auf das hiesige Prinzip der Universalsukzession trifft, oder ein deutscher Gesellschaftsanteil zunächst auf einen Nichterben als Zwischenerwerber übergehen soll.

Bei der Anwendung von deutschem Erbrecht und fremdem Gesellschaftsrecht gilt für die Testamentsvollstreckung: Die Testamentsvollstreckung richtet sich im Grundsatz nach dem Erbstatut.[144] Doch auch hier ist das zur Miterbengemeinschaft Gesagte zu berücksichtigen: Welche Gegenstände einer Testamentsvollstreckung unterliegen können, entscheidet

---

[141] Brox, ErbR, S. 456 Rn 790.

[142] Ebenroth, ErbR, S. 868 Rn. 1281.

[143] Bereits innerhalb des deutschen Rechts ist die Ausgestaltung der Testamentsvollstreckung an Personengesellschaftsanteilen umstritten, s. hierzu K. Schmidt, GesR, S. 1350 ff; MAH Erbrecht/Lorz, S. 649 Rn. 199 ff. – vertreten werden hier die *Testamentsvollstreckerlösung*, nach der eine Beschränkung der eingegangenen Verbindlichkeiten auf den Nachlass möglich ist, die *Vollmachtslösung*, nach der der Erbe den Testamentsvollstrecker zunächst bevollmächtigen muss, was der Erblasser zur Auflage oder Bedingung machen sollte und die *Treuhandslösung*, nach der der Testamentsvollstrecker die Position eines Treuhänders einnimmt, s. auch Palandt/Edenhofer, § 2205 Rn. 12.

[144] MünchKommBGB/Birk, Art. 26 EGBGB Rn. 113.

das Gesellschaftsstatut. Die Interessen der werbenden Gemeinschaft überwiegen wiederum gegenüber den Interessen der Liquidationsgemeinschaft. Das widerspricht auch nicht dem Erblasserwillen, der zwar einerseits die Testamentsvollstreckung angeordnet hat, aber andererseits auch gesellschaftsrechtliche Verpflichtungen eingegangen ist. Letztlich ist er es, der es versäumt hat, die auftretenden Probleme bei der Nachlassplanung zu berücksichtigen. Welches Recht der Testamentsvollstrecker in welcher Weise gesellschaftsrechtskonform ausüben kann, bestimmt das Gesellschaftsstatut, alles andere verbleibt beim Erbstatut.[145]

Bei der Anwendung fremden Gesellschaftsrechts und deutschen Erbrechts gilt bei Einschaltung eines Zwischenerwerbers: Das Erbstatut kann sich der Nachlassgegenstände nur so annehmen, wie sie ihm durch das Gesellschaftsstatut zur Verfügung gestellt werden. Ist im Gesellschaftsstatut eine enge Verzahnung mit dem Institut des Zwischenerwerbs beim Tod des Anteilsinhabers vorgesehen, kann das nicht durch das Erbstatut ignoriert werden.

Gilt deutsches Gesellschaftsrecht und fremdes Erbrecht, läuft eine gesellschaftsvertragliche Regelung, die auf eine Testamentsvollstreckung abzielt, ins Leere, wenn das ausländische Erbrecht sie nicht akzeptiert bzw. sie sich nicht im Wege der Anpassung in ein Institut des ausländischen Rechts übersetzen lässt, das dann nach dem fremden Erbrecht auch berufen sein muss.

Bei der Anwendung fremden Erb- und deutschen Gesellschaftsrechts gilt für den Zwischenerwerber: Der deutsche Gesellschaftsanteil geht auf denjenigen über, den das Erbstatut als Rechtsträger für den Nachlass benennt. Ist das ein Zwischenerwerber, gilt das genauso.[146] Da deutsches Erbrecht nicht zur Anwendung kommt, können dessen Regelungsvorstellungen auch nicht auf den ausländischen Erbgang Einfluss nehmen. Dass die Zwischenperson nicht Erbe im Sinne des deutschen Rechts ist, sondern meist die Aufgabe hat, Nachlassschulden zu begleichen und den Nachlass zu verteilen, spielt insoweit daher keine Rolle. Da das Gesellschaftsrecht über die Vererblichstellung des Gesellschaftsanteils und den Personenkreis entscheidet, der den Anteil übernehmen kann, wird den Mitgesellschaftern auch keine fremde Person aufgedrängt. Folgt man dem nicht, muss man versuchen, im Bereich der Nachlassabwicklung ein System wie etwa das der *administration* vieler angloamerikanischer Rechtskreise, in das deutsche Recht zu übersetzen.[147] Dabei wird die Handlungsbefugnis eines

---

[145] Schurig, IPRax 2001, 446 (448).
[146] Grundlegend Gottheiner, RabelsZ 21 (1956), 36 (45).
[147] Zur Behandlung der angloamerikanischen *administration* ausführlich Berenbrok, Internationale Nachlassabwicklung, S. 177 ff.

personal representative für den im Inland belegenen Nachlass entweder anerkannt, oder, der Abspaltung der Fragen des Erbgangs vom allgemeinen Erbstatut[148] folgend, abgelehnt. Ein Gesellschaftsanteil unterliegt (falls das Gesellschaftsstatut das zulässt) dann eventuell einer Testamentsvollstreckung, die die Einschränkungen des deutschen Rechts, beispielsweise für die Testamentsvollstreckung an Personengesellschaftsanteilen, zu beachten hat.[149]

(5) Vor- und Nacherbschaft Die Zulässigkeit der Einsetzung eines Nacherben richtet sich nach dem Erbstatut.[150] Soweit dieses die Vor- und Nacherbschaft zulässt, wie das deutsche Recht in §§ 2100 ff. BGB, stellt sich die Frage, wie sich diese Konstruktion auswirkt, wenn sie auf ein ausländisches Gesellschaftsstatut trifft, dem sie unbekannt ist.

Die Beschränkungen, denen der Vorerbe unterliegt, müssen vom Gesellschaftsstatut akzeptiert werden, um wirksam zu sein. Es handelt sich wie bei der Testamentsvollstreckung um eine Art der „Belastung" des Gesellschaftsanteils, die sich nach dem für diesen maßgeblichen Recht richtet. Widerspricht die Beschränkung dem für die Gesellschaft maßgeblichen Recht, ist sie wirkungslos.

3. Zusammenfassung

Die Qualifikationslösung, also die Zuordnung der Fragestellungen zu dem einzelnen Anknüpfungsgegenstand des IPR und die Differenzierung innerhalb der problematischen Fälle, ergibt ein Bild, das dem Ergebnis der herrschenden Meinung entspricht: Was vererbt wird entscheidet das Gesellschaftsstatut, wer Erbe wird, das Erbstatut.[151]

Damit ist eine Lösung gefunden, die über den Einzelfall hinaus Geltung beansprucht.[152] Die konkreten Qualifikationsfragen können anhand dieser formalen Kriterien im Einzelfall gelöst werden.[153] Bei den umstrittenen Fällen beurteilt sich im Einzelnen nach dem Gesellschaftsstatut, ob die

---

[148] Siehe dazu Kapitel III.3.b).

[149] Von Oertzen, IPRax 1994, 73 (76 ff.).

[150] MünchKommBGB/Birk, Art. 26 EGBGB Rn. 110.

[151] Dieses Ergebnis gilt kongruent auch im Bereich des materiellen deutschen Rechts bei der Vererbung von Anteilen an deutschen Personengesellschaften: Das Gesellschaftsrecht gestaltet die Mitgliedschaft vererblich, das Erbrecht regelt den Rechtsübergang, siehe Fn. 39.

[152] Vgl. Gamillscheg, in: Vorschläge und Gutachten zur Reform des deutschen internationalen Personen- Familien und Erbrechts, S. 245 (249).

[153] Vgl. Soergel/Kegel, Vor Art. 3 EGBGB, Rn. 124.

Gesellschafterstellung vererblich ist, oder ob es zur Auflösung der Gesellschaft kommt, ob Fortsetzungs-, Eintritts- oder Nachfolgeklauseln zulässig sind, ob eine Sondererbfolge stattfindet und ob und mit welchem Umfang eine Testamentsvollstreckung zulässig ist.[154]

Durch die differenzierte Zuordnung der Regelungsbereiche, die in die Gesellschaftsstruktur eingreifen können zu dem jeweiligen Gesellschaftsstatut, werden auch Widersprüche zur Rechtsprechung des EuGH zur Niederlassungsfreiheit vermieden. Ließe man ausschließlich das Recht des Erbstatuts über alle Fragen entscheiden, die auch gesellschaftsrechtlicher Natur sind, würde eine ausländische Gesellschaft in ein Korsett des nationalen Rechts gezwängt werden. Das würde jedoch bedeuten, dass nicht die Regeln, die der Gesellschaft durch das Gründungsrecht mitgegeben werden, zum Tragen kommen. Auch aus europarechtlicher Sicht scheint eine differenzierende Qualifikation daher geboten.

---

[154] Zusammenfassend Palandt/Heldrich, Art. 25 EGBGB, Rn. 15.

V. Englische Gesellschaften im Erbfall

1. Einführung

Als Ergebnis der bisherigen Untersuchungen kann festgehalten werden, dass das Erbstatut in der Ausgangskonstellation das deutsche Recht und das Gesellschaftsstatut das englische Recht ist. Jedes dieser Statute ist für eine bestimmte Fragestellung berufen. Aufgrund dieser Ergebnisse könnte man versucht sein, an dieser Stelle das Augenmerk ausschließlich auf das englische (internationale) Gesellschaftsrecht zu richten, wenn die Frage zu beantworten ist, wie Anteile an englischen Gesellschaften im Falle des Todes eines Gesellschafters zu behandeln sind.

Bei dieser Vorgehensweise würde man aber ausblenden, dass die Qualifikation – sowohl die funktionale als auch die nach der lex fori – eine Einordnung der ausländischen Rechtsfiguren in die Begriffe und Abgrenzungen des *deutschen* Kollisionsrechts enthält. Dabei enthält die funktionale Qualifikation einen Ausblick auf das fremde Recht und stellt sicher, dass die Zuordnung zu dem hiesigen Anknüpfungsgegenstand nicht inkompatibel mit dem jeweiligen ausländischen Recht ist. Ist mit anderen Worten im ersten Schritt der Qualifikation eine Zuordnung zu einem deutschen Anknüpfungsgegenstand vorgenommen worden und ist im zweiten Schritt die möglicherweise zur Anwendung kommende fremde Sachnorm bestimmt, ist im dritten Schritt zu überprüfen, ob diese auch unter den deutschen Anknüpfungsgegenstand fallen kann.

Erfolgt als Ergebnis einer nach dem deutschen Recht vorgenommenen Qualifikation demnach eine Zuordnung von Problemkreisen zum Erbstatut oder zum Gesellschaftsstatut, umfasst das auch Fragen, die in dem jeweiligen ausländischen Recht eventuell dem jeweils anderen Statut zugeordnet wären. Wenn das Ergebnis der Abgrenzung von Erb- und Gesellschaftsstatut im deutschen Kollisionsrecht also lautet, dass die Frage, was vererbt wird, durch das Gesellschaftsstatut gelöst wird und die Frage, wie der Erbgang vor sich geht, durch das Erbstatut beantwortet wird, kann es trotzdem sein, dass auch englisches materielles Sachrecht zur Beantwortung der Frage, was eigentlich vererbt wird, herangezogen werden muss. Denn die Abgrenzung der Statute muss im englischen Recht nicht dieselbe sein wie im deutschen und kann trotzdem funktional adäquat einem deutschen Anknüpfungsgegenstand zugeordnet werden.

Die folgende Darstellung soll einen Überblick über das englische Gesellschafts- und Erbrecht geben, soweit das nötig ist, um das Ineinandergreifen der deutschen und englischen Regeln zu klären.

2. Überblick über das englische (internationale) Erbrecht und Gesellschaftsrecht

a) Interlokales Privatrecht

Bereits bei der Bestimmung des anwendbaren Rechts stößt man auf einige Besonderheiten des *Common-Law*-Rechtskreises. Das Recht des Vereinigten Königreichs weist keine interlokalen Anknüpfungsregeln auf, die zur Bestimmung der maßgeblichen Teilrechtsordnung (England und Wales, Schottland oder Nordirland) herangezogen werden könnten. Die Rechtszersplitterung in Teilrechtsordnungen setzt sich mit anderen Worten im Kollisionsrecht fort. Das gilt auch für das Gebiet des materiellen Erbrechts und des Erbkollisionsrechts.[1] Aus deutscher Sicht ist zur Ermittlung der maßgeblichen Teilrechtsordnung eine Unteranknüpfung nach Art. 4 Abs. 3 S. 2 EGBGB vorzunehmen.[2] Durch diese Unteranknüpfung ist zunächst das lokale IPR der jew. Teilrechtsordnung (z. B. das jew. Erbkollisionsrecht) zu bestimmen.[3] Dieses bestimmt dann das anwendbare Sachrecht. Nach Art. 4 Abs. 3 S. 2 EGBGB ist diejenige Teilrechtsordnung anzuwenden, mit welcher der Sachverhalt am engsten verbunden ist. Der somit relevant werdende Begriff der engsten Verbindung ist als Begriff des deutschen IPR zu definieren.[4] Denn das Recht des Gesamtstaats, auf das ursprünglich verwiesen werden sollte, bietet ja keine eigenen Kriterien zur Ermittlung der maßgeblichen Teilrechtsordnung an.[5] Die engste Verbindung besteht in der Regel zu der Teilrechtsordnung, in der der Erblasser seinen letzten gewöhnlichen Aufenthalt hatte.[6] Lag zu keiner Zeit ein gewöhnlicher Aufenthalt in einer der Teilrechtsordnungen vor, müssen andere Kriterien zur Bestimmung der engsten Verbindung herangezogen werden. Das wird in Fällen, in denen aus europäischen Staaten heraus Gesellschaften in Großbritan-

---

[1] Staudinger/Dörner, Anhang zu Art 25 und 26 EGBGB: Ausländische Rechte (2007), Rn. 280.

[2] Staudinger/Dörner, Anhang zu Art. 25 und 26 EGBGB: Ausländische Rechte (2007), Rn. 280.

[3] Palandt/Heldrich, Art. 4 EGBGB Rn. 14.

[4] MünchKommBGB/Sonnenberger, Art. 4 EGBGB Rn. 100.

[5] Von Bar/Mankowski, IPR I, S. 314 Rn. 157.

[6] MünchKommBGB/Sonnenberger, Art. 4 EGBGB Rn. 103; Staudinger/Dörner, Anhang zu Art. 25 und 26 EGBGB: Ausländische Rechte (2007), Rn. 280.

nien gegründet werden, um sie im Heimatstaat als Gesellschaft fremden Rechts zu nutzen, häufig der Fall sein. Bei Fehlen sonstiger Verbindungen können auch Merkmale sozialer oder beruflicher Art zur Bestimmung der engsten Verbindung herangezogen werden.[7] Im vorliegenden Zusammenhang bietet sich die gesellschaftliche Bindung des Erblassers an. Dieses Kriterium ist auch in der Lage, die gesellschaftsrechtliche Sichtweise mit der erbrechtlichen in Einklang zu bringen. Die Frage, ob ein Sachverhalt, der an der Schnittstelle zwischen Erbrecht und Gesellschaftsrecht angesiedelt ist, enger mit dem Erblasser oder der Gesellschaft, an der er Anteile hält, verbunden ist, stellt sich dann gar nicht. Die gesellschaftliche Bindung verknüpft beide Perspektiven. Die gemäß Art. 4 Abs. 3 S. 2 EGBGB zu bestimmende engste Verbindung besteht im Zusammenhang mit der Vererbung von Anteilen an englischen Gesellschaften daher mit der Teilrechtsordnung des Orts, an dem sich die gesellschaftsrechtlichen Bindungen des Erblassers manifestieren. Das ist infolge der aus Art. 43, 48 EG folgenden Niederlassungsfreiheit der Ort, an dem die Gesellschaft gegründet wurde. Setzt die Gründung der Gesellschaft die Eintragung in ein Register voraus, ist dieser Ort der maßgebliche Gründungsort und seine Lage bestimmt die maßgebliche Teilrechtsordnung.

The Registrar of Companies des *Companies House*, bei dem die Eintragungen für englische und walisische Gesellschaften vorzunehmen sind, befindet sich in Cardiff CF14 3UZ, Crown Way.[8] Da die Masse der von Deutschland aus in Großbritannien gegründeten Gesellschaften in Cardiff eingetragen werden dürfte, behandelt die anschließende Darstellung den Rechtszustand in England und Wales.[9]

b) Das englische (internationale) Erbrecht

Eine einheitliche Kodifikation des englischen Erb- und Erbkollisionsrechts existiert – typischerweise für ein *Common-Law*-Rechtssystem – nicht.[10] Erbrechtliche Fragen werden berührt im *Wills Act 1837*, im *Administrati-*

---

[7] Bungert, IPRax 1993, 10 (17) mit einem Beispiel zum US-amerikanischen Recht.

[8] Im Internet unter www.companieshouse.gov.uk. Für schottische Gesellschaften befindet sich *The Registrar of Companies* des *Companies House* in Edinburgh EH1 2EB, 37 Castle Terrace.

[9] Im Folgenden als „England" bezeichnet.

[10] Ein aktueller deutschsprachiger Überblick über das Erbrecht von England und Wales findet sich zur Einführung in der Aufsatzreihe von Nöcker, ZErb 2004, 122, ZErb 2004, 342 und ZErb 2005, 17. Siehe auch die Länderberichte Großbritannien bei Süß/Odersky, Erbrecht in Europa, S. 719 ff. (England und Wales); AnwaltkommBGB/Odersky, Band 5 (Erbrecht), S. 1523 ff. und Staudinger/Dörner, Anhang zu Art. 25 und 26 EGBGB: Ausländische Rechte (2007), Rn. 279 ff. Weiterführendes englisches Schrifttum ist im Folgenden jeweils in den Fußnoten nachgewiesen.

on of Estates Act 1925 (AEA 1925) in der Fassung des *Intestates' Estates Act 1952,* im *Inheritance (Provision for Family and Dependants) Act 1975* und im *Wills Act 1963.*[11]

aa) Die Unterscheidung zwischen Erbfolge und Erbschaftsverwaltung

Das englische Erbkollisionsrecht unterscheidet zwischen der Erbschaftsverwaltung oder Erbschaftsabwicklung (*administration*) und der eigentlichen Erbfolge (*succession*).[12] Die *administration* des Nachlasses richtet sich nach der lex fori.[13] Dabei ist darunter diejenige lex fori des Landes zu verstehen, von dem die Person, die die *administration* ausführt, dazu autorisiert worden ist.[14] Für die *succession* hingegen gilt der Grundsatz der Unterscheidung in bewegliches und unbewegliches Vermögen, der weitere, unten dargestellte Differenzierungen erforderlich macht.[15]

Unter den Begriff der *administration* fallen das Sammeln des Nachlasses und im weiteren Sinne die Begleichung der Nachlassverbindlichkeiten.[16] Diese Aufgaben umfassen die Begleichung von Erblasserschulden[17], die Veräußerung von Nachlassgegenständen[18] und gegebenenfalls die Zahlung von Unterhalt an Minderjährige aus dem Nachlass[19]. Der Vorgang der Verteilung des bereinigten Nachlasses fällt in den Bereich der *succession*.[20] Dabei wiederum unterfallen die Mechanismen der Verteilung, mit anderen Worten die reinen Formalia, der lex fori.[21] Die Gegenausnahme hierzu

---

[11] Wichtige im Text zitierte, erbrechtliche und damit zusammenhängende Vorschriften des englischen Rechts, die nicht ohne weiteres im Internet erhältlich sind, sind abgedruckt im Anhang Gesetzestexte.

[12] Halsbury's Laws of England, Conflict of Laws, para 433; Wolff, Private International Law, S. 604; Odersky, Die Abwicklung deutsch-englischer Erbfälle, S. 56.

[13] In re Lorillard [1922] 2 Ch 638, 641; Graveson, Conflict of Laws, S. 514; Ferid/Firsching/Henrich, Internationales Erbrecht, Großbritannien, S. 5 Rn. 8.

[14] Siehe Dicey and Morris on The Conflict of Laws, Rule 126, S. 1016 Rn. 26R-030: *„The administration of a deceased person's assets is governed wholly by the law of the country from which the personal representative derives his authority to collect them."*

[15] Siehe Kapitel V.2.b)bb)aaa).

[16] Graveson, Conflict of Laws, S. 514; Pecher, Die internationale Erbschaftsverwaltung bei deutsch-englischen Erbfällen, S. 107; Odersky, ZEV 2000, 492.

[17] Beispielsweise in den Fällen Kloebe, Kannreuther v Geiselbrecht [1884] 28 ChD 175; Lorillard, Griffiths v Catforth [1922] 2 Ch 638, (CA).

[18] In dem Fall Wilks, Keefer v Wilks [1935] Ch 645, waren das z. B. Gesellschaftsanteile.

[19] Re Kehr (deceased), Martin v Foges [1951] 2 All ER 812 (ChD).

[20] Morris, The Conflict of Laws, S. 442 Rn. 17-001; Dicey and Morris on The Conflict of Laws, S. 1017, Rn. 26-033.

[21] Graveson, Conflict of Laws, S. 514; Pecher, Die internationale Erbschaftsverwaltung bei deutsch-englischen Erbfällen, S. 107.

bilden untergeordnete Fragen, wie etwa der Zeitpunkt und die Art und Weise der Verteilung des Reinnachlasses, die aus Praktikabilitätsgründen dem Bereich der *succession* zugeordnet werden, da sie mit der Verteilung eng zusammenhängen.[22] Unter den Begriff der *succession* fallen damit im Ergebnis die Pflichten der Verteilung des Nachlasses und die Bestimmung und Ausgestaltung der Erbenstellung.[23]

bb) Das IPR der Erbfolge

Zu der funktionalen Nachlassspaltung in *administration* und *succession* kommt eine weitere, territoriale Unterscheidung im Bereich der Erbfolge (*succession*) hinzu: Die gesetzliche Erbfolge an dem unbeweglichen Vermögen (*immovables*) richtet sich nach der lex rei sitae (*lex situs*).[24] Die gesetzliche Erbfolge an beweglichem Vermögen (*movables*) richtet sich, unabhängig von der Belegenheit der einzelnen Gegenstände, nach dem Personalstatut des Erblassers, also dem Recht des letzten Domizils (*domicile*) des Erblassers (*lex domicilii*).[25] Damit stellt sich zunächst die Frage, welches Recht über die Einordnung eines Gegenstandes als beweglich oder unbeweglich entscheidet. Wo es auf die Belegenheit ankommt, also bei der Vererbung von unbeweglichem Vermögen, ist das Recht zu

---

[22] Graveson, Conflict of Laws, S. 517. Ein Fall, in dem die Regeln der *administration* diejenigen der *succession* überlagern, ist Re Hewit, Lawson v Duncan [1891] 3 Ch 568.

[23] Graveson, Conflict of Laws, S. 517: „*The administrative duties of distribution and the correlative beneficial rights of succession (...).*“ Der Begriff der „Erbenstellung" meint hier die Frage, wer nach der Abwicklung etwas als testamentarisch oder gesetzlich Begünstigter aus dem Nachlass erhält, und ob dem Pflichtteilsrecht ähnliche gesetzliche Ansprüche bestehen, siehe AnwaltkommBGB/Odersky, Band 5 (Erbrecht), Länderbericht Großbritannien, Rn. 4.

[24] Das ist ständige Rechtsprechung, siehe Re Duncan v Lawson [1889] 41 ChD 394, 397; Pepin v Bruyère [1902] 1 Ch 24, 26 (CA); Re Miller, Bailie v Miller [1914] 1 Ch 511, 519; Re Berchtold, Berchtold v Capron [1923] 1 Ch 192, 199; Re Ross, Ross v Waterfield [1930] 1 Ch 377, 404; Re Duke of Wellington, Glentanar v Wellington [1947] 2 All ER 854, 857 f. (ChD); Philipson-Stow v IRC [1961] AC 727, 761; Re Collens, Royal Bank of Canada (London) Ltd v Krogh [1986] 1 All ER 611, 613 f. (ChD). Siehe auch Dicey and Morris on The Conflict of Laws, Rule 133, S. 1027, Rn. 27R-015; Morris, The Conflict of Laws, S. 448 Rn. 17-013.

[25] Das ist ständige Rechtsprechung, siehe Re Ewing v Orr Ewing [1883] 9 AppCas 34, 39 (HL) und [1885] 10 AppCas 453, 502 (HL); Re Trufort, Trafford v Blanc [1887] 36 ChD 600, 610; Duncan v Lawson [1889] 41 ChD 394, 397; Re Barnett's Trusts [1902] 1 Ch 847, 856; Re Bonnefoi, Surrey v Perrin [1912] P 233, 237 (CA); Re Berchtold, Berchtold v Capron [1923] 1 Ch 192, 199; Re Ross, Ross v Waterfield [1930] 1 Ch 377, 387; Re Duke of Wellington, Glentanar v Wellington [1947] 2 All ER 854, 857 (ChD); Philipson-Stow v IRC [1961] AC 727, 761; Re Collens, Royal Bank of Canada (London) Ltd v Krogh [1986] 1 All ER 611, 614, 616 (ChD). Siehe auch Dicey and Morris on The Conflict of Laws, Rule 132, S. 1026, Rn. 27R-010; Morris, The Conflict of Laws, S. 447 Rn. 17-012.

ermitteln, das darüber entscheidet, wo ein Gegenstand belegen ist. Bei der Vererbung von beweglichem Vermögen ist zu klären, nach welchen Kriterien das *domicile* des Erblassers zu ermitteln ist. Diese Regeln gelten grundsätzlich auch bei der gewillkürten Erbfolge. Die *Testierfähigkeit* beurteilt sich bei beweglichem Nachlass nach dem Domizilrecht des Erblassers im Zeitpunkt der Testamentserrichtung.[26] Bei unbeweglichem Vermögen entscheidet darüber wohl die lex rei sitae im Zeitpunkt des Todes.[27] Die *Formgültigkeit* des Testaments richtet sich nach dem *Wills Act 1963*, mit dem das Haager Testamentsformabkommen in Großbritannien umgesetzt wurde.[28]

aaa) Bewegliche und unbewegliche Gegenstände

Die Einordnung des Gegenstands als beweglich (*movables*) oder unbeweglich (*immovables*) wird dem jeweiligen Belegenheitsrecht (*lex situs*) überlassen.[29] Für in Deutschland belegenen Nachlass entscheidet somit das deutsche Recht, ob es sich um einen beweglichen oder unbeweglichen Gegenstand handelt. Befindet sich der Nachlass in England, wird die Abgrenzung nach englischem Recht vorgenommen.

Das englische Kollisionsrecht folgt bei dieser Unterscheidung, abweichend vom Sachrecht, einer natürlichen, international üblichen Einteilung in bewegliche und unbewegliche Gegenstände.[30] Zu den unbeweglichen Gegenständen zählen generell Rechte an Grundstücken. Das gilt zum einen für „Zahlungen aus dem Grundstück" wie Grundpfandrechte (*mortgages*), verdinglichte Pachtrechte nach englischem Recht (*leaseholds*) und Rentenschulden nach englischem Recht (*rentcharges*).[31] Weiter gelten auch

---

[26] In the Estate of Fuld (deceased) (No. 3) [1968] P 675, 696; Dicey and Morris on The Conflict of Laws, Rule 134, S. 1029 Rn. 27R-021.

[27] Siehe Dicey and Morris on The Conflict of Laws, S. 1030 Rn. 27-023, wo festgestellt wird, dass hierüber bislang noch nicht entschieden wurde. Vgl. auch Graveson, Conflict of Laws, S. 520 f.; Ferid/Firsching/Henrich, Internationales Erbrecht, Großbritannien, S. 9 Rn. 22.

[28] Haager Übereinkommen über das auf die Form letztwilliger Verfügungen anzuwendende Recht v. 05.10.1961, BGBl. 1965 II, S. 1145, abgedruckt und übersetzt bei Jayme/Hausmann, S. 142 Nr. 60. Ein Testament ist demnach formgültig errichtet, wenn es den Formerfordernissen des Rechts des Errichtungsortes, des Domizilortes oder des Ortes des gewöhnlichen Aufenthalts entspricht, oder dem Staatsangehörigkeitsrecht (jeweils entweder zum Zeitpunkt der Testamentserrichtung oder des Todes des Erblassers) oder bezüglich Immobilien dem Recht des Lageortes.

[29] Re Berchtold, Berchtold v Capron [1923] 1 Ch 192, 199; Dicey and Morris on The Conflict of Laws, Rule 111, S. 917 Rn. 22R-001; Morris, The Conflict of Laws, S. 394 Rn. 15-002; Cheshire and North, Private International Law, S. 780.

[30] Morris, The Conflict of Laws, S. 394 Rn. 15-002.

[31] Dicey and Morris on The Conflict of Laws, S. 920, Rn. 22-012.

„Zubehörstücke" wie die Eigentumsurkunde (*title deed*), eingebautes Inventar (*fixtures*), der Haustürschlüssel und der Fisch im Fischteich als unbewegliche Gegenstände.[32] Sonstige Forderungen, Rechte und Wertpapiere sind bewegliche Gegenstände. Beteiligungen an Gesellschaften werden grundsätzlich zu den *movables* gezählt, auch wenn das Gesellschaftsvermögen aus Grundstücken besteht.[33]

bbb) Belegenheit

Wenn die Einordnung eines Gegenstands als beweglich oder unbeweglich der lex rei sitae überlassen wird, muss auch bestimmt werden, wo der Gegenstand belegen ist. Aus englischer Sicht wird die Frage, wo ein Gegenstand belegen ist, nach der lex fori beantwortet.[34]

Nach englischem Recht gilt, dass Grundstücke und Rechte aus oder an Grundstücken in dem Land belegen sind, in dessen Grenzen sie sich befinden.[35] Einklagbare Forderungen (*choses in action*) befinden sich dort, wo sie eingeklagt und auch, etwa im Wege der Zwangsvollstreckung, durchgesetzt werden können.[36]

Grundstücke sind demnach aus englischer Sicht immer in dem Staat belegen, in dem sie sich befinden; es kommt nicht darauf an, wie dieser das selbst beurteilt. Auf Fragen, die ein in England befindliches Grundstück betreffen, findet also das englische Recht Anwendung, weil dieses ein Grundstück als unbeweglichen Gegenstand einordnet und der lex rei sitae unterwirft. Ein Grundstück innerhalb der deutschen Staatsgrenzen wird, da das deutsche Recht es zu den unbeweglichen Gegenständen zählt, nach deutschem Recht beurteilt.

---

[32] Cheshire and North, Private International Law, S. 780. Streitig ist die Einordnung der Kaufpreisforderung für ein Grundstück, siehe Dicey and Morris on The Conflict of Laws, S. 920, Rn. 22-013 m. w. Nachw. Zu den recht speziellen Besonderheiten bei Land, das von einem *trust for sale* gehalten wird siehe Dicey and Morris, a. a. O., S. 921 Rn. 22-014 f. und bei einer auf dem *Settled Land Act 1925* beruhenden Veräußerung siehe Dicey and Morris, a. a. O., S. 921 Rn. 22-016 ff.

[33] Ferid/Firsching/Henrich, Internationales Erbrecht, Großbritannien, S. 8 Rn. 17; Süß/Odersky, Erbrecht in Europa, S. 720 Rn. 3.

[34] Dicey and Morris on The Conflict of Laws, S. 924 Rn. 22-024. Siehe dazu auch Dicey and Morris on The Conflict of Laws, Rule 112, S. 923 Rn. 22R-023: „*The situs of things is determined as follows: (1) Choses in action generally are situate in the country where they are properly recoverable or can be enforced. (2) Land is situated in the country where it lies. (3) Subject to the exceptions hereinafter mentioned, a chattel is situate in the country where it is at any given time.*"

[35] Dicey and Morris on The Conflict of Laws, S. 935 Rn. 22-052.

[36] Alloway v Phillips [1980] 3 All ER 138 (CA); Dicey and Morris on The Conflict of Laws, S. 924 Rn. 22-025.

ccc) Domizilbegriff

Das Domizil (*domicile*) des Erblassers muß ermittelt werden, wenn bewegliche Gegenstände Teil des Nachlasses sind. Denn anders als bei unbeweglichen Gegenständen kommt es hier nicht auf die Belegenheit des Gegenstands, sondern auf das Personalstatut des Erblassers an.[37] Im Unterschied zum deutschen Recht, das in Art. 25 Abs. 1 EGBGB starr und dafür rechtssicher an die Staatsangehörigkeit des Erblassers im Zeitpunkt des Todes anknüpft, knüpft das englische Recht mit dem *domicile* an ein räumliches Kriterium an. Der Begriff des *domicile* ist schillernd. Es handelt sich um einen zentralen Begriff des englischen IPR insgesamt. Er kann nicht einfach mit dem letzten gewöhnlichen Aufenthalt oder dem Wohnsitz des Erblassers gleich gesetzt werden. Sinn und Zweck des Domizilbegriffs ist es, die Zugehörigkeit einer Person zu einem bestimmten Rechtssystem festzulegen.[38]

Das englische Recht unterscheidet drei Arten des *domicile*: (1) Das *domicile of origin*, (2) das *domicile of depency* und (3) das *domicile of choice*. Dabei kann jede Person nicht gleichzeitig mehr als ein *domicile* haben.[39] Sie kann aber auch zu keinem Zeitpunkt ohne *domicile* sein.[40] Die Beweislast für den Wechsel eines *domicile* trägt derjenige, der sich auf den Wechsel beruft; wird der Beweis nicht erbracht, wird das Fortbestehen des bisherigen *domicile* vermutet.[41]

(1) Das domicile of origin   Das *domicile of origin* wird unabhängig vom Ort der Geburt oder vom Wohnsitz oder dem tatsächlichen Aufenthalt der Eltern erlangt. Das eheliche Kind, das zu Lebzeiten des Vaters geboren wird, erhält mit der Geburt dessen aktuelles *domicile* als *domicile of origin*.[42] Das *domicile* des Vaters kann ein *domicile of choice* oder *of depency* sein, aber auch dessen eigenes *domicile of origin*, so dass die Weitergabe eines *domicile* über mehrere Generationen ohne sonstigen Bezug zum ursprünglichen *domicile* denkbar ist.[43] Ein Kind, dessen Vater vor

---

[37] Siehe oben Kapitel V.2.b)bb) (Nachw. in Fn. 25).

[38] Dicey and Morris on The Conflict of Laws, S. 109 Rn. 6-007; Cheshire and North, Private International Law, S. 140. Die Zuordnung zu einem Rechtssystem wird meist durch die Zuordnung zu einem Rechtsgebiet erreicht, siehe Dicey and Morris, a. a. O.

[39] Dicey and Morris on The Conflict of Laws, Rule 6, S. 111 Rn. 6R-013; Cheshire and North, Private International Law, S. 140.

[40] Dicey and Morris on The Conflict of Laws, Rule 5, S. 110 Rn. 6R-011; Cheshire and North, Private International Law, S. 140.

[41] Dicey and Morris on The Conflict of Laws, Rule 7, S. 112 Rn. 6R-017; Cheshire and North, Private International Law, S. 141. Eine Beweislastentscheidung liegt z. B. in dem Fall Winans v Attorney-General [1904] AC 287 vor.

[42] Dicey and Morris on The Conflict of Laws, Rule 9-(1)(a), S. 115 Rn. 6R-025.

[43] Dicey and Morris on The Conflict of Laws, S. 115 Rn. 6-027.

seiner Geburt verstorben ist oder ein uneheliches Kind erhält das *domicile* der Mutter.[44] Eine Änderung des *domicile of origin* kann – als einzige Möglichkeit – nur durch Adoption erfolgen.[45]

(2) Das domicile of depency Personen die unter elterlicher Sorge stehen oder der Betreuung bedürfen, leiten ihr *domicile of depency* von der Person ab, von der sie gesetzlich abhängen und ändern ihr *domicile* auch mit dieser Person.[46] So leiten eheliche Kinder ihr *domicile of depency* vom Vater ab.[47] Leben die Eltern getrennt und befindet sich das Kind bei der Mutter, ist deren *domicile* maßgeblich.[48] Ab dem 16. Lebensjahr sind Kinder in der Lage, ein unabhängiges *domicile* zu begründen.[49]

(3) Das domicile of choice Das *domicile of choice* ist schwieriger zu bestimmen als die beiden anderen Arten des *domicile*, da es weniger statisch ist. Es dürfte im vorliegenden Zusammenhang bei der Vererbung von Gesellschaftsanteilen jedoch meistens relevant werden. Das *domicile of choice* wird bestimmt durch eine Kombination der Merkmale des Aufenthalts (*residence*) und der Absicht (*intention*), diesen Aufenthalt dauerhaft oder unbegrenzt beizubehalten.[50] Das Merkmal der *residence* bedeutet kaum mehr als die physische Anwesenheit in einem Land als notwendige, aber nicht hinreichende Bedingung für die Begründung eines *domicile of choice*.[51] Bei der Bestimmung der *intention* treten die üblichen Schwierigkeiten der Ermittlung innerer Willensbildungsprozesse auf. Der Aufenthalt muss auf Dauer angelegt sein oder zumindest zeitlich unbegrenzt gewollt sein. Dieser Wille, auch *animus manendi* genannt, muss aber nicht explizit vorhanden sein. Das, auch unterschwellige, Bewusstsein, an einem Ort zu sein und diesen nicht verlassen zu wollen, reicht aus.[52] Es darf, anders herum ausgedrückt, kein sog. *animus revertendi*

---

[44] Dicey and Morris on The Conflict of Laws, Rule 9-(1)(b), S. 115 Rn. 6R-025. Bei einem Kind geschiedener Eltern bleibt es hingegen weiterhin beim *domicile* des Vaters, Dicey and Morris, a. a. O., S. 115 Rn. 6-028.

[45] Dicey and Morris on The Conflict of Laws, Rule 9-(2), S. 115 Rn. 6R-025.

[46] Dicey and Morris on The Conflict of Laws, Rule 14, S. 135 Rn. 6R-078.

[47] Dicey and Morris on The Conflict of Laws, Rule 15(1), S. 139 Rn. 6R-090.

[48] S. 4(2) *Domicile and Matrimonial Proceedings Act 1973*.

[49] S. 3(1) *Domicile and Matrimonial Proceedings Act 1973*. Diese Regel gilt auch für verheiratet Personen unter 16 Jahren, wenn eine Ehe in diesem Alter, beispielsweise durch das Heimatrecht dieser Person, erlaubt ist.

[50] Dicey and Morris on The Conflict of Laws, Rule 10, S. 117 Rn. 6R-033.

[51] Dicey and Morris on The Conflict of Laws, Rule 10, S. 117 Rn. 6R-034; Cheshire and North, Private International Law, S. 142.

[52] Nach Dicey and Morris on The Conflict of Laws, S. 119 Rn. 6-040, wird diese Form des *animus manendi* die Regel sein. Ein *animus manendi* liegt aber bereits dann nicht

vorliegen, also kein willentlicher Vorbehalt, irgendwann zum Ausgangsort
zurückzukehren (oder in ein drittes Land weiter zu ziehen). Ein solcher
Vorbehalt zurückzukehren, muss dann aber, um relevant zu werden, hinreichend konkretisiert sein.[53]

cc) Nachlassverwaltung

Das Prinzip der Universalsukzession, das im deutschen Recht seine Kodifikation in § 1922 BGB gefunden hat, ist dem angloamerikanischen Rechtskreis fremd. Die Erbschaft wird nicht direkt, sondern über einen Zwischenerwerber abgewickelt. Es findet notwendigerweise eine Art Nachlassverwaltung (*administration*) statt.[54] Der Erbe oder die Erben sind im
wesentlichen Zuwendungsempfänger (*beneficiaries*) des um die Nachlassverbindlichkeiten bereinigten Nachlasses. Die Begleichung der Verbindlichkeiten erfolgt durch einen oder mehrere Nachlassverwalter (*personal
representative*). Der *personal representative* kann dem Kreis der Zuwendungsempfänger angehören, muss das aber nicht.

aaa) Exkurs: Nachlassverwaltung und trust
Die Darstellung der obligatorischen Nachlassabwicklung durch einen Zwischenerwerber, der nur die Überschüsse des Nachlasses an einen Zuwendungsempfänger auskehrt, kann nicht ohne einen Seitenblick auf die Rechtsfigur des *trust* erfolgen. Ein *trust* ist eine sehr spezielle Rechtsfigur des

---

vor, wenn die Rückkehr, und sei es auch nur irgendwann in der Zukunft, intendiert
ist. In dem Fall Qureshi v. Qureshi [1971] 1 All ER 325, 337 ff (PDA), konnte der
Ehemann glaubhaft machen, dass er immer vor hatte, nach seinem Abschlusstest unabhängig vom Bestehen des Tests nach Pakistan zurückzukehren. In dem Fall Inland
Revenue Commissioners v Bullock [1976] 1 WLR 1178 (CA), wollte der Betroffene nach
Kanada zurückkehren, sollte er seine Frau überleben. In dem Fall Bowie (or Ramsay)
v Liverpool Royal Infirmary [1930] All ER Rep. 127 (HL), fehlte es bereits an dem
Willen, das bisherige *domicile* aufzugeben.

[53] Beispielsweise war in Re Furse (deceased) [1980] 3 All ER 838 (ChD) der nicht
weiter konkretisierte Wille ungenügend, an den Heimatort zurückzukehren, wenn sich
der Gesundheitszustand jemals derart verschlechtern sollte, dass die Landwirtschaft
aufgeben werden muss. Genauso wenig genügt die vage Hoffnung, zurückzukehren,
wenn man „sein Glück gemacht" hat, siehe Inland Revenue Commissioners v Bullock
[1976] 1 WLR 1178, 1186 (CA). Ebenso wenig genügt eine sentimentale Bindung an
das Geburtsland, verbunden mit dem Wunsch, die eigene Asche möge dort verstreut
werden, oder dass vielleicht der noch ungewisse Ruhestand dort verbracht werden soll,
Henderson v. Henderson [1965] 1 All ER 179, 183 (PDA).

[54] Ausnahmen gibt es nur für bestimmte Zahlungen aufgrund gesetzlicher Vorschriften
i. V. m. dem *Administration of Estates (Small Payments) Act 1965*. Aufgeführt sind
diese Vorschriften in s. 2 der *Administration of Estates (Small Payments) (Increase of
Limit) Order 1984*, SI 1984/539, die zugleich das Limit dieser Zahlungen auf £ 5 000
festlegt.

angloamerikanischen Rechtskreises. Das Eigentum des Errichters des *trust* (*trustor*) wird in das dem Treuhänder (*trustee*) zugewiesene formelle Eigentum (*legal title*) und das dem Begünstigten (*beneficiary*) zustehende Recht auf die Nutzungen der Sache, aufgespalten.[55] Im weiteren Sinne ist auch ein *personal representative* ein *trustee*, da er den Nachlass für einen Begünstigten hält.[56] Auch das Gesetz vertieft diesen Eindruck an verschiedenen Stellen.[57] Verwischt werden die Grenzen zwischen *personal representative* und *trustee* auch dadurch, dass die Nachlassverwaltung in ein *trust*-Verhältnis übergehen kann.[58] Aber die Nachlassverwaltung weist charakteristische Unterschiede zu einem *trust*-Verhältnis auf.[59] Ein *personal representative* hat andere Befugnisse als ein *trustee*. Beispielsweise kann einer von mehreren *personal representatives* Gegenstände aus dem Nachlass verpfänden, während mehrere *trustees* das nur gemeinschaftlich können.[60] Daraus resultieren wiederum andere Pflichten. Der *personal representative* ist dem Nachlass als ganzes verpflichtet und nicht dem Interesse der einzelnen Zuwendungsempfänger.[61] Der für den vorliegenden Zusammenhang wichtigste Unterschied ist jedoch, dass dem Erben bzw. Zuwendungsempfänger während der Verwaltung nur das Recht verbleibt, den Nachlassverwalter zu ordnungsgemäßer Nachlassverwaltung anzuhalten.[62] Auf einzelne Nachlassgegenstände besteht bis zur Begleichung der Nach-

---

[55] Zur Rechtsfigur des trust siehe allgemein Kötz, Trust und Treuhand; Gardner, An Introduction to the Law of Trusts; Pettit, Equity and the Law of Trusts.

[56] Vgl. Re Hyatt, Bowles v Hyatt [1888] 38 ChD 609, 617; Re Davis, Evans v Moore [1891] 3 Ch 119, 124 (CA); Commissioner of Stamp Duties (Queensland) v Livingston [1965] AC 694, 707 (PC).

[57] So bezieht sich der *Trustee Act 1925* laut der Definition in s. 68(17) auch auf *personal representatives*, die Überschrift von s. 33(1) AEA 1925 (i. d. F. des *Trusts of Land and Appointment of Trustees Act 1996* und des *Trustee Act 2000*) lautet „*Trust for sale*" und gem. s. 35 des *Trustee Act 2000* findet dieser entsprechend modifiziert auf *personal representatives* Anwendung.

[58] Siehe Halsbury's Laws of England, Executors and Administrators, para 569 und para 570 m. w. Nachw.

[59] Siehe die Fallgruppen bei Pettit, Equity and the Law of Trusts, S. 37 ff., m. w. Nachw.

[60] Re George Attenborough & Son v Solomon and Another [1913] AC 76 (HL).

[61] Re Hayes's Will Trusts, Pattinson v Hayes [1971] 1 WLR 758 (ChD).

[62] Commissioner of Stamp Duties v Livingston [1964] 3 All ER 692 (PC) m. Anm. Bailey, CLJ 1965, S. 44; Eastbourne Mutual Building Society v. Hastings Corporation [1965] 1 WLR 861; Lall v Lall [1965] 1 WLR 1249; Re Hayes' Will Trusts, Pattinson v Hayes [1971] 1 WLR 758, 764; Crowden v Aldridge [1993] 1 WLR 433; Marshall (Inspector of Taxes) v Kerr [1995] 1 AC 148 (HL); Re K (deceased) [1986] Ch 180, 188 (CA).

lassverbindlichkeiten durch den *personal representative* kein Anspruch.[63] Das gilt auch für Anteile an Gesellschaften.[64]

bbb) Die Arten des Nachlassverwalters

Der Nachlass geht, wie bereits erwähnt, mit dem Tod einer Person zunächst auf einen *personal representative* über – entweder auf den testamentarisch ernannten *executor*, oder, falls der Erblasser keinen *executor* ernannt hat oder gänzlich ohne Testament verstirbt, auf den vom Nachlassgericht ernannten *administrator*.[65] Die Aufgabe des *personal representative* ist es, entsprechend dem Begriff der *administration*, den Nachlassbestand zu ermitteln, Nachlassverbindlichkeiten zu begleichen und den Überschuss (*residuary estate*) an die Zuwendungsempfänger (*beneficiaries*) auszukehren.[66]

ccc) Die Autorisierung des Verwalters

Der *personal representative* bedarf einer Autorisierung durch das Gericht bevor er über den Nachlass verfügen kann. Ihm muss ein *grant of representation* erteilt werden. Trifft der Erblasser testamentarisch eine Anordnung, wer den Nachlass verwalten soll, wird diesem *executor* ein *grant of probate* (oder *probate of the will*) erteilt.[67] Kann dem Testament eine solche Bestimmung nur indirekt durch die Zuweisung bestimmter Pflichten entnommen werden, wird der *executor* dann *executor according to the tenor of a will* genannt.[68] Ist kein Testament vorhanden, wird dem *administrator* die gerichtliche Autorisierung durch eine Bewilligung, den *grant of administration* (oder die *letters of administration*) gewährt. Ist zwar

---

[63] Bailey, CLJ 1965, S. 44. Es handelt sich lediglich um eine konkretisierte Aussicht, vgl. Bailey, a. a. O., S. 46. Siehe dazu auch die Nachw. in der vorigen Fußnote.

[64] Re Leigh's Will Trusts, Handyside v Durbridge [1970] Ch 277.

[65] Halsbury's Laws of England, Executors and Administrators, para 2 und para 3. Zu beachten ist, dass das Begriffspaar *administrator/executor* mit dem Oberbegriff des *personal representative* (vgl. Halsbury's Laws of England, Executors and Administrators, para 4) eine materiellrechtliche Unterscheidung darstellt, während das Begriffspaar *administration/succession* kollisionsrechtlich einzuordnen ist. Die kollisionsrechtliche *administration* umfasst beide Formen des sachrechtlichen *personal representative*.

[66] Nachlassgegenstände im Ausland braucht der *personal representative* nur dann zu ermitteln, wenn der in England belegene Nachlass nicht zur Begleichung der Verbindlichkeiten ausreicht, siehe Re Fitzpatrick, Bennett v Bennett [1952] Ch 86.

[67] Wird ein streitiges Nachlassverfahren (*probate claim*) zwischen den Personen, die an der Gültigkeit bzw. Ungültigkeit des Testaments interessiert sind, durchgeführt, steht an dessen Ende im Fall der Testamentsbestätigung das *probate decree* mit Rechtswirkung gegenüber jedermann, siehe dazu Bunge, Zivilprozess und Zwangsvollstreckung in England und Schottland, S. 177 f.

[68] Siehe dazu Tristram and Coote's Probate Practice, Rn. 4.19 ff.

ein Testament vorhanden, trifft dieses aber keine Bestimmung über einen *executor*, oder ist diese unwirksam, wird ein *grant of administration with the will annexed* erteilt.[69]

Die gerichtliche Autorisierung durch einen der *grants* ist zwingend. Selbst wenn ein aus englischer Sicht fremdes Erbrecht Anwendung findet, das dem Prinzip der Universalsukzession folgt, kann kein in England belegenes Vermögen des Erblassers direkt auf den Erben übergehen.[70] Mit der Erteilung des *grant* geht sämtlicher in England belegener unbeweglicher und beweglicher Nachlass auf den *personal representative* über.[71]

ddd) Die Auswahl des Verwalters

Die Auswahl des *personal representative* richtet sich nach den *Non-Contentious Probate Rules 1987* (NCPR 1987).[72]

eee) Die Verwaltung in Fällen mit Auslandsberührung

Da kein Gleichlauf zwischen dem Recht der Nachlassverwaltung – *administration* – und der Nachlassverteilung – *succession* – besteht, führt eine Auslandsberührung des Erbfalls zu verschiedenen Problemen. Das System der *administration* nach der lex fori führt zu einer Vielzahl von Fallkonstellationen, was noch dadurch verschärft wird, dass in der Regel nicht nur nach Nachlassverwaltung und Nachlassverteilung, sondern auch nach beweglichem und unbeweglichem Vermögen differenziert werden muss.[73] Aus der hier darzustellenden englischen Sicht sind die Probleme, die sich ergeben, wenn sich Nachlassgegenstände in England befinden, aber weniger gravierend, da in jedem Fall eine Abwicklung nach der lex fori, also die Erteilung eines englischen *grant* erfolgen muss.[74]

Trotzdem wirkt sich eine Auslandsberührung auch auf die Frage aus, wer als *personal representative* zu bestellen ist. Das englische Recht trifft

---

[69] Tristram and Coote's Probate Practice, Rn. 5.01 f.

[70] Siehe In re Kloebe, Kannreuther v Geiselbrecht [1884] 28 ChD 175; Morris, The Conflict of Laws, S. 442 Rn. 17-001: „*But, whatever the foreign law may say, no property in England may pass directly to a foreign heir or universal legatee: an English grant must be obtained.*" Zur problematischen Rechtsnatur dieser Anordnung als prozessrechtliche oder internationalprivatrechtliche Regelung siehe Pecher, Die internationale Erbschaftsverwaltung bei deutsch-englischen Erbfällen, S. 104 f.

[71] Re Fitzpatrick, Bennett v Bennett [1952] Ch 86; Halsbury's Laws of England, Conflict of Laws, para 435.

[72] SI 1987, 2024.

[73] Siehe die tabellarischen Übersichten bei Odersky, Die Abwicklung deutsch-englischer Erbfälle, S. 72 und Breslauer, The Private International Law of Succession, S. 323.

[74] Siehe bereits oben, Kapitel V.2.b)aa) und Kapitel V.2.b)cc)ccc). Vgl. auch Odersky, Die Abwicklung deutsch-englischer Erbfälle, S. 72 und 131 ff.

diese Unterscheidung danach, ob der Erblasser im Zeitpunkt des Versterbens sein *domicile* in England oder im Ausland hatte.

(1) Erblasser mit domicile in England Hat der Erblasser entsprechend testiert, wird der von ihm bestimmte *executor* eingesetzt.[75] Fehlt eine solche Bestimmung in dem Testament oder ist sie unwirksam, wird ein *administrator with the will annexed* ernannt. Dabei wird zunächst auf die Erben des Restnachlasses (*residuary legatees*) zurückgegriffen, die den Nachlass nur treuhänderisch (*in trust*) für andere halten.[76] Es folgen die Personen, denen ein lebenslanges Nutzungsrecht (*life interest*) an dem Restnachlass (*residuary estate*) zusteht, dann die (ungebundenen) Erben des Restnachlasses (*residuary legatees*).[77] Es folgen der *personal representative* eines *residuary legatee* und schließlich die Empfänger spezifischer Zuwendungen aus dem Nachlass und die Gläubiger des Erblassers und dann deren *personal representatives*.[78]

Hat der Erblasser nicht testiert, wird zunächst der überlebende Ehegatte zum *administrator* bestellt.[79] Es folgen die Kinder des Erblassers, die Abkömmlinge vorverstorbener Kinder und dann die Eltern des Erblassers.[80] Dem wiederum folgen die vollbürtigen Geschwister und Abkömmlinge vorverstorbener Geschwister, die halbbürtigen Geschwister bzw. deren Abkömmlinge, die Großeltern, Onkel und Tanten bzw. deren Abkömmlinge und halbbürtige Onkel und Tanten bzw. deren Abkömmlinge.[81] Danach können als sonstige Berechtigte die Krone oder Gläubiger folgen.[82] Schließlich trifft r. 22(4) NCPR 1987 Regelungen, wann und in welchen Fällen die *personal representatives* der vorstehenden Personen an deren Stelle treten.

(2) Erblasser mit domicile im Ausland R. 30 NCPR 1987 enthält besondere Regeln für die Erteilung eines *grant* in den Fällen, in denen der Erblasser verstirbt und sein Domizil (*domicile*) außerhalb England und Wales hatte. Dabei ist hervorzuheben, dass die Erteilung eines *grant*

---

[75] R. 20(a) NCPR 1987.

[76] R. 20(b) NCPR 1987. Zur Rechtsfigur des *trust* siehe Kapitel V.2.b)cc)aaa).

[77] R. 20(c) NCPR 1987.

[78] R. 20(d)-(f) NCPR 1987.

[79] R. 22(2)(a) NCPR 1987. Siehe auch die Tabellen bei Tristram and Coote's Probate Practice, Rn. 6.29.

[80] R. 22(1)(b) und (c) NCPR 1987.

[81] R. 22(1)(d)-(h) NCPR 1987.

[82] R. 22(2) und (3) NCPR 1987.

in diesen Fällen im Ermessen des Gerichts steht und kein einklagbarer Anspruch besteht.[83]

Liegt ein englisch- oder walisischsprachiges Testament vor, in dem ein *executor* benannt ist, wird dieser als *executor* akzeptiert.[84] Wenn ein fremdsprachiges Testament vorliegt, ist eine Übersetzung, z. B. des Begriffs „Nachlassverwalter", in keinem Fall für eine direkte Bestimmung eines *executor* ausreichend.[85] Ist der Pflichtenkreis einer benannten Person in dem fremdsprachigen Testament ausreichend beschrieben, kann sie jedoch als *executor according to the tenor of a will* eingesetzt werden.[86]

Liegt keine wirksame Bestellung eines *executors* durch den Erblasser vor, sieht das Gesetz die Möglichkeit der Erteilung eines *ancillary grant* für den in England belegenen Nachlass vor, da der in England belegene Nachlass, wie bereits ausgeführt, ohne gerichtliche Autorisierung sonst nicht auseinander gesetzt werden könnte. Für Länder, die dem anglo-amerikanischen Modell der notwendigen Nachlassverwaltung folgen, kann ein *ancillary grant* an die Person erteilt werden, der die Verwaltung des Nachlasses am Domizil des Erblassers von einem zuständigen Gericht zugewiesen wurde, r. 30(1)(a) NCPR 1987.[87] Für Länder, die einem anderen Prinzip folgen, wie etwa Deutschland dem der Universalsukzession, kann ein *ancillary grant* der Person erteilt werden, der der Nachlass gemäß dem Recht des Domizillandes letztendlich zugewendet ist, r. 30(1)(b) NCPR 1987.[88] Für beide Fälle gilt, dass die Bezeichnung als „*ancillary*" dabei nur der Abgrenzung von der „*principal*" *administration* im Domizilland des Erblassers dient.[89] Unter Umständen muss der *ancillary administrator* zwar den Nachlassüberschuss an den *principal administrator* abliefern.[90]

---

[83] Das ergibt sich aus r. 30(1)(c) NCPR 1987. Siehe auch s. 116(1) Supreme Court Act 1981; In the Estate of Kaufman [1952] 2 All ER 261; Practice Direction: Grants of Representation [1953] 1 WLR 1237; Dicey and Morris on The Conflict of Laws, S. 1009 Rn. 26-008.

[84] R. 30(3)(a)(i) NCPR 1987. In diesem Fall ist das *domicile* des Erblassers irrelevant, vgl. Tristram and Coote's Probate Practice, Rn. 12.80.

[85] Tristram and Coote's Probate Practice, Rn. 12.81.

[86] R. 30(3)(a)(ii) NCPR 1987; Tristram and Coote's Probate Practice, Rn. 12.84.

[87] Siehe dazu auch Dicey and Morris on The Conflict of Laws, Rule 122, S. 1009 Rn. 26R-007: „*Where a person dies domiciled in a foreign country the High Court will in general make a grant to his personal representative under the law of such foreign country.*"

[88] Tristram and Coote's Probate Practice, Rn. 12.106.

[89] Dicey and Morris on The Conflict of Laws, S. 1009 Rn. 26-010.

[90] Dicey and Morris on The Conflict of Laws, S. 1017 Rn. 26-033; Wolff, Private International Law, S. 606 f.; Pecher, Die internationale Erbschaftsverwaltung bei deutsch-englischen Erbfällen, S. 108 f.; Odersky, Die Abwicklung deutsch-englischer Erbfälle, S. 124; Re Weiss's Estate [1962] P 136; Re Achillopoulos; Johnson v Mavromichali [1928] All ER Rep 326.

Das ist jedoch nicht in jedem Fall so.[91] Wird der *grant* gem. r. 30(1)(b) NCPR 1987 an Personen erteilt, denen in ihrem Heimatland, wie beispielsweise in Deutschland, der Nachlass uneingeschränkt zur Selbstverwaltung zusteht, läuft diese Verpflichtung sowieso ins Leere, da die Erben auch – nach formaler englischer Betrachtungsweise – die *principal administration* im Domizilland des Erblassers vornehmen.[92]

Weitere Besonderheiten bestehen dann, wenn der in England und Wales belegene Nachlass im Ganzen oder im Wesentlichen aus unbeweglichem Vermögen besteht. Dann kann ein *grant* für den gesamten Nachlass nach den allgemeinen Regeln erteilt werden, die Anwendung finden würden, wenn der Erblasser im Zeitpunkt seines Todes in England oder Wales domiziliert gewesen wäre.[93]

fff) Ablauf der Nachlassverwaltung

Die Verwaltung des Nachlasses durch den autorisierten Nachlassverwalter wird in drei Schritten abgewickelt: Verschaffung des Nachlasses, Begleichung der Verbindlichkeiten und Auskehrung des Überschusses.[94]

Zunächst wird der Nachlass in Besitz genommen. Für die gesetzliche Erbfolge gilt, dass der Nachlass in einem *trust for sale* gehalten wird und der *personal representative* ermächtigt ist, ihn zu versilbern.[95] Danach erfolgt in einem zweiten Schritt die Begleichung der Verbindlichkeiten. Die zu begleichenden Nachlassverbindlichkeiten werden von s. 33(2) *Administration of Estates Act 1925* mit den Begräbniskosten, den Kosten der Nachlassverwaltung und den Schulden des Erblassers und den sonstigen Verbindlichkeiten, z. B. den Steuern, angegeben.[96] Nach dieser Vorschrift hat der *personal representative* auch ggf. Rücklagen für Geldvermächtnisse des Erblassers zu bilden. Das Geld für die Begleichung der Verbindlichkeiten stammt gem. s. 33(2)(a) AEA 1925 entweder aus dem Barvermögen des Erblassers oder aus dem Verkauf von Nachlassgegenständen (abzüglich der hierfür anfallenden Kosten), gem. s. 33 (2)(b) AEA 1925. Ist es erforderlich, Gegenstände aus dem Nachlass zu veräußern, regelt s. 34(3)

---

[91] Siehe Re Manifold (deceased), Slater v Chryssaffinis [1962] Ch 1; Re Lorillard, Griffiths v Catforth [1922] 2 Ch 638, (CA).

[92] Odersky, Die Abwicklung deutsch-englischer Erbfälle, S. 124.

[93] R. 30(3)(b) NCPR 1987; Tristram and Coote's Probate Practice, Rn. 12.119.

[94] Graveson, Conflict of Laws, S. 514 ff. Nöcker, ZErb 2004, 122 (126), fügt die Begleichung der Erbschaftssteuern als eigenen Punkt ein und kommt so auf vier Schritte.

[95] S. 33(1) AEA 1925 i. d. F. des *Trusts of Land and Appointment of Trustees Act 1996* und des *Trustee Act 2000*. Siehe zu dieser Form des *trust* oben, Kapitel V.2.b)cc)aaa).

[96] Zur Besteuerung der Erbfolge siehe Süß/Odersky, Erbrecht in Europa, S. 761 Rn. 116 ff.

i. V. m. sched. 1, pt. II die Reihenfolge für diese Vorgehensweise. Auf der letzten Stufe der Nachlassverwaltung erfolgt die Erstellung einer Abschlussbilanz des Nachlasses und die Verteilung des verbleibenden Nachlasses (*residuary estate*). Der *personal representative* muss vor Ablauf eines Jahres nach dem Tod des Erblassers keine Verteilung des Nachlasses vornehmen (*executor's year*).[97] Das bedeutet, dass er für Nachteile, die aus der nicht missbräuchlichen Verzögerung der Verteilung des Nachlasses in diesem Zeitraum resultieren, nicht haftet.[98]

dd) Überblick über das materielle Erbrecht

Die Verteilung des *residuary estate* erfolgt nach den testamentarischen Anordnungen des Erblassers, oder, falls solche nicht vorhanden sind, nach der gesetzlichen Erbfolge. Das englische Erbrecht kennt weder ein Noterbrecht noch ein Pflichtteilsrecht.[99] Im Einzelfall können nahen Angehörigen Versorgungsleistungen aus dem Nachlass nach dem *Inheritance (Provision for Family and Dependants) Act 1975* gewährt werden. Das gilt allerdings nur wenn der Erblasser sein letztes Domizil in England hatte.[100]

Die gesetzliche Erbfolge ist kodifiziert im *Administration of Estates Act 1925*.[101] S. 46 AEA 1925 unterscheidet fünf Gruppen erbberechtigter Personen: (1) Ehegatten, (2) Abkömmlinge, (3) Eltern, (4) vollbürtige Geschwister, (5) entfernte Verwandte.[102]

aaa) Das gesetzliche Erbrecht des Ehegatten

Das gesetzliche Erbrecht eines Ehegatten besteht dann, wenn er den Erblasser um 28 Tage überlebt.[103] Sind keine Abkömmlinge, Eltern, vollbürtige Geschwister oder Abkömmlinge vollbürtiger Geschwister vorhanden, steht dem überlebenden Ehegatten der *residuary estate* alleine zu.[104] Sind hingegen Abkömmlinge vorhanden, kann der Ehegatte zunächst die beweglichen, persönlich genutzten Gebrauchsgegenstände (*personal chattels*)

---

[97] S. 44 AEA 1925. Siehe dazu Halsbury's Laws of England, Executors and Administrators, para 476.

[98] Halsbury's Laws of England, Executors and Administrators, para 379 m. w. Nachw.

[99] Ferid/Firsching/Henrich, Internationales Erbrecht, Großbritannien, S. 83 Rn. 229; Süß/Odersky, Erbrecht in Europa, S. 730 Rn. 28.

[100] S. 1(1) *Inheritance (Provision for Family and Dependants) Act 1975*.

[101] Siehe dazu Süß/Odersky, Erbrecht in Europa, S. 731 Rn. 29 ff.; Ferid/Firsching/Henrich, Internationales Erbrecht, Großbritannien, S. 47 Rn. 134 ff.

[102] Ferid/Firsching/Henrich, Internationales Erbrecht, Großbritannien, S. 47 Rn. 126.

[103] S. 46(2A) AEA 1925, eingefügt durch den Law Reform (Succession) Act 1995, ss. 1(1), (3). Diese Regel ersetzt bei Ehegatten die Kommorientenvermutung, siehe dazu (mit Beispiel) Nöcker, ZErb 2004, 342 (343).

[104] S. 46(1) AEA 1925.

verlangen.[105] Der Begriff der *personal chattels* umfasst erheblich mehr als der deutsche Voraus, nämlich z. B. auch Schmuck, Antiquitäten und Fahrzeuge, ohne dass es eine Wertobergrenze gäbe.[106] Dieselbe Regelung gilt, wenn keine Abkömmlinge und nur die Eltern bzw. ein Elternteil, vollbürtige Geschwister oder deren Nachkommen vorhanden sind.[107]

Neben den *personal chattels* kann der Ehegatte in beiden Fällen die Zahlung eines festen Geldbetrags verlangen. Daneben hat er Rechte an der Hälfte des auch nach Abzug dieser Zahlung verbleibenden Nachlassrestes. Der Geldbetrag und das Recht am verbleibenden Nachlassrest variieren, je nachdem ob Abkömmlinge und/oder Eltern bzw. ein Elternteil, vollbürtige Geschwister oder deren Nachkommen vorhanden sind. Sind Abkömmlinge vorhanden, beträgt der feste Geldbetrag zur Zeit £ 125 000,00 nebst 6 % Zinsen p. a. hieraus.[108] Daneben steht dem Ehegatten ein lebenslanges Nutzungsrecht (*life interest*) an der Hälfte des *residuary estate*, wahlweise dessen kapitalisierter Wert als Einmalbetrag, zu.[109] Sind keine Abkömmlinge vorhanden und nur die Eltern bzw. ein Elternteil, vollbürtige Geschwister oder deren Nachkommen, beträgt das Fixum £ 200 000,00 nebst 6 % Zinsen p. a.[110] An der Hälfte des verbleibenden Nachlasses steht dem überlebenden Ehegatten dann ein Vollrecht zu.[111]

bbb) Das gesetzliche Erbrecht der Abkömmlinge

Abkömmlinge schließen alle weiteren Verwandten von der Erbfolge aus.[112] Nur der überlebende Ehegatte ist neben Abkömmlingen erbberechtigt. Neben dem länger lebenden Ehegatten erhalten die Abkömmlinge die Hälfte des *residuary estate* sowie eine Anwartschaft (*remainder*) an der anderen Hälfte, welche mit dem *life interest* des Ehegatten belastet ist.[113] Hinterlässt der Erblasser nur Abkömmlinge aber keinen Ehegatten, steht

---

[105] S.(2) Table zu s. 46(1)(i) AEA 1925.

[106] S. 55(1)(x) AEA 1925.

[107] S.(3) Table zu s. 46(1)(i) AEA 1925.

[108] Siehe Table zu s. 46(1)(i) AEA 1925, der auf s. 1 des Family Provision Act 1966 verweist. Die Summe ergibt sich aus der letzten Anpassung in der Family Provision (Intestate Succession) Order 1993, SI 1993/2906. Die Zinshöhe ergibt sich aus *The Intestate Succession (Interest and Capitalization) Order 1977*, SI 1977/1491, geändert durch *The Intestate Succession (Interest and Capitalisation) Order 1977 (Amendment) Order 1983*, SI 1983/1374.

[109] S. 47A(1) AEA 1925. Das *life interest* begründet ein trust-Verhältnis, siehe Ferid/Firsching/Henrich, Internationales Erbrecht, Großbritannien, S. 48 Rn. 139.

[110] Siehe die Nachweise in Fn. 108.

[111] S.(3)(a) Table zu s. 46(1)(i) AEA 1925.

[112] Für adoptierte Kinder bestehen keine Unterschiede, siehe s. 39(1) Adoption Act 1976; s. 1(1), 18, Family Law Reform Act 1987.

[113] Ss.(2)(a), (b) Table zu s. 46(1)(i) AEA 1925.

der gesamte *residuary estate* den Abkömmlingen zu.[114] Sowohl dieser ganze Nachlassrest, als auch die Hälfte des Restnachlasses, die die Abkömmlinge neben dem überlebenden Ehegatte erhalten, wird in einen *statutory trust*, eine Art treuhänderisches Verwaltungsinstrument, eingebracht. Der *statutory trust* ist durch s. 47 AEA 1925 näher ausgestaltet.[115]

ccc) Das gesetzliche Erbrecht der sonstigen Verwandten

Eltern erhalten den ganzen Nachlass zu gleichen Teilen, wenn weder Abkömmlinge noch ein Ehegatte des Erblassers vorhanden ist.[116] Ein überlebender Elternteil erbt im gleichen Fall den Nachlass alleine.[117] Geschwister und sonstige Verwandte werden von überlebenden Eltern von einer Erbschaft ausgeschlossen. Ist ein überlebender Ehegatte vorhanden, findet wiederum eine Aufteilung des Nachlasses nach *personal chattels*, Fixum und ggf. eine Teilung des *residuary estate* statt.

Hinterlässt der Erblasser weder einen Ehegatten noch Abkömmlinge oder Eltern, kommen nach ähnlichen Verteilungsregeln der Reihenfolge nach die vollbürtigen Geschwister und ihre Abkömmlinge, dann die halbbürtigen Geschwister, die Großeltern, die vollbürtigen Geschwister der Eltern und die halbbürtigen Geschwister der Eltern zum Zug.[118] Dabei ist wichtig zu beachten, dass die Mitglieder einer Personenkategorie nur dann zum Zug kommen, wenn keine erbberechtigten Mitglieder einer vorhergehenden Kategorie vorhanden sind.[119]

c) Das englische (internationale) Gesellschaftsrecht

aa) Einführung

Das englische Recht kennt verschiedene Rechtsformen, wenn Personen alleine oder in Verbindung mit anderen am Rechtsverkehr in freiberuflicher, handwerklicher, kaufmännischer und industrieller Tätigkeit teilnehmen möchten: den Alleinunternehmer (*single/sole trader*), die Personengesellschaft (*partnership*), die Kapitalgesellschaft (*company*) und spezielle Organisationsformen für bestimmte Geschäftsbereiche.[120] Dazu kommen die

---

[114] S. 46(1)(ii) AEA 1925.

[115] S. 47 AEA in der Form des *Intestate Estates' Act 1952*, des *Family Law Reform Act 1969* und des *Law Reform (Succession) Act 1995*. Siehe zu dieser Form des *trust* oben, Kapitel V.2.b)cc)aaa).

[116] S. 46(1)(iii) AEA 1925 i.d.F. *Intestate Estates' Act 1952*.

[117] S. 46(1)(iv) AEA 1925 i.d.F. *Intestate Estates' Act 1952*.

[118] S. 46(1)(v) AEA 1925 i.d.F. *Intestate Estates' Act 1952*.

[119] S. 46(1)(v) AEA 1925 i.d.F. *Intestate Estates' Act 1952*.

[120] Dazu Güthoff, Gesellschaftsrecht in Großbritannien, S. 1 und 6. Aus dem aktuellen deutschen Schrifttum zum Gesellschaftsrecht in Großbritannien siehe wei-

Europäische Wirtschaftliche Interessenvereinigung und die Europäische Aktiengesellschaft.[121]

bb) Das englische internationale Gesellschaftsrecht

Das englische Internationale Gesellschaftsrecht ist genauso wenig kodifiziert wie das englische Internationale Erbrecht. Das englische Internationale Gesellschaftsrecht knüpft das Personal- oder Gesellschaftsstatut, ähnlich wie das deutsche Recht, an einen Sitz – das *domicile* – der Gesellschaft an. Das *domicile* der Gesellschaft ist jedoch nicht der Verwaltungssitz, sondern der Ort, nach dessen Recht die Gesellschaft gegründet wurde.[122] Im Unterschied zu der bislang im kontinentaleuropäischen Raum vorwiegenden Sitztheorie knüpft das englische Gesellschaftskollisionsrecht mit anderen Worten generell an das Gründungsrecht an.[123] In diesem Zusammenhang stellt sich dann die Frage nach der Reichweite des Gesellschaftsstatuts, um zu klären, welche Problemstellungen vom Gründungsrecht gelöst werden.

---

terführend Höfling, Das englische internationale Gesellschaftsrecht; Heinz, Die englische Limited; Just, Die englische Limited in der Praxis; Heckschen/Köklü/Maul, Private Limited Company; Süß/Wachter, Handbuch des internationalen GmbH-Rechts; Triebel/von Hase/Melerski, Die Limited in Deutschland; Römermann, Private Limited Company in Deutschland; Römermann/Wachter, Die Limited und andere EU-Gesellschaften im Praxistest; Güthoff, Gesellschaftsrecht in Großbritannien; Spahlinger/Wegen, Internationales Gesellschaftsrecht in der Praxis S. 277–279 und S. 313–320; Hirte/Bücker/Kasolowsky, Grenzüberschreitende Gesellschaften, S. 120–177; Eidenmüller/Rehm, Ausländische Kapitalgesellschaften im deutschen Recht, S. 328–351. Aus der Aufsatzliteratur siehe Shearman, GmbHR 1992, 149; Micheler, ZGR 2004, 324; Schmidt, RIW 2005, 827; Heinz, AnwBl 2005, 417; Schall, ZIP 2005, 965; Schröder/Schneider, GmbHR 2005, 1288; Dierksmeier, BB 2005, 1516; Korts/Korts, BB 2005, 1474; Müller, DB 2006, 824; Triebel/Otte/Kimpel, BB 2006, 1233; Knöfel, BB 2006, 1233; Henze, WM 2006, 1653; Müller, BB 2006, 837; Wicke, GmbHR 2006, 356; Berner/Klöhn, ZIP 2007, 106; Bittmann, GmbHR 2007, 70; Schmidt, WM 2007, 2093; Schumann, ZIP 2007, 1189; Fetsch, GmbHR 2008, 133. Zu Entwicklungen im englischen Handels- und Wirtschaftsrecht siehe Vorpeil, RIW 2006, 221 ff., 540 ff., 928 ff. und 2007 443 ff., 752 ff. Weiterführendes englisches Schrifttum ist im Folgenden jeweils in den Fußnoten nachgewiesen.

[121] Just, Die englische Limited in der Praxis, Rn. 5. Wichtige Vorschriften des englischen Gesellschaftsrechts sind auszugsweise abgedruckt im Anhang Gesetzestexte.

[122] Gore-Brown on Companies, Chapter 63.29; Morris, The Conflict of Laws, S. 45 Rn. 2-037; Dicey and Morris on The Conflict of Laws, Rule 152-(1), S. 1101, Rn. 30R-001.

[123] Ausführlich zur historischen Entwicklung dieser Anknüpfung mit Nachweisen zum Fallrecht Höfling, Das englische internationale Gesellschaftsrecht, S. 96 ff. und S. 122 ff.

Es kann aber auch vorkommen, dass auf die Anteile an Gesellschaften abgestellt werden muss, wie der folgende Fall zeigt[124]: Die Macmillan Inc, eine in Delaware (USA) gegründete und eingetragene Gesellschaft, hielt Anteile an der in New York (USA) gegründeten und eingetragenen Berlitz International Inc. Diese Anteile wurden nach New Yorker Recht auf eine *trust*-Gesellschaft übertragen, wo sie in fremdem Namen treuhänderisch für die Macmillan Inc gehalten werden sollten. Der die Macmillan Inc beherrschende Robert Maxwell verpfändete diese Anteile in London an drei Banken als Sicherheit für private Geschäfte, ohne das *trust*-Verhältnis offen zu legen. Nach dem Tod des Robert Maxwell wurden die Anteile auf die drei Banken übertragen. Die Macmillan Inc, die von der Verpfändung nichts erfahren hatte, verlangte von den Banken die Herausgabe der Anteile bzw. Wertersatz, während sich die Banken auf gutgläubigen Erwerb beriefen. Fraglich war, ob sich der Fall nach englischem Recht richtete, als dem Ort, an dem die Bestellung der Sicherheiten stattgefunden hatte, oder nach dem Recht von New York, wo die Berlitz International Inc ihren Gründungssitz hatte. Die Vorinstanz hatte die Ansprüche als bereicherungsrechtliche Herausgabeansprüche qualifiziert, die sich nach dem Recht von New York richten, und die Klage abgewiesen.[125] Der Court of Appeal bestätigte die Zurückweisung, qualifizierte den Fall aber dahingehend, dass es sich um die Frage des (gutgläubigen) Erwerbs von Anteilen an einer Gesellschaft handele. Nach dem Court of Appeal richtet sich dieser nach dem auf die Anteile anwendbaren Recht, das sich wiederum nach der Belegenheit der Anteile bestimmt. Vorliegend war der Ort der Gründung und Eintragung der Berlitz International Inc New York und die Anteile waren somit dort belegen. Auch der Court of Appeal kam daher zu einer Anwendung des Rechts von New York und wies den Rechtsbehelf zurück. Geht es demnach um Gesellschaftsanteile, müssen diese dem beweglichen oder unbeweglichen Vermögen zugeordnet werden und es muss ihre Belegenheit geklärt werden.[126]

aaa) Die Reichweite des Gesellschaftsstatuts

Das englische Internationale Gesellschaftsrecht problematisiert traditionell Fragen nach dem Gründungssitz (*domicile*) bzw. nach dem Verwaltungssitz (*residence*) der Gesellschaft, Fragen nach der rechtlichen Stellung (*status*), der Handlungsfähigkeit (*capacity*), der Geschäftsführung

---

[124] Macmillan Inc v Bishopgate Investment Trust plc and Others (No 3) [1996] 1 All ER 585 (CA). Siehe zu diesem Fall auch Gore-Brown on Companies, Chapter 63.12.
[125] Macmillan Inc v Bishopgate Investment Trust plc and Others (No 3) [1995] 3 All ER 747 (ChD)
[126] Dazu siehe unten, Kapitel V.2.c)bb)bbb).

der Gesellschaft (*internal management*) und Fragen im Zusammenhang mit der Insolvenz (*insolvency*) der Gesellschaft.[127] Für das Verständnis der Schnittstelle zwischen Erb- und Gesellschaftsrecht ist vor allem die Behandlung des Domizilbegriffs und des *status* der Gesellschaften relevant.

(1) Domicile und Residence von Gesellschaften Die Relevanz des Domizilbegriffs im Bereich des materiellen englischen Gesellschaftsrechts ist eher begrenzt. Am ehesten wird er in der Steuergesetzgebung verwendet.[128] Zu unterscheiden ist dieser Begriff von den internationalprivatrechtlichen *domicile*-Begriffen, die in den *Civil Jurisdiction and Judgments Acts 1982* und *1991* verwendet werden.[129] Der dort verwendete Begriff meint den tatsächlichen Sitz (*seat*) der Gesellschaft.[130] Die Anwendung des Begriffs des *domicile* auf Gesellschaften entspricht einer analogen Handhabung des für natürliche Personen entwickelten Begriffs des *domicile of origin*.[131] Das Domizil (*domicile*) einer Gesellschaft ist aus englischer Sicht recht leicht zu ermitteln: Es befindet sich dort, wo die Gesellschaft gegründet wurde.[132] Handelt es sich um eine Gesellschaft, die nach dem *Companies Act 1985* gegründet wurde, kann sie ihr *domicile* nicht durch Neugründung verändern, da in diesem Fall nur eine neue Gesellschaft entstehen würde.[133]

---

[127] Gore-Brown on Companies, Chapter 63.13.

[128] Beispielsweise im *Income and Corporation Taxes Act 1988*, s. 65(4) und s. 749(1).

[129] Durch diese Gesetze wurde das Brüsseler EWG-Übereinkommen über die gerichtliche Zuständigkeit und die Vollstreckung gerichtlicher Entscheidungen in Zivil- und Handelssachen vom 27.09.1968 (ABl. EG 1972Nr. L 299, S. 32) – EuGVÜ – (idF des Beitrittsübereinkommens vom 9. Oktober 1978 mit dem Königreich Dänemark, Irland und dem Vereinigten Königreich Großbritannien und Nordirland, ABl. EG 1978 L 304, S. 1) umgesetzt. Die Anpassung an die Verordnung (EG)Nr. 44/2001 des Rates über die gerichtliche Zuständigkeit und die Anerkennung und Vollstreckung von Entscheidungen in Zivil- und Handelssachen vom 22.12.2000 (ABl. EG 2001Nr. L 12, S. 1) – EuGVO – erfolgte in *The Civil Jurisdiction and Judgments Order 2001*, SI 2001/3929.

[130] Gore-Brown on Companies, Chapter 63.29; Dicey and Morris on The Conflict of Laws, S. 1102, Fn. 6.

[131] Dicey and Morris on The Conflict of Laws, S. 1102, Rn. 30-002.

[132] Gore-Brown on Companies, Chapter 63.29; Morris, The Conflict of Laws, S. 45 Rn. 2-037; Dicey and Morris on The Conflict of Laws, Rule 152-(1), S. 1101, Rn. 30R-001. Siehe auch Carl-Zeiss-Stiftung v Rayner and Keeler Ltd and Others (No 3) [1969] 3 All ER 897, 914.

[133] Carl-Zeiss-Stiftung v Rayner and Keeler Ltd and Others (No 3) [1969] 3 All ER 897, 914; Gore-Brown on Companies, Chapter 63.29; Dicey and Morris on The Conflict of Laws, S. 1102, Rn. 30-003. Der Sitz einer solchen Gesellschaft kann nur innerhalb des Landes verlegt werden, in dem die Gesellschaft ursprünglich eingetragen wurde (also z. B. England und Wales), vgl. Rajak, ZGR 1999, 111 (112).

Auch der Begriff des Sitzes (*residence*) der Gesellschaft ist hauptsächlich für die Frage der Besteuerung relevant.[134] Er ist im IPR schwieriger zu bestimmen. An die Terminologie der kontinentaleuropäischen Sitztheorie erinnernd, ist er dort zu finden, wo die zentrale Verwaltung und Geschäftsführung der Gesellschaft zu finden ist.[135] Der Begriff der zentralen Verwaltung und Geschäftsführung wird bestimmt und ausgefüllt durch das Fallrecht.[136] Das House of Lords hat mehrfach festgestellt, der Ort der zentralen Verwaltung und Geschäftsführung sei an dem Ort mit der überragenden Entscheidungsbefugnis (*paramount authority*) zu finden.[137]

(2) Status Der Begriff des *status* der Gesellschaft umfasst alle Fragen, die im Zusammenhang mit der Gründung und der Auseinandersetzung, aber auch im weiteren Sinne alle Fragen, die durch die Erlangung einer eigenen Rechtspersönlichkeit auftreten.[138] Beispielsweise sind das Fragen nach der persönlichen Haftung der Gesellschafter, der Vertretungsbefugnis der Geschäftsführer vor Gericht und der Handlungen *ultra vires*.[139] Zu letzterem ist anzumerken, dass die *ultra-vires*-Lehre mittlerweile überholt ist.[140] Stark vereinfacht besagte sie, dass die Rechts- und Handlungsfähigkeit einer *company* auf den in der Satzung niedergelegten Gesellschaftszweck beschränkt ist und dass alle Handlungen, die darüber hinaus gehen, unwirksam sind.[141]

Das auf Fragen des *status* der Gesellschaft anwendbare Recht wird durch das Recht des *domicile* bestimmt. Zur Illustration der Anwendung dieses Prinzips kann ein englisch-griechischer Fall dienen[142]: Die „National Bank of Greece and Athens" war aus einer Verschmelzung der „National Bank of Greece" und der „Bank of Athens" hervorgegangen. Die Verschmelzungsvereinbarung stellte die neu entstandene Bank als universellen Nachfolger in alle Rechte und Pflichten der Vorgängerbanken dar. Die

---

[134] Siehe s. 66 und sched. 7 *Finance Act 1988*.

[135] Gore-Brown on Companies, Chapter 63.30; Dicey and Morris on The Conflict of Laws, Rule 152(2), S. 1101, Rn. 30R-001: *"A coorperation is resident in the country where its central management and control is exercised."*

[136] Beispielsweise in Union Corporation, Ltd. v Inland Revenue Commissioners [1952] 1 All ER 646 (CA); Re Little Olympian Each Ways Ltd [1995] 1 WLR 560 (ChD).

[137] Nachw. bei Dicey and Morris on The Conflict of Laws, S. 1104, Fn. 25.

[138] Cheshire and North, Private International Law, S. 897.

[139] Cheshire and North, Private International Law, S. 897.

[140] Das ergibt sich aus s. 3A *Companies Act 1985* i.d.F. von s. 110(1) *Companies Act 1989*.

[141] Triebel/Hodgson/Kellenter/Müller, Englisches Handels- und Gesellschaftsrecht, S. 231 Rn. 618 ff.

[142] National Bank of Greece and Athens, S.A. v Metliss [1957] 3 All ER 608, 612 (HL).

neu entstandene „National Bank of Greece and Athens" weigerte sich nun,
Zinsen für Darlehen zu zahlen, auf die englisches Recht Anwendung fand
und die auch in England zu zahlen waren. Das hatte die Vorgängerbank,
die „National Bank of Greece", jedoch zugesagt. Das Gericht entschied,
dass das Recht am Domizilort, also griechisches Recht über die Haftung zu
entscheiden hatte, da dieses Recht das neue Gebilde hervorgebracht hatte.
Nach griechischem Recht war eine neue Rechtspersönlichkeit entstanden,
die nach dem Prinzip der Universalsukzession für die Verbindlichkeiten,
also auch die anfallenden Zinsen, einzustehen hatte. Der Fall verdeutlicht,
dass eine fremde Rechtspersönlichkeit vom englischen Recht konsequent
anerkannt wird und die Beantwortung der sich daraus ergebenden Rechtsfragen dem jeweiligen Gründungsrecht, dem Recht des *domicile* entnommen wird.[143]

bbb) Das anwendbare Recht

Von der Frage, welches Recht auf die Gesellschaft selbst, bzw. die einzelnen gesellschaftsrechtlich relevanten Themenkreise Anwendung findet, ist
die Frage zu unterscheiden, welches Recht auf die Anteile an einer Gesellschaft, etwa bei Veräußerung oder im Erbfall, Anwendung findet.[144]

Beteiligungen an Gesellschaften werden in England grundsätzlich zu den
movables gezählt, auch wenn das Gesellschaftsvermögen aus Grundstücken
besteht.[145] Damit ist zu untersuchen, wo die jeweiligen Anteile belegen
sind.

Aus englischer Sicht sind Anteile an Kapitalgesellschaften (*shares in
companies*) in dem Staat belegen, in dem mit Wirkung der Gesellschaft gegenüber über sie verfügt werden kann; ist hierfür die Eintragung in ein Register erforderlich, ist das der Staat, in dem das Register geführt wird.[146]
Das englische Gesellschaftskollisionsrecht knüpft das Gesellschaftsstatut
an das Gründungsrecht an. Und das Gründungsrecht ist auch das maßgebliche Recht, wenn es um Fragen hinsichtlich der Anteile an einer Gesellschaft geht. Mit anderen Worten, fällt das Recht, das auf Fragen bezüglich
der Anteile an einer Gesellschaft Anwendung findet, mit dem auf die Gesellschaft selbst anwendbaren Recht zusammen.[147]

---

[143] Siehe dazu auch Halsbury's Laws of England, Conflict of Laws, para 465.
[144] Siehe bereits oben, Kapitel V.2.c)bb).
[145] Siehe bereits oben Kapitel V.2.b)bb)aaa).
[146] Dicey and Morris on The Conflict of Laws, S. 932 Rn. 22-044; Ferid/Firsching/Hen-
rich, Internationales Erbrecht, Großbritannien, S. 6 Rn. 10.
[147] Staughton LJ drückt das in dem Fall Macmillan Inc v Bishopgate Investment Trust
plc and Others (No 3) [1996] 1 All ER 585, 602 (CA) so aus: *"I conclude that an issue
as to who has title to shares in a company should be decided by the law of the place*

Anteile an Personengesellschaften (*shares in a partnership business*) sind dort belegen, wo das Geschäft geführt wird oder sich die Hauptverwaltung befindet.[148]

cc) Das Recht der Companies

aaa) Grundlagen

(1) Companies und corporations   Eine *company* ist ein Zusammenschluss von Personen zur Förderung eines gemeinsamen, meist gewerblichen Zwecks.[149] Eine *corporation* ist eine Körperschaft, der vom Gesetz eine eigene, von ihren Mitgliedern getrennte Rechtspersönlichkeit verliehen wurde.[150] Daraus folgt, dass die *company*, wenn sie körperschaftlich organisiert (*incorporated*) ist, als eigene Rechtspersönlichkeit von ihren Mitgliedern unterscheidbar ist (*body corporate*); ist sie nicht körperschaftlich organisiert (*unincorporated*), ist das nicht der Fall.[151] Für die Zwecke des *Companies Act 1985* ist der Begriff der *company* als Gesellschaft definiert, die nach diesem Gesetz gegründet wurde.[152] Es handelt sich dabei immer um eine Körperschaft.[153]

(2) Rechtliche Grundlagen   Ein wichtiger Teil des englische Kapitalgesellschaftsrechts ist kodifiziert im *Companies Act 1985* (CA 1985), der im Hinblick auf die Vorschriften für die Rechungslegung ergänzt wurde durch den *Companies Act 1989* (CA 1989). Weitere relevante Regelungen finden sich im *Business Names Act 1985*, im *Companies Consolidation (Consequential Provisions) Act 1985*, im *Company Directors Disqualification Act 1986*, im *Financial Services and Markets Act 2000* und im *Insolvency Act 1986*.[154]

---

where the shares are situated (lex situs). In the ordinary way (...) that is the law of the place where the company is incorporated."

[148] Dicey and Morris on The Conflict of Laws, S. 934 Rn. 22-049; Ferid/Firsching/Henrich, Internationales Erbrecht, Großbritannien, S. 6 Rn. 10.

[149] In re A Company (No 00709 of 1992) = O'Neill v Phillips [1999] 1 WLR 1092, 1098 (HL).

[150] Halsbury's Laws of England, Corporations, para 1001.

[151] Halsbury's Laws of England, Companies, para 202.

[152] S. 735(1)(a) *Companies Act 1985*.

[153] Vgl. s. 13(3) *Companies Act 1985*.

[154] Siehe auch den teilweisen Abdruck im Anhang Gesetzestexte. Zur Company Law Reform 2006 siehe unten, Kapitel V.2.c)dd).

(3) Gesellschaften nach dem CA 1985   Der CA 1985 unterscheidet zwischen den *public companies* und den *private companies*.[155] Für eine Haftungsbeschränkung muss von den Mitgliedern ausdrücklich eine *limited liability* gewählt werden[156], wobei eine *public company* nur eine *limited company* sein kann[157]. Ein Mindestkapital ist nur für die *public company* vorgeschrieben.[158] Sowohl die *private company* als auch die *public company* sind juristische Personen mit eigener Rechtspersönlichkeit.[159]

Bei den *private companies* wird unterschieden zwischen den *companies by shares*, bei denen die Haftung der Mitglieder auf das (nicht einbezahlte) gezeichnete Kapital (soweit vorhanden) beschränkt ist und den *companies by guarantee*, bei denen sich die Mitglieder dazu verpflichtet haben, im Falle einer Insolvenz einen bestimmten Betrag in die Masse zu zahlen (beschränkte Nachschusspflicht).[160] Daneben gibt es noch die *unlimited company*.[161]

Am gebräuchlichsten sind die *private company limited by shares* (ltd.), in etwa vergleichbar mit der deutschen Gesellschaft mit beschränkter Haftung und die *public company limited by shares* (plc), in etwa vergleichbar mit der deutschen Aktiengesellschaft.[162] Die wirtschaftliche Bedeutung der *private company limited by shares* rechtfertigt die im Folgenden vorgenommene Konzentration auf diese Rechtsform.[163]

bbb) Gründung

Gegründet wird eine Gesellschaft durch die Eintragung bei einer Behörde vergleichbar mit dem deutschen Handelsregister, dem *Companies House*.[164] Eine *private company limited by shares* oder *by guarantee* kann als

---

[155] Siehe s. 1(3) CA 1985. Rechtsvergleichend zu *public* und *private company* Neuling, Deutsche GmbH und englische private company, S. 205 ff. Der wesentliche Unterschied zwischen beiden Formen besteht darin, dass nur die *public companies* Zugang zu öffentlichen Kapitalmärkten haben, siehe dazu Dierksmeier, Der Kauf einer englischen „Private Limited Company", S. 38 ff. Die differierenden Gründungs-, Publizitäts- und sonstigen Voraussetzungen sind ein Reflex auf diesen Unterschied.

[156] S. 2(3) CA 1985.

[157] Und zwar seit dem 22.12.1980 eine *company limited by shares*, s. 1(4) CA 1985.

[158] I. H. v. £ 50 000,00, s. 11 i. V. m. s. 118(1) CA 1985; 1/4 davon ist einzuzahlen, s. 101(1) CA 1985.

[159] Grundlegend für die Anerkennung der eigenen, vom Wechsel oder Tod der Gesellschafter unabhängigen Rechtsnatur war der Fall Salomon v Salomon & Company [1897] AC 22 = [1895-9] All ER Rep 33 (HL).

[160] Siehe s. 1(2)(a) und 1(2)(b) CA 1985.

[161] S. 1(2)(c) CA 1985.

[162] Zum Vergleich siehe den tabellarischen Überblick bei Mellert, BB 2006, 8 ff.

[163] Zur Verbreitung der *private company limited by shares* siehe Kapitel I.2.

[164] Für Gesellschaften, die in England und Wales gegründet werden sollen mit Sitz in Cardiff CF14 3UZ, Crown Way. Im Internet unter www.companieshouse.gov.uk. Weiter

Ein-Mann-Gesellschaft.) gegründet werden.[165] Eine *public company* erfordert die Gründung durch zwei Gesellschafter.

ccc) Verfassung und Organe

Alle Gesellschaften haben ein *memorandum of association*, das Bestimmungen für das Außenverhältnis der Gesellschaft enthält. Das *memorandum* enthält Klauseln über den Namen und den Sitz der Gesellschaft, den Gesellschaftszweck, die Haftungsbeschränkung und Angaben zum Gesellschaftskapital.[166] Die *private company limited* hat zudem *articles of association*, die das Innenverhältnis der Gesellschaft regeln.[167]

Eine neugegründete *public company* erfordert mindestens zwei Geschäftsführer (*directors*).[168] Diese bilden das *board of directors*, welches mit der Hauptversammlung (*general meeting*) die beiden Organe der Gesellschaft darstellen. Des weiteren ist ein *company secretary* erforderlich.[169] Bei einer *private company* genügen ein *director*[170] und ein *secretary*[171].

Die Gesellschaften müssen einen unabhängigen Rechnungsprüfer (*auditor*) bestellen, es sei denn, sie sind wirtschaftlich inaktiv (*dormant companies*)[172] oder es handelt sich um kleine Gesellschaften (*small companies*)[173].

ddd) Gesellschaftsanteile

Die Gesellschaftsanteile (*shares*) sind von der Mitgliedschaft (*membership*) zwar formal zu unterscheiden, die Begriffe werden zumeist jedoch

---

gibt es die (relativ seltenen) Möglichkeiten, eine Gesellschaft mittels einer Königlichen Kommission zu gründen (*chartered company*) oder durch Gesetz (*statutory company*), siehe Spahlinger/Wegen, Internationales Gesellschaftsrecht in der Praxis, S. 313 Rn. 1331.

[165] S. 1(3A) CA 1985.

[166] Heinz, Die englische Limited, § 4 Rn. 1 ff. Ein Muster für ein *memorandum* ist in den *Companies (Tables A to F) Regulations 1985*, SI 1985/805 enthalten.

[167] Heinz, Die englische Limited, § 4 Rn. 31 ff. Siehe das Muster in den *Companies (Tables A to F) Regulations 1985*, SI 1985/805 (im Folgenden CA 1985, Table).

[168] S. 282(1) CA 1985.

[169] S. 283(1) CA 1985; dieser ist zuständig beispielsweise für die Führung des Gesellschaftsregisters und die Anfertigung der Protokolle der Gesellschafterversammlungen.

[170] S. 282(3) CA 1985; dieser kann auch der einzige Gesellschafter sein.

[171] S. 283(1) CA 1985; dieser kann nicht gleichzeitig der *director* sein, s. 283(2) CA 1985.

[172] Levitt, An Introduction to English Companies, S. 153.

[173] Das sind Gesellschaften, die zwei der folgenden drei Kriterien erfüllen: (1) Die Umsätze liegen unter 5,6 Mio. £, (2) Die Bilanzsumme übersteigt nicht 2,8 Mio. £ und (3) Es gibt nicht mehr als 50 Angestellte, siehe Dornseifer/McGeachie, Corporate Business Forms in Europe, S. 92 Rn. 244.

synonym verwendet.[174] Anteile eines Gesellschafters sind Bruchteile des Nominalkapitals (*nominal capital, authorised share capital*), das von den Gesellschaftern im *memorandum* frei gewählt werden kann (theoretisches Mindestkapital ist ein Pence).[175] Bezogen wird der Anteil des einzelnen Gesellschafters immer auf das tatsächlich ausgegebene, gezeichnete Kapital (*issued share capital*) und nicht auf das Grundkapital, das auch das nichtgezeichnete Kapital (*unissued share capital*) mit umfasst.[176] Die Einlage kann vom Gesellschafter durch Barzahlung, Sachleistung oder, bei der *private company*, auch durch Dienstleistung erfolgen.[177]

dd) Companies Act 2006

aaa) Company Law Reform

1998 setzte das Department of Trade and Industry (DTI) einen umfassenden Revisionsprozess des bestehenden Gesellschaftsrechts (*Company Law Reform*) in Gang.[178] Dieser Prozess führte im März 2005 zur Herausgabe eines finalen Weißbuchs (*White Paper*).[179] Ziele der Reform waren eine stärkere Einbindung der Aktionäre und die Förderung einer Kultur langfristiger Investitionen, Erleichterungen für kleinere Gesellschaften, Vereinfachung der Gründung und des Betriebs einer Gesellschaft und die Flexibilisierung der Gesetzgebung im Bereich des Gesellschaftsrechts.[180] Erreicht werden sollte das etwa durch die Umkehrung des Regel-Ausnahme-Verhältnisses in den einschlägigen Gesetzen, die traditionell bislang aus der Sicht der Gesellschaftsformen für große Unternehmen gemacht wurden, wodurch die Regeln für die Masse der Gesell-

---

[174] Bambuch, Die Vererbung von Shares einer Private Limited Company by Shares, S. 16 ff.

[175] Just, Die englische Limited in der Praxis, Rn. 91.

[176] Just, Die englische Limited in der Praxis, Rn. 90.

[177] Das ergibt sich im Gegenschluss aus s. 99 CA 1985, der in Abs. 1 die Zahlung in Geld oder geldwerten Vorteilen zulässt (*money or money's worth (including goodwill and know-how)*) und in Abs. 2 Dienstleistungen (*work or ... services*) als Einlage für die *public company* ausschliesst.

[178] Vorstellung des Reformprozesses bei Jänig, RIW 2006, 270, Wachter, GmbHR 2006, R 317 und Torwegge, GmbHR 2006, 919. Zum Vergleich der deutschen und der englischen Reformbemühungen Dierksmeier/Scharbert, BB 2006, 1517. Kritisch zu dem Reformprozess Ferran, RabelsZ 69 (2005), 629. Zu den Vorarbeiten siehe auch Lembeck, NZG 2003, 956.

[179] Im Folgenden DTI, White Paper 03/2005, abrufbar auf der Homepage des Department for Business, Enterprise and Regulatory Reform unter www.berr.gov.uk. Eine Zusammenfassung der Vorschläge des *White Paper* findet sich bei Heckschen/Köklü/Maul, Private Limited Company, Rn. 910-917.

[180] DTI, White Paper 03/2005, S. 3.

schaften leichter verständlich werden sollten.[181] Im November 2005 wurden die Vorschläge als *Company Law Reform Bill* in das House of Lords eingebracht.[182] Am 8. November 2006 erhielt das Ergebnis der Reformbemühungen, der *Companies Act 2006* (CA 2006), den *Royal Assent* der den formellen Abschluss des Gesetzgebungsverfahrens darstellt.[183]

bbb) Wichtige Änderungen und Inkrafttreten

Der CA 2006 führt zu einer grundlegenden Reform weiter Teile des CA 1985.[184] Die Zweiteilung der Satzung einer *company* in *articles* und *memorandum* wird beendet. Die *company* hat nunmehr eine einheitliche *constitution*.[185] Das neue *memorandum of association* stellt nur noch ein zwingendes Gründungsdokument dar.[186] Die *constitution* besteht aus den neuen *articles of association*, die alle wesentlichen Regelungen enthalten und somit gleichsam die Satzung der *company* darstellen und bestimmten Beschlüssen (*resolutions and agreements to which Chapter 3 applies*).[187] Die Pflichten der *directors* wurden kodifiziert.[188] Die *private company* benötigt keinen *secretary* mehr.[189]

Teile des CA 2006 traten bereits unmittelbar mit dem *Royal Assent* in Kraft.[190] Das weitere Inkrafttreten ist in den *Companies Act 2006*

---

[181] DTI, White Paper 03/2005, S. 29 ff.

[182] Die Company Law Reform Bill (HL Bill 34) ist erhältlich unter www.publications. parliament.uk/pa/ld200506/ldbills/034/2006034.htm, die Erläuterungen zur Company Law Reform Bill [HL] (*Explanatory notes to the Bill*, HL Bill 34-EN) unter www.publications.parliament.uk/pa/ld200506/ldbills/034/en/06034toc.htm.

[183] Der Companies Act 2006 ist erhältlich unter http://www.opsi.gov.uk/acts/acts2006/20060046.htm, die Erläuterungen (*Explanatory notes to the Companies Act 2006*, CA 2006-EN) sind erhältlich unter http://www.opsi.gov.uk/acts/en2006/ 2006en46.htm.

[184] Überblick bei Torwegge, GmbHR 2007, 195.

[185] Part 3 CA 2006, vgl.Nr. 62 ff. CA 2006-EN.

[186] S. 8 CA 2006. Die Bezeichnung als *memorandum of association* stellt gem. Nr.65 CA 2006-EN nur eine historische Reminiszenz dar. Auch die Bezeichnung *articles of association* besteht mit anderer Bedeutung.

[187] S. 17 CA 2006. Die *articles* stellen einen *statutory contract* dar, siehe Nr.65 CA 2006-EN. Der *Secretary of State* ist ermächtigt, Muster-*articles* zu erstellen, s. 19 CA 2006.

[188] S. 170 bis s. 177 CA 2006.

[189] S. 270 CA 2006, vgl. Nr. 508 CA 2006-EN.

[190] Siehe s. 1300(1) CA 2006. Dabei handelt es sich vor allem um die Umsetzung der Richtlinie 2004/109/EG des Europäischen Parlaments und des Rates vom 15. Dezember 2004 zur Harmonisierung der Transparenzanforderungen in Bezug auf Informationen über Emittenten, deren Wertpapiere zum Handel auf einem geregelten Markt zugelassen sind, und zur Änderung der Richtlinie 2001/34/EG, ABl. L 390, S. 38 (Transparenzrichtlinie).

Commencement Orders geregelt.[191] Danach sind beispielsweise Normen betreffend die Einführung des elektronischen Handelsregisters bereits im Januar 2007 in Kraft getreten.[192] Weitere Teile des Reformwerks, etwa die Pflichten der *directors* betreffend, sind zum 1. Oktober 2007 in Kraft getreten.[193] Vollständig umgesetzt sein wird der CA 2006 voraussichtlich im Oktober 2009.[194]

ccc) Auswirkungen

Für bereits bestehende, beispielsweise unter dem CA 1985 gegründete Gesellschaften, ändert sich hinsichtlich ihrer Verfassung zunächst nichts. Die in CA 1985 Table A niedergelegten *articles* bleiben für diese Gesellschaften maßgeblich.[195] Regelungen, die vorher im *memorandum* enthalten waren, nunmehr aber einen Teil der *articles* darstellen würden, werden so behandelt, als seien sie Bestandteil der *articles*.[196] Bestehende Gesellschaften müssen demnach keine Änderungen vornehmen, können jedoch freiwillig eine Anpassung an die neue Rechtslage vornehmen.[197]

Das Vorgesagte gilt auch für die in CA 1985 Table A enthaltenen Regelungen über die Vererbung von Gesellschaftsanteilen.[198] Da der Secretary of State gemäß s. 19 CA 2006 ermächtigt ist, Muster-*articles* zu erlassen, bleibt abzuwarten, welche Regelungen diese dann hinsichtlich der Vererbung von Gesellschaftsanteilen für die nach dem Inkrafttreten der Reform gegründeten Gesellschaften enthält. Für die Masse der bereits gegründeten Gesellschaften ist jedoch davon auszugehen, dass die bisherigen Regelungen noch für längere Zeit maßgeblich sind.[199]

---

[191] Bislang liegen die *Commencement Orders* Nr. 1 bis 5 vor: SI 2006/3428, SI 2007/1093, SI 2007/2194, SI 2007/2607 und SI 2007/3495. Überblicke zum Inkrafttreten bei Torwegge, GmbHR 2007, 195 und Meyer, RIW 2007, 645.

[192] S. 2 *Companies Act 2006 (Commencement No. 1, Transitional Provisions and Savings) Order 2006*, SI 2006/3428.

[193] S. 2 *Companies Act 2006 (Commencement No. 3, Consequential Amendments, Transitional Provisions and Savings) Order 2007*, SI 2007/2194. Siehe dazu Steffek, GmbHR 2007, 810; Lawlor, ZIP 2007, 2202 (2203 f.) und Ladiges/Pegel, DStR 2007, 2069.

[194] Siehe den *Companies Act 2006 Table of Commencement Dates* unter www.berr. gov.uk/files/file42847.doc. Ursprünglich war der Oktober 2008 vorgesehen, siehe Nr. 1729 CA 2006-EN und Meyer, RIW 2007, 645 (648 f.).

[195] S. 19(4) CA 2006, siehe Nr. 73 f. CA 2006-EN.

[196] S. 28 CA 2006.

[197] Siehe Nr. 74 CA 2006-EN. Das gilt auch für eine teilweise Übernahme der neuen *articles*, vgl. s. 19 (3) CA 2006.

[198] CA 1985 Table A Reg. 29-31. Dazu sogleich unten Kapitel V.2.d)aa).

[199] Nach Informationen des *Department for Business, Enterprise and Regulatory Reform* (www.berr.gov.uk) werden die neuen Muster-*articles* ab Oktober 2009 für neu gegründete Gesellschaften gelten. Für die Übergangszeit werden die in CA 1985 Table A

d) Die Vererbung von Gesellschaftsanteilen im englischen Recht

aa) Transmission of Shares

Stirbt der einzig Berechtigte an Anteilen einer *private company limited,* gehen die Anteile per Gesetz im Wege der *transmission* auf einen *personal representative* über.[200] Dieser kann dann für den Nachlass die Dividende und die sonstigen Erträge des Anteils entgegen nehmen. Auf der anderen Seite haftet der Nachlass, falls die Einlage nicht vollständig eingezahlt ist.[201] Der *personal representative* wird erst Mitglied (*member*) der Gesellschaft, wenn die Anteile auf seinen Namen umgeschrieben sind.[202]

CA 1985 Table A Reg 29-31 hält unter der Überschrift *Transmission of Shares* verschiedene Regelungen für den Fall des Todes eines Gesellschafters bereit. Nach CA 1985 Table A Reg 29 ist der Nachlass, unabhängig vom nunmehr Berechtigten, für alle Verbindlichkeiten haftbar, die aus dem Gesellschaftsanteil resultieren.

bb) Eintragung

Will der *personal representative* sich als Mitglied eintragen lassen, setzt das zunächst den Nachweis der Legitimation gegenüber der Gesellschaft voraus. Der *executor* legt sein *probate of the will,* der *administrator* seine *letters of administration* der Gesellschaft vor, was vom *secretary* auf ihnen vermerkt werden sollte.[203]

---

enthaltenen Regelungen für neu gegründete Gesellschaften an die sich ändernde Gesetzeslage angepasst, zuletzt durch *The Companies (Tables A to F) (Amendment) Regulations 2007,* SI 2541/2007 und *The Companies (Tables A to F) (Amendment) (No. 2) Regulations 2007,* SI 2826/2007.

[200] Re Greene (deceased), Greene v Greene and Others [1949] 1 All ER 167 (ChD); Gore-Brown on Companies, Chapter 23.22. Sind mehrere Personen als *joint holders* an dem Anteil berechtigt, haben der Überlebende oder die Überlebenden ein Anrecht auf die Anteile, siehe Gore-Brown on Companies, Chapter 23.25. Zu den Möglichkeiten und Grenzen einer gesellschaftsvertraglichen Gestaltung der Anteilsvererbung siehe Peitsmeyer, Die Vererbung von Anteilen an Personen- und Kapitalgesellschaften in Deutschland, Frankreich und England, S. 122 ff.

[201] Palmer's Company Law, Rn. 6.635.

[202] Gore-Brown on Companies, Chapter 10.4; Mayson, French & Ryan on Company Law, S. 243.

[203] Gore-Brown on Companies, Chapter 23.25. Die regulären Vorschriften über den Nachweis des Übergangs mittels eines *instrument of transfer,* finden insoweit keine Anwendung, vgl. s. 183(1) und (2) CA 1985. Das *probate of the will,* oder die *letters of administration* sind für den Nachweis der Legitimation unabdingbar ausreichend, s. 187 CA 1985. Nach Süß, Erbrecht in Europa, S. 141 Rn. 162, soll der *secretary* ein gewisses Ermessen haben, ob er auch beispielsweise einen deutschen Erbschein für den Nachweis der Erbenstellung genügen lässt. Für nach dem CA 2006 gegründete Gesellschaften,

S. 183(3) CA 1985 und Table A Reg 30 bestimmen, dass der *personal representative*, nachdem er sich den *directors* gegenüber legitimiert hat, die Anteile entweder auf seinen Namen umschreiben lassen kann oder einen Dritten als Empfänger eintragen lassen kann.[204] Das Gesuch, die Anteile auf sich umzuschreiben, kann der *personal representative*, vorbehaltlich einer abweichenden Regelung in den *articles*, formlos an die Gesellschaft richten.[205] Die Übertragung auf einen Dritten richtet sich nach den Regeln für einen *transfer of shares*.[206]

CA 1985 Table A Reg 31 regelt, dass Stimmrechte und Anwesenheitsrechte bei Gesellschafterversammlungen, welche mit dem Anteil verbunden sind, erst ausgeübt werden dürfen, wenn der Berechtigte als Inhaber der Anteile eingetragen ist; im Übrigen soll der Berechtigte jedoch die Rechte des Erblassers bzw. Gemeinschuldners inne haben. Mit der Eintragung wird der *personal representative* auf der anderen Seite auch persönlich haftbar für die Erfüllung von Einzahlungsaufforderungen auf nicht vollständig eingezahlte Einlagen.[207]

cc) Zurückweisung der Eintragung

Das Recht auf Eintragung des *personal representative* ist im Grundsatz unabdingbar.[208] Bei einer Übertragung der Anteile auf einen Dritten gemäß CA 1985 Table A Reg 30, sind die *directors* aber wie bei einer rechtsgeschäftlichen Übertragung (*transfer of shares*) befugt, die Eintragung zurückzuweisen, z. B. wenn gemäß CA 1985 Table A Reg 24 die Einlage nicht vollständig einbezahlt ist oder wenn die *directors* mit der Person des Einzutragenden (begründet) nicht einverstanden sind.[209] Ein Vetorecht der *directors* hinsichtlich der Eintragung eines *personal representative* besteht ansonsten ausnahmsweise nur dann, wenn es in den *artic-*

---

die nach s. 270 CA 2006 keinen *secretary* mehr benötigen, wird das wohl nicht mehr genügen.

[204] Eine Eintragung der Ehefrau, die auch alleinige *executrix* war, erfolgte z. B. in dem Fall Scott v Frank F Scott (London) Ltd and Others [1940] 3 All ER 508 (CA).

[205] Gore-Brown on Companies, Chapter 23.25; erforderlich ist lediglich ein *distinct and intelligent request*, siehe auch Bambuch, Die Vererbung von Shares einer Private Limited Company by Shares, S. 30 f.

[206] CA 1985 Table A Reg 30, Sätze 3 und 4 und s. 183(3).

[207] Buchan's Case [1879] 4 AppCas 547, 549/583, 596 f., (HL); Duff's Executors' Case [1886] 32 ChD 301 (CA); Kalls/Lembeck, Die Übertragung von GmbH-Geschäftsanteilen in 14 Rechtsordnungen Europas, S. 250.

[208] Palmer's Company Law, Rn. 6.636. Der *personal representative* muss ohne einen Zusatz eingetragen werden, der ihn als solchen kennzeichnet, Re TH Saunders & Co Ltd [1908] 1 Ch 415.

[209] Keenan, Smith & Keenan's Company Law for Students, S. 217.

les ausdrücklich vorgesehen ist und dann auch nur in der Reichweite der Zurückweisung einer rechtsgeschäftlichen Übertragung.[210] Allerdings ist für die Zurückweisung ein Beschluss des *board of directors* notwendig.[211] Ist das *board* nicht entscheidungsfähig oder war der Verstorbene auch der einzige *director*, kann die Eintragung nicht zurückgewiesen werden.[212]

Befindet sich das Domizil des Erblassers im Ausland, können die *directors* die Eintragung solange zurückweisen, bis ein Nachweis in Form eines *ancillary grant* vorgelegt wird.[213]

---

[210] Gore-Brown on Companies, Chapter 23.24. In dem Fall Stothers v William Steward (Holdings) Ltd [1994] 2 BCLC 266 (CA), lag es gemäß den *articles* grundsätzlich im Ermessen der *directors*, einer Übertragung der Anteile zuzustimmen. Ausgenommen davon waren Übertragungen an privilegierte Personen, worunter auch eine Ehefrau fiel. Das Gericht entschied, dass der *personal representative* aufgrund dieser Regelung die Ehefrau als *member* eintragen lassen konnte, ohne dass die *directors* das verhindern konnten.

[211] Gore-Brown on Companies, Chapter 23.24.

[212] Gore-Brown on Companies, Chapter 23.24.

[213] Palmer's Company Law, Rn. 6.636.1. Zum *ancillary grant* siehe oben unter Kapitel V.2.b)cc)eee)(2).

VI. Die Behandlung deutsch-englischer Erbfälle

1. Einführung

Bei der Behandlung deutsch-englischer Erbfälle wie in der Ausgangskonstellation zugrunde gelegt, sind – wie immer bei Fällen mit Auslandsberührung – zwei Perspektiven zu beachten: Der Fall kann aus der Sicht eines deutschen Gerichts betrachtet werden oder aus der englischen Perspektive. Dabei kann es sein, dass derselbe Fall unterschiedlichen Lösungen zugeführt wird, je nachdem, welches Recht man als Ausgangspunkt nimmt. Das widerspricht zwar dem internationalen Entscheidungseinklang und dem Zweck des IPR, das für den zu regelnden Sachverhalt räumlich gerechte Recht zu finden, ließe sich aber angesichts der vielen möglichen Rechtsordnungen wohl nur durch internationales Einheitsrecht vermeiden. Im Folgenden soll daher auch ein Augenmerk darauf gerichtet werden, ob die Lösung der Ausgangskonstellation aus englischer Sicht von der aus rein deutschem Blickwinkel abweicht.

Durch die vorangegangene Behandlung der Ausgangskonstellation wird ein grundsätzlicher Unterschied im Qualifikationsprozess bei der Vererbung von Gesellschaftsanteilen nach deutschem und nach englischem Recht deutlich: Das deutsche Recht unterscheidet zwischen Fragestellungen, die dem Erbstatut oder dem Gesellschaftsstatut zugeordnet werden. Aus englischer Sicht hingegen wird zwischen Erbschaftsabwicklung (*administration*) und der eigentlichen Erbfolge (*succession*) und im Bereich der letzteren zwischen der Nachfolge in bewegliches und unbewegliches Vermögen unterschieden.[1]

Dieser Unterschied ändert zwar nicht die Zuordnung zu einem Anknüpfungsgegenstand aus der Sicht der Rechtsordnung, von der für die konkrete Falllösung ausgegangen wird, da die Verweisung auf ausländisches Recht im funktionalen Sinne offen ist, also nicht nur auf dasjenige ausländische Recht verweist, das der (z. B. deutschen) Systematik

---

[1] Siehe Kapitel V.2.b)aa) und bb). Rechtsvergleichend zu den Unterschieden und gemeinsamen Prinzipien im Bereich der Vererbung von Gesellschaftsanteilen auch Peitsmeyer, Die Vererbung von Anteilen an Personen- und Kapitalgesellschaften in Deutschland, Frankreich und England, passim.

entspricht.[2] Der Unterschied bleibt als Thematik jedoch bestehen, wenn die grundlegenden Probleme des Ineinandergreifens von Erb- und Gesellschaftsstatut im deutschen Recht durch die Mittel der Qualifikation gelöst werden sollen. Mit anderen Worten treffen die Probleme der Differenzierung zwischen Erb- und Gesellschaftsstatut mit denen der Verweisung auf ein fremdes Recht zusammen, das wiederum von seinem eigenen Sach- und Kollisionsrecht und dessen jeweiliger Systematik geprägt ist. Dabei muss auch bedacht werden, dass von anderer, englischer Perspektive aus gesehen, das Problem darin besteht, dass das deutsche Recht nicht zwischen Verwaltung und Verteilung des Nachlasses differenziert und Vorgänge, die aus englischer Sicht unter die *administration* fallen würden, dem Erbstatut unterstellt.[3]

Bei der Behandlung der Ausgangskonstellation aus deutscher und aus englischer Sicht müssen diese Reibungspunkte beachtet werden.

2. Die Behandlung deutsch-englischer Erbfälle aus deutscher Sicht

a) Deutscher Erblasser

Aus dem Staatsangehörigkeitsprinzip (Art. 25 Abs. 1 EGBGB) ergibt sich, dass aus deutscher Sicht bei einem deutschen Erblasser Erbstatut das deutsche Sachrecht ist. Das deutsche Erbstatut bezieht sich auf die Nachlassgegenstände, die durch das Gesellschaftsstatut zur Verfügung gestellt werden. Die Anteile an einer englischen Gesellschaft werden aber nicht wie andere Vermögenswerte zur Verfügung gestellt, sondern durch die Person des *personal representative* gehalten. Diese *administration* ist mit dem Gesellschaftsanteil eng verbunden.

Auch hier wird demnach ein Spannungsfeld eröffnet, vergleichbar mit demjenigen, das im deutschen Kollisionsrecht zwischen Erbstatut und Gesellschaftsstatut besteht. Denn nach englischem Kollisionsrecht umfasst das Erbstatut sowohl die Fragen der *administration* als auch die der *succession*. Die *administration* steht dem Bereich des Gesellschaftsstatuts aber näher als die *succession*, denn ohne sie kann ein Übergang an Gesellschaftsanteilen nicht stattfinden, da das ganze materielle englische Gesellschaftsrecht im Falle der *transmission* auf eine *administration* abstellt. Mit anderen Worten sind die Mechanismen der Vererbung mit

---

[2] MünchKommBGB/Sonnenberger, Art. 4 EGBGB, Rn. 39. Siehe dazu auch Kapitel IV.2.f) und hier insbesondere cc)ddd).

[3] Dieser allgemeine Konflikt wurde bereits gesehen von Breslauer, The Private International Law of Succession, S. 235 ff.

dem Übergang der Gesellschaftsanteile im Todesfall eng verwoben. Eine andere Person als einen *personal representative* braucht sich die englische Gesellschaft nicht aufdrängen lassen.

Das gilt unabhängig davon, dass die *administration*, da sie der lex fori des Durchführungsorts zugehört, faktisch sowieso durchgeführt werden muss. Denn das deutsche Erbstatut ist nach dem Qualifikationsergebnis zwar dafür zuständig, den oder die Erben zu bestimmen. Im Fall des englischen Rechts korreliert das jedoch nur mit dem Bereich der *succession*. Das genügt auch, um die Personen zu bestimmen, denen der Vermögenswert, der sich im Nachlass befindet, letztendlich zugewendet werden soll. Das aus deutscher Sicht berufene englische Gesellschaftsstatut antwortet auf die Frage, was es zur Verteilung an den oder die Erben zur Verfügung stellt, nicht: Gesellschaftsteile, sondern in erster Linie: Reinnachlass. Daher ist die *administration* auch aus deutscher Sicht für den Erwerb an den Gesellschaftsanteilen durchzuführen.[4]

Stellt aber das maßgebliche Erbstatut nur eine Person bzw. bestimmte Personen zur Verfügung, die etwa Erben nach dem Prinzip der Universalsukzession sind, müssen diese auch die Aufgaben des *personal representative* wahrnehmen können. Einem deutschen Testamentsvollstrecker kann demnach gem. r. 30(1)(a) NCPR 1987, einem deutschen Alleinerben gem. r. 30(1)(b) NCPR 1987 ein *ancillary grant of administration* ausgestellt werden.[5] Bei mehreren Erben bestimmt der Registerbeamte (*registrar*), ob der *grant* einem oder mehreren von ihnen ausgestellt wird, r. 30(1)(b) i. V. m. r. 30(2) NCPR 1987.[6]

b) Englischer Erblasser

Hält ein englischer Erblasser, der sein letztes Domizil (*domicile*) in Deutschland genommen hatte, Anteile an einer in England gegründeten Gesellschaft, verweist das deutsche Kollisionsrecht gem. Art. 25 Abs. 1 EGBGB auf das englische Recht. Dabei handelt es sich gem. Art. 4 Abs. 1 S. 1, Abs. 3 S. 1 EGBGB um eine Gesamtverweisung. Da Anteile an Gesellschaften aus englischer Sicht zum beweglichen Vermögen zählen, richtet sich die gesetzliche Erbfolge nach dem Recht des letzten Domizils (*domicile*) des

---

[4] Ebenso im Ergebnis von Oertzen/Cornelius, ZEV 2006, 106 (108), die das allerdings aus einer Anwendung des Art. 3 Abs. 3 EGBGB herleiten. Vgl. auch Wachter, GmbHR 2005, 407 (414) und AnwaltkommBGB/Odersky, Band V (Erbrecht), Länderbericht Großbritannien, Rn. 14.

[5] Ebenso Pecher, Die internationale Erbschaftsverwaltung bei deutsch-englischen Erbfällen, S. 126.

[6] Der *registrar* kann bei Vorliegen besonderer Umstände auch eine andere Person bestimmen, 30(1)(c) NCPR 1987.

Erblassers. Befindet sich dieses in Deutschland, kommt es für den Bereich der *succession* zu einer Rückverweisung (renvoi) auf das deutsche Recht. Aus deutscher Sicht wird die Verweisungskette hier gem. Art. 4 Abs. 1 S. 2 EGBGB abgebrochen, die Verweisung also als Sachnorm-Verweisung behandelt. Es kommt deutsches materielles Erbrecht zur Anwendung. Die Gesellschaftsanteile unterliegen aber genauso der *administration*.[7]

3. Die Behandlung deutsch-englischer Erbfälle aus englischer Sicht

Das englische Recht trifft, wie bereits ausgeführt, andere Unterscheidungen als die deutsche Zuordnung von Fragestellungen zu Gesellschafts- oder Erbstatut. Die relevanten Differenzierungskriterien des englischen Rechts sind die Unterscheidung zwischen *succession* und *administration* und die zwischen beweglichem und unbeweglichem Vermögen.

Gesellschaftsanteile sind aus englischer Sicht in dem Staat belegen, in dem mit Wirkung der Gesellschaft gegenüber über sie verfügt werden kann. Nach dem CA 1985 gegründete Gesellschaften müssen gem. s. 2(1)(b) CA 1985 ein *registered office* in England und Wales oder Schottland führen. Nach den ss. 352, 353 CA 1985 muss bei diesem *office* ein *register of members* geführt werden, bei dem jede Veränderung im Gesellschafterbestand eingetragen werden muss.[8] Anteile an nach dem CA 1985 gegründeten Gesellschaften sind demnach in England belegen, wenn dort das *registered office* geführt wird.[9]

Wenn die Gesellschaftsanteile in England belegen sind, ist die Unterscheidung zwischen beweglichem und unbeweglichem Vermögen nach dem dortigen Recht zu treffen. Beteiligungen an Gesellschaften werden in England grundsätzlich zu den *movables* gezählt, auch wenn das Gesellschaftsvermögen aus Grundstücken besteht.[10]

a) Deutscher Erblasser in Deutschland

Da Anteile an Gesellschaften aus englischer Sicht zum beweglichen Vermögen zählen, richtet sich die gesetzliche Erbfolge nach dem Recht des

---

[7] Siehe oben, Kapitel IV.2.a).

[8] Siehe dazu Gore-Brown on Companies, Chapter 10.6 ff. und s. 22(2) CA 1985: *„Every other person who agrees to become a member of a company, and whose name is entered in its register of members, is a member of the company"*.

[9] Dass Anteile an englischen Gesellschaften auch in England belegen sind, wird beispielsweise in dem Fall Wilks, Keefer v Wilks [1935] Ch 645 ohne weitere Prüfung (wohl als selbstverständlich) unterstellt.

[10] Siehe bereits Kapitel V.2.b)bb)aaa).

letzten Domizils (*domicile*) des Erblassers. Die Staatsangehörigkeit des Erblassers spielt aus englischer Sicht zunächst keine Rolle. Auch die Zuordnung der Frage zum Gesellschafts- oder Erbstatut, die hier zu einer Rückverweisung auf das englische Recht führen könnte, spielt als Differenzierung nach den Kriterien des deutschen Rechts aus englischer Sicht keine Rolle. Das englische Recht wählt die Fragen aus, für die es auf das deutsche Recht verweist. Diese sind – aus deutscher Sicht – sämtlich dem Erbstatut zuzuordnen.

Befindet sich das letzte Domizil (*domicile*) des Erblassers in Deutschland, kommt es für den Bereich der *succession* zu einer Verweisung auf das deutsche Recht.[11] Ob es sich dabei um eine Gesamtverweisung handelt, spielt in diesem Fall keine Rolle, da man auch bei einer Verweisung auf das deutsche IPR über Art. 25 Abs. 1 EGBGB zu einer Anwendung deutschen materiellen Erbrechts käme. Die der lex fori unterstehende *administration* muss in jedem Fall durchgeführt werden, da die Gesellschaftsanteile in England belegen sind.

b) Englischer Erblasser in Deutschland

Bei einem englischen Erblasser mit letztem Domizil (*domicile*) in Deutschland verweist das englische Recht für den Bereich der *succession* nach dem Vorgesagten ebenfalls auf das deutsche Recht. In diesem Fall wird jedoch der Umfang der Verweisung problematisch. Schließt die Verweisung das deutsche IPR mit ein, käme es aufgrund der Regelung des Art. 25 Abs. 1 EGBGB zu einer Rückverweisung auf das englische Recht (inklusive dessen IPR).

England folgt aber nicht dem Prinzip der Gesamtverweisung, sondern der sog. *foreign court theory*.[12] Der englische Richter wendet dasjenige Recht an, das der ausländische Richter anwenden würde, wenn er über die Erbfolge zu entscheiden hätte.[13] Aus deutscher Sicht wäre man über die Anwendung des Art. 25 Abs. 1 EGBGB zur Anwendung des englischen Rechts einschließlich des englischen IPR gekommen, das aufgrund des Domizilprinzips eine Rückverweisung ausgesprochen hätte. Diese wäre

---

[11] So beispielsweise in dem Fall Kehr (deceased), Martin and another v Foges and Another [1951] 2 All ER 812 (ChD).

[12] Dicey and Morris on The Conflict of Laws, Rule 1-(2), S. 65, Rn. 4R-001 und S. 71, Rn. 4-018; Ferid/Firsching/Henrich, Internationales Erbrecht, Großbritannien, S. 8 Rn. 20; auch *doctrine of double renvoi* oder *total renvoi* oder *the English doctrine of renvoi* genannt, siehe Cheshire and North, Private International Law, S. 62; Halsbury's Laws of England, Conflict of Laws, para 444.

[13] Siehe dazu von Bar, IPR I, S. 686 Rn. 216 f.; Kegel/Schurig, IPR, S. 394 ff., insbes. S. 399 f.

im deutschen Recht durch Art. 4 Abs. 1 S. 2 EGBGB abgebrochen worden und es wäre deutsches Sachrecht zur Anwendung gelangt. Diesen Vorgang adaptiert der englische Richter und gelangt so zu einer Anwendung des deutschen materiellen Erbrechts für in Deutschland belegene bewegliche Gegenstände (*movables*).

Das Erbstatut für den gesamten beweglichen Nachlass, also auch für Gesellschaftsanteile eines Deutschen oder Engländers mit letztem Domizil in Deutschland, ist also auch aus englischer Sicht das deutsche Recht.[14]

---

[14] Zu einem Normwiderspruch kann es nur bei einem Deutschen mit letztem Domizil in England kommen, da dann aus Sicht beider Länder ihr eigenes Recht zur Anwendung kommt, vgl. AnwaltkommBGB/Odersky, Band 5 (Erbrecht), Länderbericht Großbritannien, Rn. 10.

Anhang Gesetzestexte (Auszüge)

Inhalt

Schweizerisches Bundesgesetz über das Internationale Privatrecht (IPRG) vom 18. Dezember 1987 (Stand 3. Mai 2005) (AS 1988, S. 1776)

Artikel 154 IPRG

III. Anwendbares Recht

1. Grundsatz

[1] Gesellschaften unterstehen dem Recht des Staates, nach dessen Vorschriften sie organisiert sind, wenn sie die darin vorgeschriebenen Publizitäts- oder Registrierungsvorschriften dieses Rechts erfüllen oder, falls solche Vorschriften nicht bestehen, wenn sie sich nach dem Recht dieses Staates organisiert haben.

[2] Erfüllt eine Gesellschaft diese Voraussetzungen nicht, so untersteht sie dem Recht des Staates, in dem sie tatsächlich verwaltet wird.

Artikel 159 IPRG

4. Haftung für ausländische Gesellschaften

Werden die Geschäfte einer Gesellschaft, die nach ausländischem Recht gegründet worden ist, in der Schweiz oder von der Schweiz aus geführt, so untersteht die Haftung der für sie handelnden Personen schweizerischem Recht

Art. 160 IPRG

V. Zweigniederlassung ausländischer Gesellschaften in der Schweiz

[1] Eine Gesellschaft mit Sitz im Ausland kann in der Schweiz eine Zweigniederlassung haben. Diese untersteht schweizerischem Recht.

[2] Die Vertretungsmacht einer solchen Zweigniederlassung richtet sich nach schweizerischem Recht. Mindestens eine zur Vertretung befugte Person muss in der Schweiz Wohnsitz haben und im Handelsregister eingetragen sein.

[3] Der Bundesrat erlässt die näheren Vorschriften über die Pflicht zur Eintragung in das Handelsregister.

Companies Act 1985 (CA 1985) 1st July 1985 (1985 c 6)

S. 1 CA 1985

Mode of forming incorporated company

(1) Any two or more persons associated for a lawful purpose may, by subscribing their names to a memorandum of association and otherwise complying with the requirements of this Act in respect of registration, form an incorporated company, with or without limited liability.

(2) A company so formed may be either–

    (a) a company having the liability of its members limited by the memorandum to the amount, if any, unpaid on the shares respectively held by them ('a company limited by shares');

    (b) a company having the liability of its members limited by the memorandum to such amount as the members may respectively thereby undertake to contribute to the assets of the company in the event of its being wound up ('a company limited by guarantee'); or

    (c) a company not having any limit on the liability of its members ('an unlimited company').

(3) A 'public company' is a company limited by shares or limited by guarantee and having a share capital, being a company–

    (a) the memorandum of which states that it is to be a public company, and

    (b) in relation to which the provisions of this Act or the former Companies Acts as to the registration or re-registration of a company as a public company have been complied with on or after 22nd December 1980;

and a 'private company' is a company that is not a public company.

(3A) Notwithstanding subsection (1), one person may, for a lawful purpose, by subscribing his name to a memorandum of association and otherwise complying with the requirements of this Act in respect of registration, form an incorporated company being a private company limited by shares or by guarantee.

(4) With effect from 22nd December 1980, a company cannot be formed as, or become, a company limited by guarantee with a share capital.

S. 2 CA 1985
Requirements with respect to memorandum

(1) The memorandum of every company must state–

    (a) the name of the company;

    (b) whether the registered office of the company is to be situated in England and Wales, or in Scotland;

    (c) the objects of the company.

(2) Alternatively to subsection (1)(b), the memorandum may contain a statement that the company's registered office is to be situated in Wales; and a company whose registered office is situated in Wales may by special resolution alter its memorandum so as to provide that its registered office is to be so situated.

(3) The memorandum of a company limited by shares or by guarantee must also state that the liability of its members is limited.

(4) The memorandum of a company limited by guarantee must also state that each member undertakes to contribute to the assets of the company if it should be wound up while he is a member, or within one year after he ceases to be a member, for payment of the debts and liabilities of the company contracted before he ceases to be a member, and of the costs, charges and expenses of winding up, and for adjustment of the rights of the contributories among themselves, such amount as may be required, not exceeding a specified amount.

(5) In the case of a company having a share capital–

(a) the memorandum must also (unless it is an unlimited company) state the amount of the share capital with which the company proposes to be registered and the division of the share capital into shares of a fixed amount;

(b) no subscriber of the memorandum may take less than one share; and

(c) there must be shown in the memorandum against the name of each subscriber the number of shares he takes.

(6) Subject to subsection (6A), the memorandum must be signed by each subscriber in the presence of at least one witness, who must attest the signature;

(6A) Where the memorandum is delivered to the registrar otherwise than in legible form and is authenticated by each subscriber in such manner as is directed by the registrar, the requirements in subsection (6) for signature in the presence of at least one witness and for attestation of the signature do not apply.

(7) A company may not alter the conditions contained in its memorandum except in the cases, in the mode and to the extent, for which express provision is made by this Act.

S. 3A CA 1985
Statement of company's objects: general commercial company

Where the company's memorandum states that the object of the company is to carry on business as a general commercial company–

(a) the object of the company is to carry on any trade or business whatsoever, and

(b) the company has power to do all such things as are incidental or conducive to the carrying on of any trade or business by it.

S. 11 CA 1985
Minimum authorised capital (public companies)

When a memorandum delivered to the registrar of companies under section 10 states that the association to be registered is to be a public company, the amount of the share capital stated in the memorandum to be that with which the company proposes to be registered must not be less than the authorised minimum (defined in section 118).

S. 13 CA 1985
Effect of registration

(1) On the registration of a company's memorandum, the registrar of companies shall give a certificate that the company is incorporated and, in the case of a limited company, that it is limited.

(2) The certificate may be signed by the registrar, or authenticated by his official seal.

(3) From the date of incorporation mentioned in the certificate, the subscribers of the memorandum, together with such other persons as may from time to time become members of the company, shall be a body corporate by the name contained in the memorandum.

(4) That body corporate is then capable forthwith of exercising all the functions of an incorporated company, but with such liability on the part of its members to contribute to its assets in the event of its being wound up as is provided by this Act and the Insolvency Act.

This is subject, in the case of a public company, to section 117 (additional certificate as to amount of allotted share capital).

(5) The persons named in the statement under section 10 as directors, secretary or joint secretaries are, on the company's incorporation,

deemed to have been respectively appointed as its first directors, secretary or joint secretaries.

(6) Where the registrar registers an association's memorandum which states that the association is to be a public company, the certificate of incorporation shall contain a statement that the company is a public company.

(7) A certificate of incorporation given in respect of an association is conclusive evidence–

(a) that the requirements of this Act in respect of registration and of matters precedent and incidental to it have been complied with, and that the association is a company authorised to be registered, and is duly registered, under this Act, and

(b) if the certificate contains a statement that the company is a public company, that the company is such a company.

S. 99 CA 1985
General rules as to payment for shares on allotment

(1) Subject to the following provisions of this Part, shares allotted by a company, and any premium on them, may be paid up in money or money's worth (including goodwill and know-how).

(2) A public company shall not accept at any time, in payment up of its shares or any premium on them, an undertaking given by any person that he or another should do work or perform services for the company or any other person.

(3) If a public company accepts such an undertaking in payment up of its shares or any premium on them, the holder of the shares when they or the premium are treated as paid up (in whole or in part) by the undertaking is liable–

(a) to pay the company in respect of those shares an amount equal to their nominal value, together with the whole of any premium or, if the case so requires, such proportion of that amount as is treated as paid up by the undertaking; and

(b) to pay interest at the appropriate rate on the amount payable under paragraph (a) above.

(4) This section does not prevent a company from allotting bonus shares to its members or from paying up, with sums available for the purpose, any amounts for the time being unpaid on any of its shares

(whether on account of the nominal value of the shares or by way of premium).

(5) The reference in subsection (3) to the holder of shares includes any person who has an unconditional right to be included in the company's register of members in respect of those shares or to have an instrument of transfer of them executed in his favour.

S. 101 CA 1985
Shares to be allotted as at least one-quarter paid-up

(1) A public company shall not allot a share except as paid up at least as to one-quarter of its nominal value and the whole of any premium on it.

(2) Subsection (1) does not apply to shares allotted in pursuance of an employees' share scheme.

(3) If a company allots a share in contravention of subsection (1), the share is to be treated as if one-quarter of its nominal value, together with the whole of any premium on it, had been received.

(4) But the allottee is liable to pay the company the minimum amount which should have been received in respect of the share under subsection (1) (less the value of any consideration actually applied in payment up, to any extent, of the share and any premium on it), with interest at the appropriate rate.

(5) Subsections (3) and (4) do not apply to the allotment of bonus shares, unless the allottee knew or ought to have known the shares were allotted in contravention of subsection (1).

S. 118 CA 1985
The authorised minimum

(1) In this Act, 'the authorised minimum' means £50,000, or such other sum as the Secretary of State may by order made by statutory instrument specify instead.

(2) An order under this section which increases the authorised minimum may–

(a) require any public company having an allotted share capital of which the nominal value is less than the amount specified in the order as the authorised minimum to increase that value to not less than that amount or make application to be re-registered as a private company;

(b) make, in connection with any such requirement, provision for any of the matters for which provision is made by this Act relating to a company's registration, re-registration or change of name, to payment for any share comprised in a company's capital and to offers of shares in or debentures of a company to the public, including provision as to the consequences (whether in criminal law or otherwise) of a failure to comply with any requirement of the order; and

(c) contain such supplemental and transitional provisions as the Secretary of State thinks appropriate, make different provision for different cases and, in particular, provide for any provision of the order to come into operation on different days for different purposes.

(3) An order shall not be made under this section unless a draft of it has been laid before Parliament and approved by resolution of each House.

S. 183 CA 1985
Transfer and registration

(1) It is not lawful for a company to register a transfer of shares in or debentures of the company unless a proper instrument of transfer has been delivered to it, or the transfer is an exempt transfer within the Stock Transfer Act 1982 or is in accordance with regulations made under section 207 of the Companies Act 1989.

This applies notwithstanding anything in the company's articles.

(2) Subsection (1) does not prejudice any power of the company to register as shareholder or debenture holder a person to whom the right to any shares in or debentures of the company has been transmitted by operation of law.

(3) A transfer of the share or other interest of a deceased member of a company made by his personal representative, although the personal representative is not himself a member of the company, is as valid as if he had been such a member at the time of the execution of the instrument of transfer.

(4) On the application of the transferor of any share or interest in a company, the company shall enter in its register of members the name of the transferee in the same manner and subject to the same conditions as if the application for the entry were made by the transferee.

(5) If a company refuses to register a transfer of shares or debentures, the company shall, within 2 months after the date on which the transfer was lodged with it, send to the transferee notice of the refusal.

(6) If default is made in complying with subsection (5), the company and every officer of it who is in default is liable to a fine and, for continued contravention, to a daily default fine.

S. 187 CA 1985
Evidence of grant of probate or confirmation as executor

The production to a company of any document which is by law sufficient evidence of probate of the will, or letters of administration of the estate, or confirmation as executor, of a deceased person having been granted to some person shall be accepted by the company as sufficient evidence of the grant.

This has effect notwithstanding anything in the company's articles.

S. 283 CA 1985
Secretary

(1) Every company shall have a secretary.

(2) A sole director shall not also be secretary.

(3) Anything required or authorised to be done by or to the secretary may, if the office is vacant or there is for any other reason no secretary capable of acting, be done by or to any assistant or deputy secretary or, if there is no assistant or deputy secretary capable of acting, by or to any officer of the company authorised generally or specially in that behalf by the directors.

(4) No company shall–

(a) have as secretary to the company a corporation the sole director of which is a sole director of the company;

(b) have as sole director of the company a corporation the sole director of which is secretary to the company.

S. 735 CA 1985
'Company', etc.

(1) In this Act–

(a) 'company' means a company formed and registered under this Act, or an existing company;

(b) 'existing company' means a company formed and registered under the former Companies Acts, but does not include a company registered under the Joint Stock Companies Acts, the Companies Act 1862 or the Companies (Consolidation) Act 1908 in what was then Ireland;

(c) 'the former Companies Acts' means the Joint Stock Companies Acts, the Companies Act 1862, the Companies (Consolidation) Act 1908, the Companies Act 1929 and the Companies Acts 1948 to 1983.

(2) 'Public company' and 'private company' have the meanings given by section 1(3).

(3) 'The Joint Stock Companies Acts' means the Joint Stock Companies Act 1856, the Joint Stock Companies Acts 1856, 1857, the Joint Stock Banking Companies Act 1857 and the Act to enable Joint Stock Banking Companies to be formed on the principle of limited liability, or any one or more of those Acts (as the case may require), but does not include the Joint Stock Companies Act 1844.

(4) The definitions in this section apply unless the contrary intention appears.

Companies (Tables A to F) Regulations 1985
1st July 1985 (SI 1985/805) as amended by SI 2007/2541 and SI 2007/2826

R. 29 CA 1985 Table A

If a member dies the survivor or survivors where he was a joint holder, and his personal representatives where he was a sole holder or the only survivor of joint holders, shall be the only persons recognised by the company as having any title to his interest; but nothing herein contained shall release the estate of a deceased member from any liability in respect of any share which had been jointly held by him.

R. 30 CA 1985 Table A

A person becoming entitled to a share in consequence of the death or bankruptcy of a member may, upon such evidence being produced as the directors may properly require, elect either to become the holder of the share or to have some person nominated by him registered as the transferee. If he elects to become the holder he shall give notice to the company to that effect. If he elects to have another person registered he shall execute an instrument of transfer of the share to that person. All the articles relating to the transfer of shares shall apply to the notice or instrument of transfer as if it were an instrument of transfer executed by the member and the death or bankruptcy of the member had not occurred.

R. 31 CA 1985 Table A

A person becoming entitled to a share in consequence of the death or bankruptcy of a member shall have the rights to which he would be entitled if he were the holder of the share, except that he shall not, before being registered as the holder of the share, be entitled in respect of it to attend or vote at any meeting of the company or at any separate meeting of the holders of any class of shares in the company.

Administration of Estates Act 1925 (AEA 1925)
9 April 1925 (15 & 16 Geo 5, c 23)

S. 33 AEA 1925
Trust for sale

(1) On the death of a person intestate as to any real or personal estate, that estate shall be held in trust by his personal representatives with the power to sell it.

(2) The personal representatives shall pay out of–

   (a) the ready money of the deceased (so far as not disposed of by his will, if any); and

   (b) any net money arising from disposing of any other part of his estate (after payment of costs),

   all such funeral, testamentary and administration expenses, debts and other liabilities as are properly payable thereout having regard to the rules of administration contained in this Part of this Act, and out of the residue of the said money the personal representative shall set aside a fund sufficient to provide for any pecuniary legacies bequeathed by the will (if any) of the deceased.

(3) During the minority of any beneficiary or the subsistence of any life interest and pending the distribution of the whole or any part of the estate of the deceased, the personal representatives may invest the residue of the said money, or so much thereof as may not have been distributed, under the Trustee Act 2000.

(4) The residue of the said money and any investments for the time being representing the same, and any part of the estate of the deceased which remains unsold and is not required for the administration purposes aforesaid, is in this Act referred to as "the residuary estate of the intestate."

(5) The income (including net rents and profits of real estate and chattels real after payment of rates, taxes, rent, costs of insurance, repairs and other outgoings properly attributable to income) of so much of the real and personal estate of the deceased as may nor be disposed of by his will, if any, or may not be required for the administration purposes aforesaid, may, however such estate is invested, as from the death of the deceased, be treated and applied as income, and for that purpose any necessary apportionment may be made between tenant for life and remainderman.

(6) Nothing in this section affects the rights of any creditor of the deceased or the reights of the Crown in respect of death duties.

(7) Where the deceased leaves a will, this section has effect subject to the provisions contained in the will.

S. 34 AEA 1925
Administration of assets

(1) , (2), ...

(3) Where the estate of a deceased person is solvent his real and personal estate shall, subject to rules of court ans the provisions hereinafter contained as to charges on property of the deceased, and to the provisions, if any, contained in his will, be applicable towards the discharge of the funeral, testamentary and administration expenses, debts and liabilities payable thereout in the order mentioned in Part II of the First Schedule to this Act.

S. 46 AEA 1925
Succession to real and personal estate on intestacy

(1) The residuary estate of an intestate shall be distributed in the manner or be held on the trusts mentioned in this section, namely: –

(i) If the intestate leaves a husband or wife, then in accordance with the following Table:

Table

If the intestate–	the residuary estate shall be held in trust for the surviving husband or wife absolutely.
(1) leaves –	
(a) no issue, and	
(b) no parent, or brother or sister of the whole blood, or issue of a brother or sister of the whole blood	
(2) leaves issue (whether or not persons mentioned in sub-paragraph (b) above also survive)	the surviving husband or wife shall take the personal chattels absolutely and, in addition, the residuary estate of the intestate (other than the personal chattels) shall stand charged with the payment of a fixed net sum, free of death duties and costs, to the surviving husband or wife with interest thereon from the date of the death ... at such rate as the Lord Chancellor may specify by order until paid or appropriated, and, subject to providing for that sum and the interest thereon, the residuary estate (other than the personal chattels) shall be held –

the residuary estate shall be held in trust for the surviving husband or wife absolutely.

the surviving husband or wife shall take the personal chattels absolutely and, in addition, the residuary estate of the intestate (other than the personal chattels) shall stand charged with the payment of a fixed net sum, free of death duties and costs, to the surviving husband or wife with interest thereon from the date of the death ... at such rate as the Lord Chancellor may specify by order until paid or appropriated, and, subject to providing for that sum and the interest thereon, the residuary estate (other than the personal chattels) shall be held –

(a) as to one half upon trust for the surviving husband or wife during his or her life, and, subject to such life interest, on the statutory trusts for the issue of the intestate, and

(b) as to the other half, on the statutory trusts for the issue of the intestate.

(3) leaves one or more of the following, that is to say, a parent, a brother or sister of the whole blood, or issue of a brother or sister of the whole blood, but leaves no issue

the surviving husband or wife shall take the personal chattels absolutely and, in addition, the residuary estate of the intestate (other than the personal chattels) shall stand charged with the payment of a fixed net sum, free of death duties and costs, to the surviving husband or wife with interest thereon from the date of the death ... at such rate as the Lord Chancellor may specify by order until paid or appropriated, and, subject to providing for that sum and the interest thereon, the residuary estate (other than the personal chattels) shall be held –

(a) as to one half in trust for the surviving husband or wife absolutely, and

(b) as to the other half–

(i) where the intestate leaves one parent or both parents (whether or not brothers or sisters of the intestate or their issue also survive) in trust for the parent absolutely or, as the case may be, for the two parents in equal shares absolutely

(ii) where the intestate leaves no parent, on the statutory trusts for the brothers and sisters of the whole blood of the intestate.

The fixed net sums referred to in paragraphs (2) and (3) of this Table shall be of the amounts provided by or under section 1 of the Family Provision Act 1966

(ii) If the intestate leaves issue but no husband or wife, the residuary estate of the intestate shall be held on the statutory trusts for the issue of the intestate;

(iii) If the intestate leaves no husband or wife and no issue but both parents, then ... the residuary estate of the intestate shall be held in trust for the father and mother in equal shares absolutely;

(iv) If the intestate leaves no husband or wife and no issue but one parent, then ... the residuary estate of the intestate shall be held in trust for the surviving father or mother absolutely;

(v) If the intestate leaves no husband or wife and no issue and no parent, then ... the residuary estate of the intestate shall be held in trust for the following persons living at the death of the intestate, and in the following order and manner, namely:–

> First, on the statutory trusts for the brothers and sisters of the whole blood of the intestate; but if no person takes an absolutely vested interest under such trusts; then

> Secondly, on the statutory trusts for the brothers and sisters of the half blood of the intestate; but if no person takes an absolutely vested interest under such trusts; then

> Thirdly, for the grandparents of the intestate and, if more than one survive the intestate, in equal shares; but if there is no member of this class; then

> Fourthly, on the statutory trusts for the uncles and aunts of the intestate (being brothers or sisters of the whole blood of a parent of the intestate); but if no person takes an absolutely vested interest under such trusts; then

> Fifthly, on the statutory trusts for the uncles and aunts of the intestate (being brothers or sisters of the half blood of a parent of the intestate) ......

(vi) In default of any person taking an absolute interest under the foregoing provisions, the residuary estate of the intestate shall belong to the Crown or to the Duchy of Lancaster or to the Duke of Cornwall for the time being, as the case may be, as bona vacantia, and in lieu of any right to escheat.

The Crown or the said Duchy or the said Duke may (without prejudice to the powers reserved by section nine of the Civil List Act 1910, or any other powers), out of the whole or any part of the property devolving on them respectively, provide, in accordance with the existing practice, for dependents, whether kindred or not, of the intestate, and other persons for whom the intestate might reasonably have been expected to make provision.

(1A) The power to make orders under subsection

   (1) above shall be exercisable by statutory instrument subject to annulment in pursuance of a resolution of either House of Parliament; and any such order may be varied or revoked by a subsequent order made under the power.

   (2) A husband and wife shall for all purposes of distribution or division under the foregoing provisions of this section be treated as two persons.

(2A) Where the intestate's husband or wife survived the intestate but died before the end of the period of 28 days beginning with the day on which the intestate died, this section shall have effect as respects the intestate as if the husband or wife had not survived the intestate.

   (3) Where the intestate and the intestate's husband or wife have died in circumstances rendering it uncertain which of them survived the other and the intestate's husband or wife is by virtue of section one hundred and eighty-four of the Law of Property Act 1925, deemed to have survived the intestate, this section shall, nevertheless, have effect as respects the intestate as if the husband or wife had not survived the intestate.

   (4) The interest payable on the fixed net sum payable to a surviving husband or wife shall be primarily payable out of income.

S. 47 AEA 1925
Statutory trusts in favour of issue and other classes of relatives of intestate

   (1) Where under this Part of this Act the residuary estate of an intestate, or any part thereof, is directed to be held on the statutory trusts for the issue of the intestate, the same shall be held upon the following trusts, namely:–

   (i) In trust, in equal shares if more than one, for all or any the children or child of the intestate, living at the death of the intestate, who attain the age of eighteen years or marry under that age, and for all or any of the issue living at the death of the intestate who attain the age of eighteen years or marry under that age of any child of the intestate who predeceases the intestate, such issue to take through all de-grees, according to their stocks, in equal shares if more than one, the share which their parent would have taken if living at the death of the intestate, and so that no issue shall take whose parent is living at the death of the intestate and so capable of taking;

(ii) The statutory power of advancement, and the statutory provisions which relate to maintenance and accumulation of surplus income, shall apply, but when an infant marries such infant shall be entitled to give valid receipts for the income of the infant's share or interest;

(iii) Where the property held on the statutory trusts for issue is divisible into shares, then any money or property which, by way of advancement or on the marriage of a child of the intestate, has been paid to such child by the intestate or settled by the intestate for the benefit of such child (including any life or less interest and including property covenanted to be paid or settled) shall, subject to any contrary in-tention expressed or appearing from the circumstances of the case, be taken as being so paid or settled in or towards satisfaction of the share of such child or the share which such child would have taken if living at the death of the intestate, and shall be brought into account, at a valuation (the value to be reckoned as at the death of the intestate), in accordance with the requirements of the personal represen-tatives;

(iv) The personal representatives may permit any infant contingently interested to have the use and enjoyment of any personal chattels in such manner and subject to such conditions (if any) as the perso-nal representatives may consider reasonable, and without being liable to account for any consequential loss

(2) If the trusts in favour of the issue of the intestate fail by reason of no child or other issue attaining an absolutely vested interest–

(a) the residuary estate of the intestate and the income thereof and all statutory accumulations, if any, of the income thereof, or so much thereof as may not have been paid or applied under any power affec-ting the same, shall go, devolve and be held under the provisions of this Part of this Act as if the intesta-te had died without leaving issue living at the death of the intestate;

(b) references in this Part of this Act to the intestate 'leaving no issue' shall be construed as 'leaving no issue who attain an absolutely vested interest';

(c) references in this Part of this Act to the intestate 'leaving issue' or 'leaving a child or other issue' shall be construed as „leaving issue who attain an absolutely vested interest."

(3) Where under this Part of this Act the residuary estate of an intestate or any part thereof is directed to be held on the statutory trusts for any class of relatives of the intestate, other than issue of the intestate, the same shall be held on trusts corresponding to the statutory trusts for the issue of the intestate (other than the provision for bringing any money or property into account) as if such trusts (other than as aforesaid) were repeated with the substitution of references to the members or member of that class for references to the children or child of the intestate.

(4) References in paragraph (i) of subsection (1) of the last foregoing section to the intestate leaving, or not leaving, a member of the class consisting of brothers or sisters of the whole blood of the intestate and issue of brothers or sisters of the whole blood of the intestate shall be construed as references to the intestate leaving, or not leaving, a member of that class who attains an absolutely vested interest.

(5) ...

S. 47A AEA 1925
Right of surviving spouse to have his own life interest redeemed

(1) Where a surviving husband or wife is entitled to the interest in part of the residuary estate, and so elects, the personal representative shall purchase or redeem the life interest by paying the capital value thereof to the tenant for life, or the persons deriving title under the tenant for life, and the costs of the transaction; and thereupon the residuary estate of the intestate may be dealt with and distributed free from the life interest.

(2) ...

(3) An election under this section shall only be exercisable if at the time of the election the whole of the said part of the residuary estate consists of property in possession, but, for the purposes of this section, a life interest in property partly in possession and partly not in

possession shall be treated as consisting of two separate life interests in those respective parts of the property.

(3A) The capital value shall be reckoned in such manner as the Lord Chancellor may by order direct, and an order under this subsection may include transitional provisions.

(3B) The power to make orders under subsection (3A) above shall be exercisable by statutory instrument subject to annulment in pursuance of a resolution of either House of Parliament; and any such order may be varied or revoked by a subsequent order made under the power.

(4) Repealed by Administration of Justice Act 1977, s 32 and Sch 5, Pt VI.

(5) An election under this section shall be exercisable only within the period of twelve months from the date on which representation with respect to the estate of the intestate is first taken out:

Provided that if the surviving husband or wife satisfies the court that the limitation to the said period of twelve months will operate unfairly–

(a) in consequence of the representation first taken out being probate of a will subsequently revoked on the ground that the will was invalid, or

(b) in consequence of a question whether a person had an interest in the estate, or as to the nature of an interest in the estate, not having been determined at the time when representation was first taken out, or

(c) in consequence of some other circumstances affecting the administration or distribution of the estate, the court may extend the said period.

(6) An election under this section shall be exercisable, except where the tenant for life is the sole personal representative, by notifying the personal representative (or, where there are two or more personal representatives of whom one is the tenant for life, all of them except the tenant for life) in writing; and a notification in writing under this subsection shall not be revocable except with the consent of the personal representative.

(7) Where the tenant for life is the sole personal representative an election under this section shall not be effective unless written notice

thereof is given to the Senior Registrar of the Family Division of the High Court within the period within which it must be made; and provision may be made by probate rules for keeping a record of such notices and making that record available to the public.

In this subsection the expression 'probate rules' means rules of court made under section 127 of the Supreme Court Act 1981.

(8) An election under this section by a tenant for life who is an infant shall be as valid and binding as it would be if the tenant for life were of age; but the personal representative shall, instead of paying the capital value of the life inte-rest to the tenant for life, deal with it in the same manner as with any other part of the residuary estate to which the te-nant for life is absolutely entitled.

(9) In considering for the purposes of the foregoing provisions of this section the question when representation was first taken out, a grant limited to settled land or to trust property shall be left out of account and a grant limited to real estate or to personal estate shall be left out of account unless a grant limited to the remainder of the estate has previously been made or is made at the same time.

S. 55 AEA 1925
Definitions

(1) In this Act, unless the context otherwise requires, the following expressions have the meaning hereby assigned to them respectively, that is to say:–

    (i) 'Administration' means, with reference to the real and personal estate of a deceased person, letters of administration, whether general or limited, or with the will annexed or otherwise:

    (ii) 'Administrator' means a person to whom administration is granted:

    (iii) 'Conveyance' includes a mortgage, charge by way of legal mortgage, lease, assent, vesting, decla-ration, vesting instrument, disclaimer, release and every other assurance of property or of an interest therein by any instrument, except a will, and 'convey' has a corresponding meaning and 'disposition' includes a conveyance' also a devise bequest and an appointment of property contained in a will, and 'dispose of' has a corresponding meaning:

(iiiA) 'the County Court limit', in relation to any enactment contained in this Act, means the amount for the time being specified by an Order in Council under section 145 of the County Courts Act 1984 as the county court limit for the purposes of that enactment (or, where no such Order in Council has been made, the corresponding limit specified by Order in Council under section 192 of the County Courts Act 1959);

(iv) 'the Court' means the High Court, and also the county court, where that court has jurisdiction

(v) 'Income' includes rents and profits:

(vi) 'Intestate' includes a person who leaves a will but dies intestate as to some beneficial interest in his real or personal estate:

(via) 'Land' has the same meaning as in the Law of Property Act 1925;

(vii) 'Legal estates' mean the estates charges and interests in or over land (subsisting or created at law) which are by statute authorised to subsist or to be created at law; and 'equitable interests' mean all other interests and charges in or over land . . . :

(viii) 'Person of unsound mind' includes a person of unsound mind whether so found or not, and in relation to a person of unsound mind not so found; and 'defective' includes every person affected by the provisions of section one hundred and sixteen of the Lunacy Act 1890, as extended by section sixty-four of the Mental Deficiency Act 1913, and for whose benefit a receiver has been appointed:

(ix) 'Pecuniary legacy' includes an annuity, a general legacy, a demonstrative legacy so far as it is not discharged out of the designated property, and any other general direction by a testator for the payment of money, including all death duties free from which any devise, bequest, or payment is made to take effect:

(x) 'Personal chattels' mean carriages, horses, stable furniture and effects (not used for business pur-poses), motor cars and accessories (not used for business purposes), garden effects, domestic animals, plate, plated articles, linen, china, glass, books, pictures, prints, furniture, jewellery, articles of house-hold or personal use or ornament, musical and scientific instruments and apparatus, wines, liquors and consumable stores, but do not include any chattels used at the death of the intestate for business purpo-ses nor money or securities for money:

(xi) 'Personal representative' means the executor, original or by representation, or administrator for the time being of a deceased person, and as regards any liability for the payment of death duties includes any person who takes possession of or intermeddles with the property of a deceased person without the authority of the personal representatives or the court, and 'executor' includes a person deemed to be appointed executor as respects settled land:

(xii) 'Possession' includes the receipt of rents and profits or the right to receive the same, if any:

(xiii) Prescribed' means prescribed by rules of court or by probate rules made pursuant to this Act:

(xiv) 'Probate' means the probate of a will:

(xv) ...

(xvi) ...

(xvii) 'Property' includes a thing in action and any interest in real or personal property:

(xviii) 'Purchaser' means a lessee, mortgagee or other person who in good faith acquires an interest in property for valuable consideration, also an intending purchaser and 'valuable consideration' includes marriage, but does not include a nominal consideration in money:

(xix) 'Real estate' save as provided in Part IV of this Act means real estate, including chattels real, which by virtue of Part I of this Act devolves on the personal representative of a deceased person:

(xx) Representation' means the probate of a will and administration, and the expression 'taking out representation' refers to the obtaining of the probate of a will or of the grant of administration:

(xxi) 'Rent' includes a rent service or a rentcharge, or other rent, toll, duty, or annual or periodical payment in money or money's worth, issuing out of or charged upon land, but does not include mortgage interest; and 'rentcharge' includes a fee farm rent:

(xxii) ...

(xxiii) 'Securities' include stocks, funds, or shares:

(xxiv) 'Tenant for life', 'statutory owner', ... 'settled land', 'settlement', 'trustees of the settlement', 'term of years absolute', 'death duties', and 'legal mortgage', have the same meanings as in the Settled Land Act 1925, and 'entailed interest' and 'charge by way of legal mortgage' have the same meanings as in the Law of Property Act 1925:

(xxv) 'Treasury solicitor' means the solicitor for the affairs of His Majesty's Treasury, and includes the solicitor for the affairs of the Duchy of Lancaster:

(xxvi) 'Trust corporation' means the public trustee or a corporation either appointed by the court in any particular case to be a trustee or entitled by rules made under subsection (3) of section four of the Public Trustee Act, 1906, to act as custodian trustee:

(xxvii) Repealed by the Trusts of Land and Appointment of Trustees Act 1996, s 25(2), Sch 4.

(xxviii) 'Will' includes codicil:

(2) References to a child or issue living at the death of any person include a child or issue en ventre sa mere at the death.

(3) References to the estate of a deceased person include property over which the deceased exercises a general power of appointment (including the statutory power to dispose of entailed interests) by his will.

First Schedule – Part II
Order of Application of Assets where the Estate is Solvent

1. Property of the deceased undisposed of by will, subject to the retention thereout of a fund sufficient to meet any pecuniary legacies.

2. Property of the deceased not specifically devised or bequeathed but included (either by a specific or general description) in a residuary

gift, subject to the retention out of such property of a fund sufficient to meet any pecuniary legacies, so far as not provided for as aforesaid.

3. Property of the deceased specifically appropriated or devised or bequeathed (either by a specific or general description) for the payment of debts.

4. Property of the deceased charged with, or devised or bequeathed (either by a specific or general description) subject to a charge for the payment of debts.

5. The fund, if any, retained to meet pecuniary legacies.

6. Property specifically devised or bequeathed, rateably according to value.

7. Property appointed by will under a general power, including the statutory power to dispose of entailed interests, rateably according to value.

8. The following provisions shall also apply–

   (a) The order of application may be varied by the will of the deceased.

   (b) ...

Non-Contentious Probate Rules 1987 (NCPR 1987)
1st January 1988 (SI 1987, 2024)

R. 20 NCPR 1987
Order of priority for grant where deceased left a will

Where the deceased died on or after 1 January 1926 the person or persons entitled to a grant in respect of a will shall be determined in accordance with the following order of priority, namely–

(a) the executor (but subject to rule 36(4)(d) below);

(b) any residuary legatee or devisee holding in trust for any other person;

(c) any other residuary legatee or devisee (including one for life) or where the residue is not wholly disposed of by the will, any person entitled to share in the undisposed of residue (including the Treasury Solicitor when claiming bona vacantia on behalf of the Crown), provided that–

(i) unless a registrar otherwise directs, a residuary legatee or devisee whose legacy or devise is vested in interest shall be preferred to one entitled on the happening of a contingency, and

(ii) where the residue is not in terms wholly disposed of, the registrar may, if he is satisfied that the testator has nevertheless disposed of the whole or substantially the whole of the known estate, allow a grant to be made to any legatee or devisee entitled to, or to share in, the estate so disposed of, without regard to the persons entitled to share in any residue not disposed of by the will;

(d) the personal representative of any residuary legatee or devisee (but not one for life, or one holding in trust for any other person), or of any person entitled to share in any residue not disposed of by the will;

(e) any other legatee or devisee (including one for life or one holding in trust for any other person) or any creditor of the deceased, provided that, unless a registrar otherwise directs, a legatee or devisee whose legacy or devise is vested in interest shall be preferred to one entitled on the happening of a contingency;

(f) the personal representative of any other legatee or devisee (but not one for life or one holding in trust for any other person) or of any creditor of the deceased.

R. 22 NCPR 1987
Order of priority for grant in case of intestacy

(1) Where the deceased died on or after 1 January 1926, wholly intestate, the person or persons having a beneficial interest in the estate shall be entitled to a grant of administration in the following classes in order of priority, namely–

(a) the surviving husband or wife;

(b) the children of the deceased and the issue of any deceased child who died before the deceased;

(c) the father and mother of the deceased;

(d) brothers and sisters of the whole blood and the issue of any deceased brother or sister of the whole blood who died before the deceased;

(e) brothers and sisters of the half blood and the issue of any deceased brother or sister of the half blood who died before the deceased;

(f) grandparents;

(g) uncles and aunts of the whole blood and the issue of any deceased uncle or aunt of the whole blood who died before the deceased;

(h) uncles and aunts of the half blood and the issue of any deceased uncle or aunt of the half blood who died before the deceased.

(2) In default of any person having a beneficial interest in the estate, the Treasury Solicitor shall be entitled to a grant if he claims bona vacantia on behalf of the Crown.

(3) If all persons entitled to a grant under the foregoing provisions of this rule have been cleared off, a grant may be made to a creditor of the deceased or to any person who, notwithstanding that he has no immediate beneficial interest in the estate, may have a beneficial interest in the event of an accretion thereto.

(4) Subject to paragraph (5) of rule 27, the personal representative of a person in any of the classes mentioned in paragraph (1) of this rule or the personal representative of a creditor of the deceased shall have the same right to a grant as the person whom he represents provided that the persons mentioned in sub-paragraphs (b) to (h) of paragraph (1) above shall be preferred to the personal representative of a spouse who has died without taking a beneficial interest in the whole estate of the deceased as ascertained at the time of the application for the grant.

R. 30 NCPR 1987
Grants where deceased died domiciled outside England and Wales

(1) Subject to paragraph (3) below, where the deceased died domiciled outside England and Wales, a registrar may order that a grant do issue to any of the following persons–

(a) to the person entrusted with the administration of the estate by the court having jurisdiction at the place where the deceased died domiciled; or

(b) where there is no person so entrusted, to the person beneficially entitled to the estate by the law of the place where the deceased died domiciled or, if there is more than one person so entitled, to such of them as the registrar may direct; or

(c) if in the opinion of the registrar the circumstances so require, to such person as the registrar may direct.

(2) A grant made under paragraph (1)(a) or (b) above may be issued jointly with such person as the registrar may direct if the grant is required to be made to not less than two administrators.

(3) Without any order made under paragraph (1) above–

(a) probate of any will which is admissible to proof may be granted–

    (i) if the will is in the English or Welsh language, to the executor named therein; or

    (ii) if the will describes the duties of a named person in terms sufficient to constitute him executor according to the tenor of the will, to that person; and

(b) where the whole or substantially the whole of the estate in England and Wales consists of immovable property, a grant in respect of the whole estate may be made in accordance with the law which would have been applicable if the deceased had died domiciled in England and Wales.

Administration of Estates (Small Payments) (Increase of Limit) Order 1984 11 April 1984 (SI 1984/539)

R. 2 Administration of Estates (Small Payments) (Increase of Limit) Order 1984

The following provisions (which relate to property which may be disposed of on death without representation or in pursuance of a nomination subject to a limit of £ 1,500), namely

(a) sections 1 and 2 of the Administration of Estates (Small Payments) Act 1965, so far as they relate to any enactment;

(b) section 14(2) of the Ministerial Salaries and Members' Pensions Act 1965;

(c) paragraph 12 of Schedule 1 to the Forestry Act 1967;

(d) section 66(2) of the Merchant Shipping Act 1970;

(e) section 9(1) of the National Savings Bank Act 1971;

(f) section 4(1) of the Superannuation Act 1972;

(g) section 24(1) of the Parliamentary and other Pensions Act 1972;

(h) section 6(1) of the National Debt Act 1972;

(i) section 119(1) of the Local Government Act 1972;

(j) sections 66, 67 and 68 of the Friendly Societies Act 1974;

(k) paragraph 31(1)(b) of Part IV of Schedule 1 to the Trade Union and Labour Relations Act 1974;

(l) section 27(4) of the Trustee Savings Banks Act 1981;

shall have effect as if for the references to £ 1,500 there were substituted references to £5,000.

Trustee Act 1925 9th April 1925 (1925 c 19)

S. 68 Trustee Act 1925
Definitions

(1) In this Act, unless the context otherwise requires, the following expressions have the meanings hereby as-signed to them respectively, that is to say:–

  (1) "Authorised investments" mean investments authorised by the instrument, if any, creating the trust for the investment of money subject to the trust, or by law;

  (2) "Contingent right" as applied to land includes a contingent or executory interest, a possibility coupled with an interest, whether the object of the gift or limitation of the interest, or possibility is or is not ascertained, also a right of entry, whether immediate or future, and whether vested or contingent;

  (3) "Convey" and "conveyance" as applied to any person include the execution by that person of every necessary or suitable assurance (including an assent) for conveying, assigning, appointing, surrendering, or otherwise transferring or disposing of land whereof he is seised or possessed, or wherein he is entitled to a contingent right, either for his whole estate or for any less estate, together with the performance of all formalities required by law for the validity of the conveyance; "sale" includes an exchange;

  (4) "Gazette" means the London Gazette;

  (5) "Instrument" includes Act of Parliament;

  (6) "Land" includes land of any tenure, and mines and minerals, whether or not severed from the surface, buil-dings or parts

of buildings, whether the division is horizontal, vertical or made in any other way, and other corpo-real hereditaments; also a manor, an advowson, and a rent and other incorporeal hereditaments, and an easement, right, privilege, or benefit in, over, or derived from ...; and in this definition "mines and minerals" include any strata or seam of minerals or substances in or under any land, and powers of working and getting the same ...; and "hereditaments" mean real property which under an intestacy occurring before the commencement of this Act might have devolved on an heir;

(7) "Mortgage" and "mortgagee" include a charge or chargee by way of legal mortgage, and relate to every estate and interest regarded in equity as merely a security for money, and every person deriving title under the original mortgagee;

(8) ...

(9) "Personal representative" means the executor, original or by representation, or administrator for the time being of a deceased person;

(10) "Possession" includes receipt of rents and profits or the right to receive the same, if any; "income" includes rents and profits; and "possessed" applies to receipt of income of and to any vested estate less than a life interest in possession or in expectancy in any land;

(11) "Property" includes real and personal property, and any estate share and interest in any property, real or personal, and any debt, and any thing in action, and any other right or interest, whether in possession or not;

(12) "Rights" include estates and interests;

(13) "Securities" include stocks, funds, and shares; ... and "securities payable to bearer" include securities transferable by delivery or by delivery and endorsement;

(14) "Stock" includes fully paid up shares, and so far as relates to vesting orders made by the court under this Act, includes any fund, annuity, or security transferable in books kept by any company or society, or by instrument of transfer either alone or accompanied by other formalities, and any share or interest therein;

(15) "Tenant for life," "statutory owner," "settled land," "settlement," "trust instrument," "trustees of the settlement" ... "term of years absolute" and "vesting instrument" have the same meanings as in the Settled Land Act 1925, and "entailed interest" has the same meaning as in the Law of Property Act 1925;

(16) "Transfer" in relation to stock or securities, includes the performance and execution of every deed, power of attorney, act, and thing on the part of the transferor to effect and complete the title in the transferee;

(17) "Trust" does not include the duties incident to an estate conveyed by way of mortgage, but with this exception the expressions "trust" and "trustee" extend to implied and constructive trusts, and to cases where the trustee has a beneficial interest in the trust property, and to the duties incident to the office of a personal representative, and "trustee" where the context admits, includes a personal representative, and "new trustee" includes an additional trustee;

(18) "Trust corporation" means the Public Trustee or a corporation either appointed by the court in any particular case to be a trustee, or entitled by rules made under subsection (3) of section four of the Public Trustee Act 1906, to act as custodian trustee;

(19) "Trust for sale" in relation to land means an immediate ... trust for sale, whether or not exercisable at the request or with the consent of any person ...;

(20) "United Kingdom" means Great Britain and Northern Ireland.

(2) Any reference in this Act to paying money or securities into court shall be construed as referring to paying the money or transferring or depositing the securities into or in the Senior Courts or into or in any other court that has jurisdiction, and any reference in this Act to payment of money or securities into court shall be construed–

(a) with reference to an order of the High Court, as referring to payment of the money or transfer or deposit of the securities into or in the Senior Courts; and

(b) with reference to an order of any other court, as referring to payment of the money or transfer or deposit of the securities into or in that court.

(3) Any reference in this Act to a person who lacks capacity in relation to a matter is to a person–

   (a) who lacks capacity within the meaning of the Mental Capacity Act 2005 in relation to that matter, or

   (b) in respect of whom the powers conferred by section 48 of that Act are exercisable and have been exercised in relation to that matter.

Trustee Act 2000 23 November 2000 (2000 c 29)

S. 35 Trustee Act 2000
Personal representatives

(1) Subject to the following provisions of this section, this Act applies in relation to a personal representative administering an estate according to the law as it applies to a trustee carrying out a trust for beneficiaries.

(2) For this purpose this Act is to be read with the appropriate modifications and in particular-

   (a) references to the trust instrument are to be read as references to the will,

   (b) references to a beneficiary or to beneficiaries, apart from the reference to a beneficiary in section 8(1)(b), are to be read as references to a person or the persons interested in the due administration of the estate, and

   (c) the reference to a beneficiary in section 8(1)(b) is to be read as a reference to a person who under the will of the deceased or under the law relating to intestacy is beneficially interested in the estate.

(3) Remuneration to which a personal representative is entitled under section 28 or 29 is to be treated as an administration expense for the purposes of-

   (a) section 34(3) of the Administration of Estates Act 1925 (order in which estate to be paid out), and

   (b) any provision giving reasonable administration expenses priority over the preferential debts listed in Schedule 6 to the Insolvency Act 1986.

(4) Nothing in subsection (3) is to be treated as affecting the operation of the provisions mentioned in paragraphs (a) and (b) of that sub-

section in relation to any death occurring before the commencement of this section.

Supreme Court Act 1981 28 July 1981 (1981 c 54)

S. 116 Supreme Court Act 1981
Power of court to pass over prior claims to grant

(1) If by reason of any special circumstances it appears to the High Court to be necessary or expedient to appoint as administrator some person other than the person who, but for this section, would in accordance with probate rules have been entitled to the grant, the court may in its discretion appoint as administrator such person as it thinks expedient.

(2) Any grant of administration under this section may be limited in any way the court thinks fit.

Family Law Reform Act 1987 15 May 1987 (1987 c 42)

S. 1 Family Law Reform Act 1987
General principle

(1) In this Act and enactments passed and instruments made after the coming into force of this section, references (however expressed) to any relationship between two persons shall, unless the contrary intention appears, be construed without regard to whether or not the father and mother of either of them, or the father and mother of any per-son through whom the relationship is deduced, have or had been married to each other at any time.

(2) In this Act and enactments passed after the coming into force of this section, unless the contrary intention appears –

   (a) references to a person whose father and mother were married to each other at the time of his birth include; and

   (b) references to a person whose father and mother were not married to each other at the time of his birth do not include,

references to any person to whom subsection (3) below applies, and cognate references shall be construed accordingly.

(3) This subsection applies to any person who –

   (a) is treated as legitimate by virtue of section 1 of the Legitimacy Act 1976;

(b) is a legitimated person within the meaning of section 10 of that Act;

(c) is an adopted person within the meaning of Chapter 4 of Part 1 of the Adoption and Children Act 2002; or

(d) is otherwise treated in law as legitimate.

(4) For the purpose of construing references falling within subsection (2) above, the time of a person's birth shall be taken to include any time during the period beginning with–

(a) the insemination resulting in his birth; or

(b) where there was no such insemination, his conception,

and (in either case) ending with his birth.

S. 18 Family Law Reform Act 1987
Succession on intestacy

(1) In Part IV of the Administration of Estates Act 1925 (which deals with the distribution of the estate of an intestate), references (however expressed) to any relationship between two persons shall be construed in accordance with section 1 above.

(2) For the purposes of subsection (1) above and that Part of that Act, a person whose father and mother were not married to each other at the time of his birth shall be presumed not to have been survived by his father, or by any person related to him only through his father, unless the contrary is shown.

(3) In section 50(1) of that Act (which relates to the construction of documents), the reference to Part IV of that Act, or to the foregoing provisions of that Part, shall in relation to an instrument inter vivos made, or a will or codicil coming into operation, after the coming into force of this section (but not in relation to instruments inter vivos made or wills or codicils coming into operation earlier) be construed as including references to this section.

(4) This section does not affect any rights under the intestacy of a person dying before the coming into force of this section.

Adoption Act 1976 22 July 1976 (1976 c 36)

S. 39 Adoption Act 1976
Status conferred by adoption

(1) An adopted child shall be treated in law–

    (a) where the adopters are a married couple, as if he had been born as a child of the marriage (whether or not he was in fact born after the marriage was solemnized);

    (b) in any other case, as if he had been born to the adopter in wedlock (but not as a child of any actual marriage of the adopter).

(2) An adopted child shall, subject to subsection subsections (3) and (3A), be treated in law as if he were not the child of any person other than the adopters or adopter.

(3) In the case of a child adopted by one of its natural parents as sole adoptive parent, subsection (2) has no effect as respects entitlement to property depending on relationship to that parent, or as respects anything else depending on that relationship.

(3A) Where, in the case of a Convention adoption, the High Court is satisfied, on an application under this subsection–

    (a) that under the law of the country in which the adoption was effected the adoption is not a full adoption;

    (b) that the consents referred to in Article 4(c) and (d) of the Convention have not been given for a full adoption, or that the United Kingdom is not the receiving State (within the meaning of Article 2 of the Convention); and

    (c) that it would be more favourable to the adopted child for a direction to be given under this subsection,

the Court may direct that subsection (2) shall not apply, or shall not apply to such extent as may be specified in the direction.

In this subsection 'full adoption' means an adoption by virtue of which the adopted child falls to be treated in law as if he were not the child of any person other than the adopters or adopter.

(3B) The following provisions of the Family Law Act 1986–

    (a) section 59 (provisions relating to the Attorney General); and

    (b) section 60 (supplementary provision as to declarations), shall apply in relation to, and to an appli-cation for, a direction under subsection (3A) as they apply in relation to, and to an application for, a declaration under Part III of that Act.]

(4) It is hereby declared that this section prevents an adopted child from being illegitimate.

(5) This section has effect–

   (a) in the case of an adoption before 1st January 1976, from that date, and

   (b) in the case of any other adoption, from the date of the adoption.

(6) Subject to the provisions of this Part, this section–

   (a) applies for the construction of enactments or instruments passed or made before the adoption or later, and so applies subject to any contrary indication; and

   (b) has effect as respects things done, or events occurring, after the adoption, or after 31st December 1975, whichever is the later.

Income and Corporation Taxes Act 1988 9 February 1988 (1988 c 1)

S. 65 Income and Corporation Taxes Act 1988
Cases IV and V assessments: general

(1) Subject to the provisions of this section and sections 66 and 67, income tax chargeable under Case IV or Case V of Schedule D shall be computed on the full amount of the income arising in the year preceding the year of assessment, whether the income has been or will be received in the United Kingdom or not, subject in the case of income not received in the United Kingdom–

   (a) to the same deductions and allowances as if it had been so received, and

   (b) to a deduction on account of any annuity or other annual payment (not being interest) payable out of the income to a person not resident in the United Kingdom.

(2) Subject to section 330, income tax chargeable under Case IV or V of Schedule D on income arising from any pension shall be computed on the amount of that income subject to a deduction of one-tenth of the amount of the income.

(3) Income tax chargeable under Case IV or V of Schedule D on income which is immediately derived by a person from the carrying on by

him of any trade, profession or vocation either solely or in partnership shall be computed in accordance with the rules applicable to Cases I and II of Schedule D; and subsection (1)(a) above shall not apply.

Nothing in this subsection shall be taken to apply sections 60 to 63 or 113 in relation to income chargeable under Case V of Schedule D but computed in accordance with this subsection.

(4) Subsections (1), (2) and (3) above shall not apply to any person who, on a claim made to the Board, satisfies the Board that he is not domiciled in the United Kingdom, or that, being a Commonwealth citizen or a citizen of the Republic of Ireland, he is not ordinarily resident in the United Kingdom.

(5) Where subsection (4) above applies the tax shall, subject to sections 66 and 67, be computed–

   (a) in the case of tax chargeable under Case IV, on the full amount, so far as the same can be computed, of the sums received in the United Kingdom in the year preceding the year of assessment, without any deduction or abatement; and

   (b) in the case of tax chargeable under Case V, on the full amount of the actual sums received in the United Kingdom in the year preceding the year of assessment from remittances payable in the United Kingdom, or from property imported, or from money or value arising from property not imported, or from money or value so received on credit or on account in respect of any such remittances, property, money or value brought or to be brought into the United Kingdom, without any deduction or abatement other than is allowed under the provisions of the Income Tax Acts in respect of profits or gains charged under Case I of Schedule D.

(6) For the purposes of subsection (5) above, any income arising from securities or possessions out of the United Kingdom which is applied outside the United Kingdom by a person ordinarily resident in the United Kingdom in or towards satisfaction of–

   (a) any debt for money lent to him in the United Kingdom or for interest on money so lent, or

   (b) any debt for money lent to him outside the United Kingdom and received in or brought to the United Kingdom, or

(c) any debt incurred for satisfying in whole or in part a debt falling within paragraph (a) or (b) above,

shall be treated as received by him in the United Kingdom (and, for the purposes of subsection (5)(b) above, as so received from remittances payable in the United Kingdom).

(7) Where a person ordinarily resident in the United Kingdom receives in or brings to the United Kingdom money lent to him outside the United Kingdom, but the debt for that money is wholly or partly satisfied before he does so, subsection (6) above shall apply as if the money had been received in or brought to the United Kingdom before the debt was so satisfied, except that any sums treated by virtue of that subsection as received in the United Kingdom shall be treated as so received at the time when the money so lent is actually received in or brought to the United Kingdom.

(8) Where–

(a) a person ("the borrower") is indebted for money lent to him, and

(b) income is applied by him in such a way that the money or property representing it is held by the lender on behalf of or to the account of the borrower in such circumstances as to be available to the lender for the purpose of satisfying or reducing the debt by set-off or otherwise, that income shall be treated as applied by the borrower in or towards satisfaction of the debt if, under any arrangement between the borrower and the lender, the amount for the time being of the borrower's indebtedness to the lender, or the time at which the debt is to be repaid in whole or in part, depends in any respect directly or indirectly on the amount or value so held by the lender.

(9) For the purposes of subsections (6) to (8) above–

(a) a debt for money lent shall, to the extent to which that money is applied in or towards satisfying another debt, be deemed to be a debt incurred for satisying that other debt, and a debt incurred for satisfying in whole or in part a debt falling within paragraph (c) of subsection (6) above shall itself be treated as falling within that paragraph; and

(b) "lender" includes, in relation to any money lent, any person for the time being entitled to repayment.

S. 749 Income and Corporation Taxes Act 1988
Residence and interest

(1) Subject to subsections (2) and (4) below, in any accounting period in which a company is resident outside the United Kingdom, it shall be regarded for the purposes of this Chapter as resident in that territory in which, throughout that period, it is liable to tax by reason of domicile, residence or place of management.

(2) If, in the case of any company, there are in any accounting period two or more territories falling within subsection (1) above, the company shall in that accounting period be regarded for the purposes of this Chapter as resident in only one of them, namely–

(a) if, throughout the accounting period, the company's place of effective management is situated in one of those territories only, in that territory; and

(b) if, throughout the accounting period, the company's place of effective management is situated in two or more of those territories, in that one of them in which, at the end of the accounting period, the greater amount of the company's assets is situated; and

(c) if neither paragraph (a) nor paragraph (b) above applies, in that one of the territories falling within subsection (1) above in which, at the end of the accounting period, the greater amount of the company's assets is situated; and

(d) if paragraph (a) above does not apply and neither paragraph (b) nor paragraph (c) above produces one, and only one, of those territories, in that one of them which may be specified in a direction under section 747(1) relating to that accounting period.

(3) If, in the case of any company, there is in any accounting period no territory falling within subsection (1) above, then, for the purposes of this Chapter, it shall be conclusively presumed that the company is in that accounting period resident in a territory in which it is subject to a lower level of taxation.

(4) In any case where it becomes necessary for the purposes of subsection (2) above to determine in which of two or more territories the greater amount of a company's assets is situated at the end of an accounting period, account shall be taken only of those assets which, immediately before the end of that period, are situated in those ter-

ritories and the amount of them shall be determined by reference to their market value at that time.

(5) For the purposes of this Chapter, the following persons have an interest in a controlled foreign company–

  (a) any person who possesses, or is entitled to acquire, share capital or voting rights in the company,

  (b) any person who possesses, or is entitled to acquire, a right to receive or participate in distributions of the company or any amounts payable by the company (in cash or in kind) to loan creditors by way of premium on redemption,

  (c) any person who is entitled to secure that income or assets (whether present or future) of the company will be applied directly or indirectly for his benefit, and

  (d) any other person who, either alone or together with other persons, has control of the company,

and for the purposes of paragraph (b) above the definition of "distribution" in Part VI shall be construed without any limitation to companies resident in the United Kingdom.

(6) References in subsection (5) above to being entitled to do anything apply where a person is presently entitled to do it at a future date, or will at a future date be entitled to do it; but a person whose entitlement to secure that any income or assets of the company will be applied as mentioned in paragraph (c) of that subsection is contingent upon a default of the company or any other person under any agreement shall not be treated as falling within that paragraph unless the default has occurred.

(7) Without prejudice to subsection (5) above, the Board may, if they think it appropriate, treat a loan creditor of a controlled foreign company as having an interest in the company for the purposes of this Chapter.

Finance Act 1988 29th July 1988 (1988 c 39)

S. 66 Finance Act 1988
Company residence

  (1) Subject to the provisions of Schedule 7 to this Act, a company which is incorporated in the United Kingdom shall be regarded for the purposes of the Taxes Acts as resident there; and accordingly, if

a different place of residence is given by any rule of law, that place shall no longer be taken into account for those purposes.

(2) For the purposes of the Taxes Acts, a company which-

    (a) is no longer carrying on any business; or

    (b) is being wound up outside the United Kingdom,

shall be regarded as continuing to be resident in the United Kingdom if it was so regarded for those purposes immediately before it ceased to carry on business or, as the case may be, before any of its activities came under the control of a person exercising functions which, in the United Kingdom, would be exercisable by a liquidator.

(3) In this section "the Taxes Acts" has the same meaning as in the Taxes Management Act 1970.

(4) This section and Schedule 7 to this Act shall be deemed to have come into force on 15th March 1988

Schedule 7 Finance Act 1988
Exceptions to Rule in Section 66(1)

Cases where rule does not apply

1.–(1) Subject to sub-paragraphs (2) and (3) below, section 66(1) of this Act shall not apply in relation to a company which, immediately before the commencement date–

    (a) was carrying on business;

    (b) was not resident in the United Kingdom, having ceased to be so resident in pursuance of a Treasury consent; and

    (c) where that consent was a general consent, was taxable in a territory outside the United Kingdom.

(2) If at any time on or after the commencement date a company falling within sub-paragraph (1) above–

    (a) ceases to carry on business; or

    (b) where the Treasury consent there referred to was a general consent, ceases to be taxable in a territory outside the United Kingdom,

section 66(1) of this Act shall apply in relation to the company after that time or after the end of the transitional period, whichever is the later.

(3) If at any time on or after the commencement date a company falling within sub-paragraph (1) above becomes resident in the United Kingdom, section 66(1) of this Act shall apply in relation to the company after that time.

2.–(1) Subject to sub-paragraphs (2) and (3) below, section 66(1) of this Act shall not apply in relation to a company which–

    (a) carried on business at any time before the commencement date;

    (b) ceases to be resident in the United Kingdom at any time on or after that date in pursuance of a Treasury consent; and

    (c) is carrying on business immediately after that time.

(2) If at any time after it ceases to be resident in the United Kingdom a company falling within sub-paragraph (1) above ceases to carry on business, section 66(1) of this Act shall apply in relation to the company after that time or after the end of the transitional period, whichever is the later.

(3) If at any time after it ceases to be resident in the United Kingdom a company falling within sub-paragraph (1) above becomes resident in the United Kingdom, section 66(1) of this Act shall apply in relation to the company after that time.

Cases where rule does not apply until end of transitional period

3.–(1) Subject to sub-paragraph (2) below, in relation to a company which–

    (a) carried on business at any time before the commencement date;

    (b) was not resident in the United Kingdom immediately before that date; and

    (c) is not a company falling within paragraph 1(1) above,

section 66(1) of this Act shall not apply until after the end of the transitional period.

(2) If at any time on or after the commencement date a company falling within sub-paragraph (1) above becomes resident in the United Kingdom, section 66(1) of this Act shall apply in relation to the company after that time.

4.–(1) Subject to sub-paragraph (2) below, in relation to a company which–

    (a) carried on business at any time before the commencement date;

    (b) ceases to be resident in the United Kingdom at any time on or after that date in pursuance of a Treasury consent; and

    (c) is not a company falling within paragraph 2(1) above,

section 66(1) of this Act shall not apply until after the end of the transitional period.

  (2) If at any time after it ceases to be resident in the United Kingdom a company falling within sub-paragraph (1) above becomes resident in the United Kingdom, section 66(1) of this Act shall apply in relation to the company after that time.

Supplemental

5.–(1)   In this Schedule–

"the commencement date" means the date of the coming into force of this Schedule;

"general consent" means a consent under any section to which sub-paragraph (2) below applies given generally within the meaning of subsection (4) of that section;

"taxable" means liable to tax on income by reason of domicile, residence or place of management;

"the transitional period" means the period of five years beginning with the commencement date;

"Treasury consent" means a consent under any section to which sub-paragraph (2) below applies given for the purposes of subsection (1)(a) of that section.

  (2) This sub-paragraph applies to the following sections (restrictions on the migration etc. of companies), namely–

section 765 of the Taxes Act 1988;

section 482 of the Taxes Act 1970;

section 468 of the [1952 c. 10.] Income Tax Act 1952; and

section 36 of the [1951 c. 43.] Finance Act 1951.

(3) Any question which arises under any of the provisions of this Schedule shall be determined without regard to the provision made by section 66(1) of this Act.

Inheritance (Provision for Family and Dependants) Act 1975
12 November 1975 (1975 c 63)

S. 1 Inheritance (Provision for Family and Dependants) Act 1975
Application for financial provision from deceased's estate

(1) Where after the commencement of this Act a person dies domiciled in England and Wales and is survived by any of the following persons–

  (a) the wife or husband of the deceased;

  (b) a former wife or former husband of the deceased who has not remarried;

  (ba) any person (not being a person included in paragraph (a) or (b) above) to whom subsection (1A) below applies;]

  (c) a child of the deceased;

  (d) any person (not being a child of the deceased) who, in the case of any marriage to which the de-ceased was at any time a party, was treated by the deceased as a child of the family in relation to that marriage;

  (e) any person (not being a person included in the foregoing paragraphs of this subsection) who immediately before the death of the deceased was being maintained, either wholly or partly, by the deceased; that person may apply to the court for an order under section 2 of this Act on the ground that the disposition of the deceased's estate effected by his will or the law relating to intestacy, or the combination of his will and that law, is not such as to make reasonable financial provision for the applicant.

(1A) This subsection applies to a person if the deceased died on or after 1st January 1996 and, during the whole of the period of two years ending immediately before the date when the deceased died, the person was living–

  (a) in the same household as the deceased, and

  (b) as the husband or wife of the deceased.

(2) In this Act 'reasonable financial provision'–

    (a) in the case of an application made by virtue of subsection (1)(a) above by the husband or wife of the deceased (except where the marriage with the deceased was the subject of a decree of judicial sepa-ration and at the date of death the decree was in force[, at the date of death, a separation order under the Family Law Act 1996 was in force in relation to the marriage] and the separation was continuing), means such financial provision as it would be reasonable in all the circumstances of the case for a husband or wife to receive, whether or not that provision is required for his or her maintenance;

    (b) in the case of any other application made by virtue of subsection (1) above, means such financial provision as it would be reasonable in all the circumstances of the case for the applicant to receive for his maintenance.

(3) For the purposes of subsection (1)(e) above, a person shall be treated as being maintained by the deceased, either wholly or partly, as the case may be, if the deceased, otherwise than for full valuable consideration, was making a substantial contribution in money or money's worth towards the reasonable needs of that person.

Domicile and Matrimonial Proceedings Act 1973
25 July 1973 (1973 c 45)

S. 3 Domicile and Matrimonial Proceedings Act 1973
Age at which independent domicile can be acquired

(1) The time at which a person first becomes capable of having an independent domicile shall be when he attains the age of sixteen or marries under that age; and in the case of a person who immediately before 1st January 1974 was incapable of having an independent domicile, but had then attained the age of sixteen or been married, it shall be that date.

(2) This section extends to England and Wales and Northern Ireland (but not to Scotland).

S. 4 Domicile and Matrimonial Proceedings Act 1973
Dependent domicile of child not living with his father

(1) Subsection (2) of this section shall have effect with respect to the dependent domicile of a child as at any time after the coming into

force of this section when his father and mother are alive but living apart.

(2) The child's domicile as at that time shall be that of his mother if–

   (a) he then has his home with her and has no home with his father; or

   (b) he has at any time had her domicile by virtue of paragraph (a) above and has not since had a home with his father.

(3) As at any time after the coming into force of this section, the domicile of a child whose mother is dead shall be that which she last had before she died if at her death he had her domicile by virtue of subsection (2) above and he has not since had a home with his father.

(4) Nothing in this section prejudices any existing rule of law as to the cases in which a child's domicile is regarded as being, by dependence, that of his mother.

(5) In this section, 'child' means a person incapable of having an independent domicile; ...

Literaturverzeichnis

Altmeppen, Holger	Änderungen der Kapitalersatz- und Insolvenzverschleppungshaftung aus „deutsch-europäischer" Sicht, NJW 2005, 1911
Altmeppen, Holger	Schutz vor „europäischen" Kapitalgesellschaften, NJW 2004, 97
Altmeppen, Holger	Geschäftsleiterhaftung für Weglassen des Rechtsformzusatzes aus deutsch-europäischer Sicht, ZIP 2007, 889
Andres, Dirk; Grund, Andreas	Die Flucht vor deutschen Insolvenzgerichten nach England – Die Entscheidungen in dem Insolvenzverfahren Hans Brochier Holdings Ltd., NZI 2007, 137
Bailey, S. J.	Position of Beneficiaries under Will or Intestacy, CLJ 1965, 44
Ballmann, Alexander	Der High Court of Justice erschwert die Flucht deutscher Unternehmen ins englische Insolvenzrecht, BB 2007, 1121
Bamberger, Heinz Georg; Roth, Herbert (Hrsg.)	Beck'scher Online-Kommentar BGB, Stand: 01.09.2007 – Edition 7
Bambuch, Wolfgang	Die Vererbung von Shares einer Private Limited Company by Shares, 1972
Bar, Christian von	Internationales Privatrecht, Band II, Besonderer Teil, 1991
Bar, Christian von; Mankowski, Peter	Internationales Privatrecht, Band I, Allgemeine Lehren, 2. Aufl. 2003
Basedow, Jürgen	Der kollisionsrechtliche Gehalt der Produktfreiheiten im europäischen Binnenmarkt: favor offerentis, RabelsZ 59 (1995), 1
Basedow, Jürgen	Europäisches Internationales Privatrecht, NJW 1996, 1921

Baudenbacher, Carl; *Buschle, Dirk*	Niederlassungsfreiheit für EWR-Gesellschaften nach Überseering, IPRax 2004, 26
Bayer, Walter	Aktuelle Entwicklungen im Europäischen Gesellschaftsrecht, BB 2004, 1
Bayer, Walter	Die EuGH-Entscheidung „Inspire Art" und die deutsche GmbH im Wettbewerb der europäischen Rechtsordnungen, BB 2003, 2357
Bayer, Walter; *Hoffmann, Thomas*	Die Wahrnehmung der *limited* als Rechtsformalternative zur GmbH, GmbHR 2007, 414
Bayer, Walter; *Lieder, Jan*	Der Entwurf des „MoMiG" und die Auswirkungen auf das Cash-Pooling, GmbHR 2006, 1121
Bayer, Walter; *Schmidt, Jessica*	Der Schutz der grenzüberschreitenden Verschmelzung durch die Niederlassungsfreiheit, ZIP 2006, 210
Becht, Marco; *Mayer, Colin;* *Wagner, Hannes F.*	Where Do Firms Incorporate? – ECGI Law Working Paper No. 70/2006, August 2007
Bechtel, Wolfram	Parteifähigkeit trotz Verlegung des Gesellschaftssitzes nach Deutschland – Kommentar zu BGH, NZG 2000, 1025 und OLG Frankfurt, RIW 1999, 783, NZG 2001, 21
Becker, Patricia	Bericht über die Ergebnisse der Konsultation zu den künftigen Prioritäten des Aktionsplans „Modernisierung des Gesellschaftsrechts und Verbesserung der Corporate Governance in der Europäischen Union", GmbHR 2006, R 297
Behme, Caspar	Die Mitbestimmung der Arbeitnehmer bei der britischen Limited mit Verwaltungssitz in Deutschland, ZIP 2008, 351
Behrens, Peter	Die Gesellschaft mit beschränkter Haftung im internationalen und europäischen Recht, 2. Aufl. 1997
Behrens, Peter	Das Internationale Gesellschaftsrecht nach dem Centros-Urteil des EuGH, IPRax 1999, 323
Behrens, Peter	Das Internationale Gesellschaftsrecht nach dem Überseering-Urteil des EuGH und den Schlussanträgen zu Inspire Art, IPRax 2003, 193

Behrens, Peter	Gemeinschaftliche Grenzen der Anwendung inländischen Gesellschaftsrechts auf Auslandsgesellschaften nach Inspire Art, IPRax 2004, 20
Beitzke, Günther	Juristische Personen im Internationalprivatrecht und Fremdenrecht, 1938
Beitzke, Günther (Hrsg.)	Vorschläge und Gutachten zur Reform des deutschen internationalen Personen- Familien und Erbrechts, 1981
Berenbrok, Marius	Internationale Nachlassabwicklung, 1989
Berner, Olaf; Klöhn, Lars	Insolvenzantragspflicht, Qualifikation und Niederlassungsfreiheit, ZIP 2007, 106
Bernstorff, Christoph Graf von	Das Betreiben einer englischen Limited in Deutschland, RIW 2004, 498
Binge, Christoph; Thölke, Ulrich	„Everything goes!"? – Das deutsche Internationale Gesellschaftsrecht nach „Inspire Art" –, DNotZ 2004, 21
Bittmann, Folker	Die „limitierte" GmbH aus strafrechtlicher Sicht, GmbHR 2007, 70
Böcker, Philipp; Poertzgen, Christoph	Kausalität und Verschulden beim künftigen § 64 Satz 3 GmbHG, WM 2007, 1203
Bormann, Michael	Der Entwurf des MoMiG und die Auswirkungen auf die Kapitalaufbringung, GmbHR 2006, 1021
Bormann, Michael	Kapitalerhaltung bei Aktiengesellschaft und GmbH nach dem Referentenentwurf zum MoMiG, DB 2006, 2616
Bous, Ulrich	BGH: EuGH-Vorlage: Vereinbarkeit der Sitztheorie mit der Niederlassungsfreiheit von Gesellschaften, NZG 2000, 1025
Breitenstein, Jürgen; Meyding, Bernhard	GmbH-Reform: Die „neue" GmbH als wettbewerbsfähige Alternative oder nur „GmbH light"?, BB 2006, 1457
Breitenstein, Jürgen; Meyding, Bernhard	Der Regierungsentwurf zum MoMiG: Die Deregulierung des GmbH-Rechts schreitet voran, BB 2007, 1457

Breslauer, Walter	The Private International Law of Succession in England, America and Germany, 1937
Brinkmann, Moritz	Zur Haftung von Geschäftsführer und sonstigen Vertretern ausländischer Gesellschaften wegen Fehlens des Rechtsformzusatzes, IPRax 2008, 30
Brödermann, Eckart	Europäisches Gemeinschaftsrecht versus IPR: Einflüsse und Konformitätsgebot, MDR 1992, 89
Brox, Hans	Erbrecht, 21. Aufl. 2004
Buchold, Dagmar	Die Vollstreckung deutscher Titel in Großbritannien, NJW 2007, 2734
Bunge, Jürgen	Zivilprozess und Zwangsvollstreckung in England und Schottland, 2. Aufl. 2005
Bungert, Hartwin	Ehescheidung in Deutschland wohnender US-Amerikaner aus verschiedenen Einzelstaaten, IPRax 1993, 10
Calliess, Christian	Subsidiaritäts- und Solidaritätsprinzip in der Europäischen Union, 2. Aufl. 1999
Calliess, Christian; Ruffert, Matthias (Hrsg.)	EUV/EGV – Das Verfassungsrecht der Europäischen Union mit Europäischer Grundrechtecharta, 3. Aufl. 2007
Canaris, Claus-Wilhelm; Schilling, Wolfgang; Ulmer, Peter	Staub, Großkommentar Handelsgesetzbuch, 4. Aufl. 2004
Centrale für GmbH Dr. Otto Schmidt	Stellungnahme vom 01.09.2006 zum Referentenentwurf eines Gesetzes zur Modernisierung des GmbH-Rechts und zur Bekämpfung von Missbräuchen (MoMiG) nach dem Stand vom 29.05.2006, GmbHR 2006, 978
Clashfern, Lord Mackay of (Hrsg.)	Halsbury's Laws of England, 4. Auflage 2001 (Stand: Juni 2006)
Coester, Michael	Probleme des internationalen Erbrechts, JA 1979, 351
Coester-Waltjen, Dagmar	Anerkennung im Internationalen Personen-, Familien- und Erbrecht und das Europäische Kollisionsrecht, IPRax 2006, 392

Collins, Lawrence (Hrsg.)	Dicey and Morris on The Conflict of Laws – 2 Bände, 13. Auflage 2000
Dauner-Lieb, Barbara; Heidel, Thomas; Ring, Gerhard (Hrsg.)	Anwaltkommentar BGB, 2. Aufl. ab 2007
de Diego, Alexander	Gemeinschaftsrechtskonformität mitgliedstaatlicher Reglementierungen des Wettbewerbs der Gesellschaftsrechtsordnungen in der EG, JURA 2004, 400
Department of Trade and Industry	Companies 2005–2006, 2006
DeutSche Gesellschaft für Erbrechtskunde (Hrsg.)	DeutScher Erbrechtskommentar, 2003
DeutSches Notarinstitut (Hrsg.)	Les successions internationales dans l'UE, 2004
Di Marco, Giuseppe	Der Vorschlag der Kommission für eine 14. Richtlinie, ZGR 1999, 3
Dichtl, Andreas	Anmerkung zu AG Bad Segeberg, Urteil vom 24.03.2005 – 17 C 289/04, GmbHR 2005, 886
Dierksmeier, Jochen	Der Kauf einer englischen „Private Limited Company", 1997
Dierksmeier, Jochen	Die englische Ltd. in Deutschland – Haftungsrisiko für Berater, BB 2005, 1516
Dierksmeier, Jochen	Zulässige Ablehnung der Eintragung einer Ltd.-Zweigniederlasssung bei bestehendem Gewerbeverbot gegen den director der Ltd., BB 2007, 1861
Dierksmeier, Jochen; Scharbert, Markus	GmbH und englische Ltd. im Wettlauf der Reformen 2006, BB 2006, 1517
Dietz, Rolf; Nipperdey, Hans Carl; Ulmer, Eugen (Hrsg.)	Beiträge zum Arbeits-, Handels- und Wirtschaftsrecht: Festschrift für Alfred Hueck zum 70. Geburtstag 7. Juli 1959, 1959
Doralt, Maria	Sevic: Traum und Wirklichkeit – die grenzüberschreitende Verschmelzung ist Realität, IPRax 2006, 572

Dörner, Heinrich	Das Grünbuch „Erb- und Testamentsrecht" der Europäischen Kommission, ZEV 2005, 137
Dörner, Heinrich	Internationales Pflichtteilsrecht: Herabsetzungsklage und gesellschaftsvertragliche Fortsetzungsklausel, IPRax 2004, 519
Dörner, Heinrich	Nachlassspaltung – und die Folgen, IPRax 1994, 362
Dörner, Heinrich	Qualifikation im IPR – ein Buch mit sieben Siegeln?, StAZ 1988, 345
Dörner, Heinrich; Hausmann, Rainer (Hrsg.)	Ferid/Firsching, Internationales Erbrecht, Stand: September 2006
Dörner, Heinrich; Hertel Christian; Lagarde, Paul; Riering, Wolfgang	Auf dem Weg zu einem europäischen Internationalen Erb- und Erbverfahrensrecht, IPRax 2005, 1
Dornseifer, Frank (Hrsg.)	Corporate Business Forms in Europe, 2005
Drinhausen, Florian; Keinath, Astrid	Die grenzüberschreitende Verschmelzung inländischer Gesellschaften nach Erlass der Richtlinie zur grenzüberschreitenden Verschmelzung von Kapitalgesellschaften in Europa, RIW 2006, 81
Drinhausen, Florian; Keinath, Astrid	Referentenentwurf eines Zweiten Gesetzes zur Änderung des Umwandlungsgesetzes – Erleichterung grenzüberschreitender Verschmelzungen für deutsche Kapitalgesellschaften?, BB 2006, 725
Drygala, Tim	Die Mauer bröckelt – Bemerkungen zur Bewegungsfreiheit deutscher Unternehmen in Europa, ZIP 2005, 1995
Drygala, Tim	Für eine alternative Rechtsform neben einer reformierten GmbH – Leipziger Entwurf einer Kommanditgesellschaft mit beschränkter Haftung (KmbH), ZIP 2006, 1797
Drygala, Tim	Kurzkommentar zu EuGH Rs. C-411/03 – SEVIC, EWiR 2006, 25

Drygala, Tim; *Kremer, Thomas*	Alles neu macht der Mai – Zur Neuregelung der Kapitalerhaltungsvorschriften im Regierungsentwurf zum MoMiG, ZIP 2007, 1289
Dubovizkaja, Elena	„Überseering"-Rechtsprechung: Gerichtliche Klarstellung zur Niederlassungsfreiheit von Gesellschaften, GmbHR 2003, 694
Ebenroth, Carsten *Thomas*	Erbrecht, 1992
Ebenroth, Carsten *Thomas; Bippus,* *Birgit*	Die Anerkennungsproblematik im Internationalen Gesellschaftsrecht, NJW 1988, 2137
Ebenroth, Carsten *Thomas; Eyles, Uwe*	Die Beteiligung ausländischer Gesellschaften an einer inländischen Kommanditgesellschaft, DB 1988, BeilageNr. 2
Ebke, Werner	Anmerkung zu OLG Düsseldorf, Urteil vom 10.09.1998 – 5 U 1/98, JZ 2000, 203
Ebke, Werner	Überseering: „Die wahre Liberalität ist Anerkennung", JZ 2003, 927
Ebke, Werner	Anmerkung zu BGH, Urt. v. 13.10.2004 - I ZR 245/01, JZ 2005, 299
Ebke, Werner	Durchbruch: BGH anerkennt englische plc!, BB 2005, Heft 23, Die Erste Seite
Ehinger, Nicolaus *Johannes*	Auswirkungen des MoMiG auf die Praxis der GmbH & Co. KG, BB 2006, 2701
Ehlers, Dirk (Hrsg.)	Europäische Grundrechte und Grundfreiheiten, 2003
Eidenmüller, Horst	Anmerkung zu BGH, Urteil vom 13.03.2003 – VII ZR 370/98, JZ 2003, 526
Eidenmüller, Horst	Anmerkung zu den Schlussanträgen des Generalanwalts Colomer in der Rs. EuGH C 208/00 – Überseering, ZIP 2002, 82
Eidenmüller, Horst	Geschäftsleiter- und Gesellschafterhaftung bei europäischen Auslandsgesellschaften mit tatsächlichem Inlandssitz, NJW 2005, 1618
Eidenmüller, Horst	Gesellschaftsstatut und Insolvenzstatut, RabelsZ 70 (2006), 474

Eidenmüller, Horst	Mobilität und Restrukturierung von Unternehmen im Binnenmarkt, JZ 2004, 24
Eidenmüller, Horst	Wettbewerb der Gesellschaftsrechte in Europa, ZIP 2002, 2233
Eidenmüller, Horst (Hrsg.)	Ausländische Kapitalgesellschaften im deutschen Recht, 2004
Eidenmüller, Horst; Rehberg, Markus	Umgehung von Gewerbeverboten mittels Auslandsgesellschaften, NJW 2008, 28
Eidenmüller, Horst; Rehm, Gebhard	Niederlassungsfreiheit versus Schutz des inländischen Rechtsverkehrs: Konturen des Europäischen Internationalen Gesellschaftsrechts, ZGR 2004, 159
Ekkenga, Jens	Eigenkapitalersatz und Risikofinanzierungen nach künftigem GmbH-Recht, WM 2006, 1986
Ferran, Eilís	Company Law Reform in the United Kingdom: A Progress Report, RabelsZ 69 (2005), 629
Fetsch, Johannes	Zur Beurkundungsbedürftigkeit von Kaufverträgen über eine englische Private Limited Company, GmbHR 2008, 133
Fischer, Michael	Die Verlagerung des Gläubigerschutzes vom Gesellschafts- in das Insolvenzrecht nach „Inspire Art", ZIP 2004, 1477
Fleischer, Holger	Gläubigerschutz in der kleinen Kapitalgesellschaft: DeutSche GmbH versus englische private limited company, DStR 2000, 1015
Flick, Hans; Piltz, Detlev J. (Hrsg.)	Der Internationale Erbfall, 2. Aufl. 2008
Forsthoff, Ulrich	EuGH fördert Vielfalt im Gesellschaftsrecht, DB 2002, 2471
Forsthoff, Ulrich	Internationale Verschmelzungsrichtlinie: Verhältnis zur Niederlassungsfreiheit und Vorwirkung; Handlungszwang für Mitbestimmungsreform, DStR 2006, 613
Forsthoff, Ulrich	Internationales Gesellschaftsrecht im Umbruch, DB 2003, 979

Forsthoff, Ulrich — Rechts- und Parteifähigkeit ausländischer Gesellschaften mit Verwaltungssitz in Deutschland? – Die Sitztheorie vor dem EuGH, DB 2000, 1109

Frankenstein, Ernst — Internationales Privatrecht (Grenzrecht), Band 1, 1926

Freitag, Robert; Riemenschneider, Markus — Die Unternehmergesellschaft – „GmbH light" als Konkurrenz für die Limited?, ZIP 2007, 1485

Frenzel, Ralf; Axner, Georg — EG-Mitgliedstaat durch die Hintertür?, RIW 2007, 47

Gardner, Simon — An Introduction to the Law of Trusts, 2. Aufl. 2003

Gebauer, Martin; Wiedmann, Thomas (Hrsg.) — Zivilrecht unter europäischem Einfluss, 2005

Gehrmann, Wolfgang — Take it Easy, DIE ZEIT 08/2004 v. 12.2.2004, S. 22

Geiger, Rudolf — EUV/EGV – Vertrag über die Europäische Union und Vertrag zur Gründung der Europäischen Gemeinschaft, 4. Aufl. 2004

Gesmann-Nuissl, Dagmar — Quo vadis GmbH?, WM 2006, 1756

Geyerhalter, Volker; Gänßler, Peggy — „Inspire Art" –Briefkastengesellschaften „on the Move", DStR 2003, 2167

Geyrhalter, Volker; Weber, Thomas — Die Schlussanträge des Generalanwalts in Sachen SEVIC Systems AG – Niederlassungsfreiheit über Alles, NZG 2005, 837

Goette, Wulf — Wo steht der BGH nach „Centros" und „Inspire Art"?, DStR 2005, 197

Goette, Wulf — Zu den Folgen der Anerkennung ausländischer Gesellschaften mit tatsächlichem Sitz im Inland für die Haftung ihrer Gesellschafter und Organe, ZIP 2006, 541

Gottheiner, Hans Georg — Zur Anwendung englischen Erbrechts auf Nachlässe in Deutschland, RabelsZ 21 (1956), 36

Gounalakis, Georgios; Radke, Wolfram	Das Verhältnis des Internationalen Privatrechts zum Europäischen Gemeinschaftsrecht am Beispiel des Diskriminierungsverbots (Art. 6 EGV), der Niederlassungsfreiheit (Art. 52, 58 EGV) und des Kollisionsrechts der EG-Datenschutzrichtlinie, ZVglRWiss 1999, 1
Grabitz, Eberhard; Hilf, Meinhard (Hrsg.)	Das Recht der Europäischen Union, Stand: Oktober 2007
Graf von Bernstorff, Christoph	Das Betreiben einer englischen Limited in Deutschland, RIW 2004, 498
Gräfe, Gerald	Director's fiduciary duties als Gläubigerschutzinstrument bei britischen Limiteds mit Verwaltungssitz in Deutschland, DZWIR 2005, 410
Grasmann, Günther	System des internationalen Gesellschaftsrechts, 1970
Graveson, R.H.	Conflict of Laws, 7. Aufl. 1974
Groeben, Hans von der; Schwarze, Jürgen (Hrsg.)	Kommentar zum Vertrag über die Europäische Union und zur Gründung der Europäischen Gemeinschaft, 6. Aufl. 2003
Großerichter, Helge	Ausländische Kapitalgesellschaften im deutschen Rechtsraum: Das deutsche Gesellschaftsrecht und seine Perspektiven nach der Entscheidung „Überseering", DStR 2003, 159
Großfeld, Bernhard	Internationales und Europäisches Unternehmensrecht, 2. Aufl. 1995
Gruber, Urs Peter	Pflichtteilsrecht und Nachlassspaltung, ZEV 2001, 463
Grundmann, Stefan	Europäisches Gesellschaftsrecht, 2004
Grundmann, Stefan	Qualifikation gegen die Sachnorm, 1985
Grunewald, Barbara	Cash-Pooling und Sacheinlagen: Was bringt das MoMiG, was könnte es bringen?, WM 2006, 2333
Güthoff, Julia	Gesellschaftsrecht in Großbritannien, 3. Aufl. 2004
Haas, Ulrich	Der deutsche Erblasser mit Auslandsvermögen – Überblick über das anwendbare Recht –, ZNotP 2002, 206

Haas, Ulrich	Der Entwurf des „MoMiG" und weitergehende Vorschläge zur Bekämpfung des Missbrauchs der GmbH, GmbHR 2006, 729
Habersack, Mathias	Europäisches Gesellschaftsrecht im Wandel – Bemerkungen zum Aktionsplan der EG-Kommission betreffend die Modernisierung des Gesellschaftsrechts und die Verbesserung der Corporate Governance in der Europäischen Union, NZG 2004, 1
Habscheid, Walther J.	Freiwillige Gerichtsbarkeit, 7. Aufl. 1983
Halen, Curt Christian von	Das Gesellschaftsstatut nach der Centros-Entscheidung des EuGH, 2001
Halen, Curt Christian von	Das internationale Gesellschaftsrecht nach dem Überseering-Urteil des EuGH, WM 2003, 571
Happ, Holger	Deregulierung der GmbH im Wettbewerb der Rechtsformen, ZHR 2005, 6
Happ, Wilhelm; Holler, Lorenz	„Limited" statt GmbH? – Risiken und Kosten werden gern verschwiegen, DStR 2004, 730
Haratsch, Andreas; Koenig, Christian; Pechstein, Matthias	Europarecht, 5. Aufl. 2006
Heckschen, Heribert; Köklü, Alper; Maul, Silja	Memento Handbuch: Private Limited Company, 2005
Heinz, Volker G.	Die englische Limited, 2. Aufl. 2006
Heinz, Volker G.	Die Haftung in GmbH und englischer Limited, AnwBl 2005, 417
Henrich, Dieter	Anerkennung statt IPR: Eine Grundsatzfrage, IPRax 2005, 422
Henze, Hartwig	Aspekte des Insolvenzrechts an der Schnittstelle zum Gesellschaftsrecht, WM 2006, 1653
Herchen, Axel	„Checkliste" zur Eintragung einer Zweigniederlassung einer englischen private company limited by shares im Handelsregister, RIW 2005, 529
Herdegen, Matthias	Europarecht, 8. Aufl. 2006

Herweg, Christian; *Tschauner, Heiko*	Kurzkommentar zu AG Hamburg, Beschluss vom 01.12.2005 – 67a IN 450/05, EWiR 2006, 169
Herweg, Cornelia	Die Vereinheitlichung des Internationalen Erbrechts im Europäischen Binnenmarkt, 2004
Heyn, Hanns- *Christian*	Die „Doppel-" und „Mehrfachqualifikation" im IPR, 1986
Hirsch, Alexander; *Britain, Richard*	Artfully Inspired – Werden deutsche Gesellschaften englisch?, NZG 2003, 1100
Hirte, Heribert; *Bücker, Thomas* *(Hrsg.)*	Grenzüberschreitende Gesellschaften, 2005
Hobe, Stefan	Europarecht, 3. Aufl. 2006
Hoffmann, Jochen	Das Anknüpfungsmoment der Gründungstheorie, ZVglRWiss 101 (2002), 283
Hoffmann, Jochen	Die stille Bestattung der Sitztheorie durch den Gesetzgeber, ZIP 2007, 1581
Höfling, Barbara	Die Centros-Entscheidung des EuGH – auf dem Weg zu einer Überlagerungstheorie für Europa, DB 1999, 1206
Höfling, Barbara	Das englische internationale Gesellschaftsrecht, 2001
Hohloch, Gerhard; *Frank, Rainer;* *Schlechtriem, Peter*	Festschrift für Hans Stoll zum 75. Geburtstag 2001
Hoor, Gerd	Das Centros-Urteil des EuGH und seine Auswirkungen auf die Anknüpfung des Gesellschaftsstatuts, NZG 1999, 984
Hopt, Klaus J.; *Merkt, Hanno*	Baumbach/Hopt, Kommentar zum Handelsgesetzbuch, 33. Aufl. 2008
Horn, Norbert	DeutSches und europäisches Gesellschaftsrecht und die EuGH-Rechtsprechung zur Niederlassungsfreiheit – Inspire Art, NJW 2004, 893
Hüffer, Uwe	Aktiengesetz, 7. Aufl. 2006
Hug, Sabine	Die Substitution im IPR, 1983

Hülk, Fabian; *Timme, Michael*	Das Ende der Sitztheorie im internationalen Gesellschaftsrecht, JA 2003, 765
Hulle, Karel van; *Maul, Silja*	Aktionsplan zur Modernisierung des Gesellschaftsrechts, und Stärkung der Corporate Governance, ZGR 2004, 484
Jacob, Thomas	Konzeption der Existenzvernichtungshaftung vor dem Hintergrund des MoMiG-Entwurfs, GmbHR 2007, 796
Jänig, Ronny	Die Company Law Reform Bill: Zur Reform des Gesellschaftsrechts im Vereinigten Königreich, RIW 2006, 270
Jayme, Erik	Europäisches Kollisionsrecht 2001: Anerkennungsprinzip statt IPR?, IPRax 2001, 501
Jayme, Erik; *Hausmann, Rainer* *(Hrsg.)*	Textausgabe Internationales Privat- und Verfahrensrecht, 12. Aufl. 2004
Just, Clemens	Die englische Limited in der Praxis – Einschließlich Ltd. & Co. KG, 2. Aufl. 2006
Just, Clemens	Anmerkung zu LG Kiel, Urteil vom 20.04.2006 – 10 S 44/06, ZIP 2006, 1251
Just, Clemens	GmbH versus Limited –Praxisempfehlungen, BC 2006, 25
Just, Clemens	Kurzkommentar zu OLG München, Beschluss vom 17.08.2005 – 31 Wx 049/05, EWiR 2005, 765
Just, Clemens	Kurzkommentar zu OVG Nordrhein-Westfalen, Beschluss vom 09.09.2005 – 4 A 1486/05, EWiR 2006, 17
Kallmeyer, Harald	Tragweite des Überseering-Urteils des EuGH vom 5.11.2002 zur grenzüberschreitenden Sitzverlegung, DB 2002, 2521
Kallmeyer, Harald	Vor- und Nachteile der englischen Limited im Vergleich zur GmbH oder GmbH & Co. KG, DB 2004, 636
Kalss, Susanne *(Hrsg.)*	Die Übertragung von GmbH-Geschäftsanteilen in 14 Rechtsordnungen Europas, 2003

Kamp, Marcus	Die unternehmerische Mitbestimmung nach „Überseering" und „Inspire Art", BB 2004, 1496
Kappes, Stephan	Zulässigkeit grenzüberschreitender Verschmelzungen, NZG 2006, 101
Kebekus, Frank	Anmerkung zu AG Nürnberg, Beschluss vom 01.10.2006 – 8034 IN 1326/06, ZIP 2007, 84
Keenan, Denis	Smith & Keenan's Company Law for Students, 11. Aufl. 1999
Kegel, Gerhard; Schurig, Klaus	Internationales Privatrecht, 9. Aufl. 2004
Kern, Konrad	Überseering – Rechtsangleichung und gegenseitige Anerkennung, 2004
Kersting, Christian	Rechtswahlfreiheit im Europäischen Gesellschaftsrecht nach Überseering, NZG 2003, 9
Kindler, Peter	„Anerkennung" der Scheinauslandsgesellschaft und Niederlassungsfreiheit, IPRax 2003, 41
Kindler, Peter	„Inspire Art" – Aus Luxemburg nichts Neues zum internationalen Gesellschftsrecht, NZG 2003, 1086
Kindler, Peter	Auf dem Weg zur Europäischen Briefkastengesellschaft?, NJW 2003, 1073
Kindler, Peter	Niederlassungsfreiheit für Scheinauslandsgesellschaften?, NJW 1999, 1993
Kindler, Peter	Die Begrenzung der Niederlassungsfreiheit durch das Gesellschaftsstatut, NJW 2007, 1785
Kleinert, Jens; Schwarz, Nikolai	Droht vom EuGH ein neues „Daily Mail"?, GmbHR 2006, R 365
Klose-Mokroß, Lydia	Die Eintragung der Zweigniederlassung einer englischen „private limited company" in das deutsche Handelsregister (Teil I), DStR 2005, 971
Klose-Mokroß, Lydia	Die Eintragung der Zweigniederlassung einer englischen „private limited company" in das deutsche Handelsregister (Teil II), DStR 2005, 1013
Knapp, Andreas	Überseering: Zwingende Anerkennung von ausländischen Gesellschaften?, DNotZ 2003, 85

Knof, Béla; Mock, Sebastian	Das MoMiG und die Auslandsinsolvenz haftungsbeschränkter Gesellschaften, Herausforderung oder Sisyphismus des modernen Gesetzgebers?, GmbHR 2007, 852
Knöfel, Oliver	Gefahren beim Einsatz von Ltd.-Gründungsagenturen: Auftrags- und Beratungsumfang contra Qualifikation?, BB 2006, 1233
Koch, Hans Steffen, Könteger, Matthias	Grenzüberschreitende Sitzverlegung von Gesellschaften innerhalb der EG – (k)ein Ende der Kontroverse?, JURA 2003, 692
Kögel, Steffen	Die deutsche Zweigniederlassung einer GmbH – überreguliert?, GmbHR 2006, 237
Kohler, Christian	Der europäische Justizraum für Zivilsachen und das Gemeinschaftskollisionsrecht, IPRax 2003, 401
Kornblum, Udo	Bundesweite Rechtstatsachen zum Unternehmens- und Gesellschaftsrecht, Stand 1.1.2006, GmbHR 2007, 25
Kornblum, Udo	Bundesweite Rechtstatsachen zum Unternehmens- und Gesellschaftsrecht, Stand 1.1.2007, GmbHR 2008, 19
Korts, Sebastian; Korts, Petra	Die steuerrechtliche Behandlung der in Deutschland tätigen englischen Limited, BB 2005, 1474
Kötz, Hein	Trust und Treuhand, 1963
Kowalski, André; Bormann, Michael	Beteiligung einer ausländischen juristischen Person als Komplementärin einer deutschen KG, GmbHR 2005, 1045
Kraft, Gerhard; Bron, Jan	Grundfreiheiten und grenzüberschreitende Verschmelzung im Lichte aktueller EuGH-Rechtsprechung (Sevic), IStR 2006, 26
Kropholler, Jan	Internationales Privatrecht, 6. Aufl. 2006
Kropholler, Jan	Europäisches Zivilprozessrecht, 8. Aufl. 2005
Krüger, Hilmar; Mansel, Heinz-Peter	Liber Amicorum Gerhard Kegel, 2002
Kuntz, Thilo	Internationales Umwandlungsrecht – zugleich eine Besprechung des Urteils „Sevic Systems", IStR 2006, 224

Kuntz, Thilo	Zur Möglichkeit grenzüberschreitender Fusionen – Die Schlussanträge in Sachen SEVIC Systems Aktiengesellschaft, EuZW 2005, 524
Kuntze, Joachim; Winkler, Karl (Hrsg.)	Freiwillige Gerichtsbarkeit, 15. Aufl. 2003
Kußmaul, Heinz; Ruiner, Christoph	Ausgewählte Charakteristika der Limited mit ausschließlicher Geschäftstätigkeit in Deutschland im Licht der aktuellen GesetzesÄnderungen, IStR 2007, 696
Ladiges, Manuel; Pegel, Christian	Neue Pflichten für directors einer limited durch den Companies Act 2006, DStR 2007, 2069
Langenbucher, Katja (Hrsg.)	Europarechtliche Bezüge des Privatrechts, 2005
Lawlor, Daniel G.	Reform der englischen Limited und ihre praktischen Auswirkungen, ZIP 2007, 2202
Lehmann, Daniel	Internationale Reaktionen auf das Grünbuch zum Erb- und Testamentsrecht, IPRax 2006, 204
Lehmann, Daniel	Stellungnahme zum Grünbuch der Kommission der Europäischen Gemeinschaften zum Erb- und Testamentsrecht, ZErb 2005, 320
Lehmann, Matthias	Registerrechtliche Anmeldepflicht für EU-Auslandsgesellschaften - ein zahnloser Tiger?, NZG 2005, 580
Leible, Stefan	Anmerkung zu EuGH, Rs. C-208/00, Slg. 2002, S. I–9919 – Überseering, NZG 1999, 300
Leible, Stefan	Niederlassungsfreiheit und Sitzverlegungsrichtlinie, ZGR 2004, 531
Leible, Stefan; Hoffmann, Jochen	„Überseering" und das (vermeintliche) Ende der Sitztheorie, RIW 2002, 925
Leible, Stefan; Hoffmann, Jochen	Wie inspiriert ist „Inspire Art"?, EuZW 2003, 677
Leible, Stefan; Hoffmann, Jochen	„Überseering" und das deutsche Gesellschaftskollisionsrecht, ZIP 2003, 925
Leible, Stefan; Hoffmann, Jochen	RIW-Kommentar zu BGH, Urt. v. 19.09.2005 – II ZR 372/03, RIW 2005, 947

Leible, Stefan; Hoffmann, Jochen	RIW-Kommentar zu BGH, Urt. v. 14.03.2005 – II ZR 5/03, RIW 2005, 544
Leible, Stefan; Hoffmann, Jochen	Vom „Nullum" zur Personengesellschaft – Die Metamorphose der Scheinauslandsgesellschaft im deutschen Recht, DB 2002, 2203
Leible, Stefan; Lehmann, Matthias	Auswirkungen der Löschung einer Private Limited Company auf ihr in Deutschland belegenes Vermögen, GmbHR 2007, 1095
Lembeck, Eva-Désirée	UK Company Law Reform - Ein Überblick, NZG 2003, 956
Leuering, Dieter	Die GmbH und der internationale Wettbewerb der Rechtsformen, ZRP 2006, 201
Leutner, Gerd; Langner, Olaf	Anmerkung zu LG Kiel, Urteil vom 20.04.2006 – 10 S 44/06, GmbHR 2006, 713
Levitt, Richard	An Introduction to English Companies, in: Gesellschaftsrecht in der Diskussion 2004, S. 151 ff., 2005
Lieder, Jan	Die Haftung der Geschäftsführer und Gesellschafter von EU-Auslandsgesellschaften mit tatsächlichem Verwaltungssitz in Deutschland, DZWIR 2005, 399
Liese, Jens	Die Handelsregistereintragung Europäischer Auslandsgesellschaften in Deutschland - oder: Ceci n´est pas une pipe?, NZG 2006, 201
Lorenz, Stephan; Trunk, Alexander, Eidenmüller, Horst; Wendehorst, Christiane; Adolff, Johannes (Hrsg.)	Festschrift für Andreas Heldrich zum 70. Geburtstag, 2005
Lüderitz, Alexander; Schröder, Jochen (Hrsg.)	Internationales Privatrecht und Rechtsvergleichung im Ausgang des 20. Jahrhunderts, Festschrift für Gerhard Kegel, 1977
Lutter, Marcus	„Überseering" und die Folgen, BB 2003, 7
Lutter, Marcus (Hrsg.)	Europäische Auslandsgesellschaften in Deutschland, 2005

Mankowski, Peter	Die deutsche Ltd.-Zweigniederlassung im Spannungsverhältnis von Gewerbe- und Registerrecht, BB 2006, 1173
Mankowski, Peter	Kurzkommentar zu AG Köln, Beschluss vom 01.12.2005 – 71 IN 564/05, EWiR 2006, 109
Mankowski, Peter	Kurzkommentar zu OLG Dresden, Beschluss vom 07.02.2006 – Ss (OWi) 955/05, EWiR 2006, 337
Mankowski, Peter	Kurzkommentar zu OLG Dresden, Beschluss vom 31.08.2006 – 14 U 907/06, EWiR 2007, 93
Mankowski, Peter	Kurzkommentar zu OLG Frankfurt a.M., Beschluss vom 29.12.2005 – 20 W 315/05, EWiR 2006, 145
Maul, Silja; Lanfermann, Georg; Eggenhofer, Erich	Aktionsplan der Europäischen Kommission zur Reform des Europäischen Gesellschaftsrechts, BB 2003, 1289
Maul, Silja; Schmidt, Claudia	Inspire Art – Quo vadis Sitztheorie?, BB 2003, 2297
Mayer, Jörg; Süß, Rembert; Tanck, Manuel; Bittler, Jan; Wälzholz, Eckard (Hrsg.)	Handbuch Pflichtteilsrecht, 2003
Mayson, Stephen W.; French, Derek; Ryan, Christopher L.	Mayson, French & Ryan on Company Law, 16. Aufl. 1999–2000
Meilicke, Wienand	Anmerkung zu EuGH, Rs. C-208/00, Slg. 2002, S. I–9919 – Überseering, DB 1999, 627
Meilicke, Wienand; Rabback, Dieter E.	Die EuGH-Entscheidung in der Rechtssache Sevic und die Folgen für das deutsche Umwandlungsrecht nach Handels- und Steuerrecht, GmbHR 2006, 123
Melchior, George	Die Grundlagen des deutschen Internationalen Privatrechts, 1932
Melchior, George	Die Selbstbeschränkung des deutschen internationalen Privatrechts, RabelsZ 3 (1929), 733

Melchior, Robin — Anmerkung zu LG Berlin, Vorlagebeschluss vom 31.08.2004 – 102 T 57/04, GmbHR 2005, 689

Mellert, Christofer — Das MindestkapG – Hoffentlich aufgehoben und nicht aufgeschoben, BB 2005, 1809

Mellert, Rudolf — Ausländische Kapitalgesellschaften als Alternative zu AG und GmbH – eine Syopse, BB 2006, 8

Menold, Felix — Die erbrechtlichen Schranken der Gestaltung der Vererbung von Anteilen an Gesamthandspersonengesellschaften (OHG, KG und Außen-GbR), 2005

Merkt, Hanno — Die Gründungstheorie gewinnt an Einfluss, RIW 2003, 458

Meyer, André — Der englische Companies Act 2006 – Stand der Inkraftsetzung, RIW 2007, 645

Micheler, Eva — Gläubigerschutz im englischen Gesellschaftsrecht, ZGR 2004, 324

Millett, The Rt Hon The Lord (Hrsg.) — Gore-Brown on Companies, Stand: Januar 2006

Mock, Sebastian — Kurzkommentar zu AG Bad Segeberg, Urteil vom 24.03.2005 – 17 C 289/04, EWiR 2005, 425

Morris, J.H.C.; McLean, David; Beevers, Kisch — The Conflict of Laws, 6. Aufl. 2005

Morse, Geoffrey — Palmer's Company Law, Stand: September 2002

Müller, Hans-Friedrich — Die grenzüberschreitende Verschmelzung nach dem Referentenentwurf des Bundesjustizministeriums, NZG 2006, 286

Müller, Klaus J. — Der Entwurf des „MoMiG" und die Auswirkungen auf den Unternehmens- und Beteiligungskauf, GmbHR 2006, 953

Müller, Klaus J. — Die Limited in Deutschland: Ein Überblick über das anzuwendende englische Gesellschaftsrecht, DB 2006, 824

Müller, Klaus J. — Die englische Limited in Deutschland – für welche Unternehmen ist sie tatsächlich geeignet?, BB 2006, 837

Müller, Wolfgang;
Müller, Sebastian

Ausländische Gesellschaftsformen – eine wirkliche Alternative für deutsche GmbH-Unternehmer? 2. Teil: Englische Ltd., niederländische B.V., Fazit, GmbHR 2006, 640

Müller-Bonanni,
Thomas

Unternehmensmitbestimmung nach „Überseering" und „Inspire Art", GmbHR 2003, 1235

Nagel, Bernhard

Die Richtlinie zur grenzüberschreitenden Verschmelzung, NZG 2006, 97

Neuling, Jasper

DeutSche GmbH und englische private company; Monismus oder Dualismus im System des Kapitalgesellschaftsrechts, 1997

Neye, Hans-Werner

Die Vorstellungen der Bundesregierung zum Vorschlag einer 14. Richtlinie, ZGR 1999, 13

Neye, Hans-Werner

Größere Mobilität für Unternehmen in Europa, GmbHR 1997, R 181

Neye, Hans-Werner

Kurzkommentar zu Regionalgericht Szeged (Ungarn), Vorlagebeschluss vom 20.04.2006 (EuGH Rs. C-210/06), EWiR 2006, 459

Neye, Hans-Werner;
Timm, Birte

Die geplante Umsetzung der Richtlinie zur grenzüberschreitenden Verschmelzung von Kapitalgesellschaften im Umwandlungsgesetz, DB 2006, 488

Niemeier, Wilhelm

GmbH und Limited im Markt der Unternehmensrechtsträger, ZIP 2006, 2237

Niemeier, Wilhelm

Die „Mini-GmbH" (UG) trotz Marktwende bei der Limited?, ZIP 2007, 1794

Noack, Ulrich

Reform des deutschen Kapitalgesellschaftsrechts: Das Gesetzes zur Modernisierung des GmbH-Rechts und zur Bekämpfung von Missbräuchen, DB 2006, 1475

Noack, Ulrich

Der Regierungsentwurf zum MoMiG – Die Reform des GmbH-Rechts geht in die Endrunde, DB 2007, 1395

Nöcker, Ulrich

Nachlassverwaltung, materielles Erbrecht und Erbschaftsteuerrecht in England - eine Einführung (Teil I), ZErb 2004, 122

Nöcker, Ulrich	Nachlassverwaltung, materielles Erbrecht und Erbschaftsteuerrecht in England - eine Einführung (Teil II), ZErb 2004, 342
Nöcker, Ulrich	Nachlassverwaltung, materielles Erbrecht und Erbschaftsteuerrecht in England - eine Einführung (Teil III), ZErb 2005, 17
North, P.M.; Fawcett, J.J.	Cheshire and North's Private International Law, 12. Aufl. 1992
Odersky, Felix	Die Abwicklung deutsch-englischer Erbfälle, 2001
Odersky, Felix	Gestaltungsempfehlungen für Erbfälle mit anglo-amerikanischem Bezug, ZEV 2000, 492
Oechsler, Jürgen	Die Zulässigkeit grenzüberschreitender Verschmelzungen – Die Sevic-Entscheidung des EuGH, NJW 2006, 812
Oertzen, Christian von	Personengesellschaftsanteile im Internationale Erbrecht, IPRax 1994, 73
Oertzen, Christian von	Pflichtteilsrecht bei Vererbung von deutschen Personengesellschaftsanteilen und ausländischem Erbstatut, RIW 1994, 818
Oertzen, Christian von; Cornelius, Eike	Behandlung von Anteilen an einer englischen Limited im Nachlassvermögen eines deutschen Erblassers, ZEV 2006, 106
Paefgen, Walter	Gezeitenwechsel im Gesellschaftskollisionsrecht, WM 2003, 561
Paefgen, Walter G.	„DeutSche" Corporations im System des Gesellschaftskollisionsrechts, DZWir 2003, 441
Paefgen, Walter G.	Auslandsgesellschaften und Durchsetzung deutscher Schutzinteressen nach „Überseering", DB 2003, 487
Paefgen, Walter G.	Handelndenhaftung bei europäischen Auslandsgesellschaften, GmbHR 2005, 957
Paefgen, Walter G.	Umwandlung, europäische Grundfreiheiten und Kollisionsrecht, GmbHR 2004, 463
Paefgen, Walter G.	Wider die gesellschaftsrechtliche Ausländerphobie, ZIP 2004, 2253

Palandt, Otto (Begr.)	Palandt, Bürgerliches Gesetzbuch, 67. Aufl. 2008
Pannen, Klaus; Riedemann, Susanne	Kurzkommentar zu AG Saarbrücken, Beschluss vom 25.02.2005 – 106 IN 3/05, EWiR 2005, 701
Pecher, Sigrid	Die internationale Erbschaftsverwaltung bei deutsch-englischen Erbfällen, 1995
Peitsmeyer, Philip	Die Vererbung von Anteilen an Personen- und Kapitalgesellschaften in Deutschland, Frankreich und England, 2004
Peters, Carsten	Verlegung des tatsächlichen Verwaltungssitzes der GmbH ins Ausland, GmbHR 2008, 245
Pettit, Philip H.	Equity and the Law of Trusts, 10. Aufl. 2006
Pfister, Bernhard; Will, Michael R. (Hrsg.)	Festschrift für Werner Lorenz zum siebzigsten Geburtstag, 1991
Poertzgen, Christoph	Die künftige Insolvenzverschleppungshaftung nach dem MoMiG, GmbHR 2007, 1258
Priester, Hans-Joachim	EU-Sitzverlegung – Verfahrensablauf, ZGR 1999, 36
Probst, Peter; Kleinert, Jens	Schein-Auslandsgesellschaften – Erneute Betonung der Niederlassungsfreiheit durch den EuGH, MDR 2003, 1265
Raape, Leo; Sturm, Fritz	Internationales Privatrecht, Band I, Allgemeine Lehren, 6. Aufl. 1977
Rabel, Ernst	Das Problem der Qualifikation, RabelsZ 5 (1931), 241
Rajak, Harry	Britisches Recht und der Vorschlag einer 14. Sitzverlegungsrichtlinie, ZGR 1999, 111
Rauscher, Thomas	Internationales Privatrecht, 2. Aufl. 2002
Rauscher, Thomas; Mansel, Heinz-Peter (Hrsg.)	Festschrift für Werner Lorenz zum 80. Geburtstag, 2001

Rebmann, Kurt; *Säcker, Franz* *Jürgen; Rixecker,* *Roland (Hrsg.)*	Münchener Kommentar zum Bürgerlichen Gesetzbuch, 4. Auflage ab 2001/5. Auflage ab 2006
Rehberg, Markus	Internationales Gesellschaftsrecht im Wandel: Das Überseering-Urteil des EuGH und seine Folgen (Tagungsbericht), IPRax 2003, 175
Rehm, Gebhard	Anm. zu BGH, Urt. v. 5.7.2004 – II ZR 389/02, JZ 2005, 304
Rehm, Gebhard	Wirksamkeit in Deutschland vorgenommener Akte ausländischer Urkundspersonen, RabelsZ 64 (2000), 104
Reichelt, Gerte	Gesamtstatut und Einzelstatut im IPR, 1985
Riedemann, *Susanne*	Das Auseinanderfallen von Gesellschafts- und Insolvenzstatut, GmbHR 2004, 345
Riegger, Bodo	Centros – Überseering – Inspire Art: Folgen für die Praxis, ZGR 2004, 510
Ries, Peter	Das Ende der DeutSchen GmbH?, AnwBl 2005, 53
Ringe, Wolf-Georg	Anmerkung zu EuGH Rs. C-411/03 – SEVIC, DB 2005, 2806
Ringe, Wolf-Georg	„Überseering im Verfahrensrecht " – zu den Auswirkungen der EuGH-Rechtsprechung zur Niederlassungsfreiheit von Gesellschaften auf das Internationale Zivilprozessrecht, IPRax 2007, 388
Ringe, Wolf-Georg; *Willemer, Charlotte*	Die „deutsche Limited" in der Insolvenz, EuZW 2006, 621
Ringe, Wolf-Georg; *Willemer, Charlotte*	Keine Berufungszuständigkeit des OLG nach § 119 GVG bei Beteiligung einer Scheinauslandsgesellschaft, EuZW 2008, 44
Röhricht, Volker	Insolvenzrechtliche Aspekte im Gesellschaftsrecht, ZIP 2005, 505
Römermann, Volker	Anmerkung zu LG Dresden, Urteil vom 11.04.2006 – 42 O 0386/05 und OLG Dresden, Beschluss vom 31.08.2006 – 14 U 907/06, GmbHR 2006, 1162

Römermann, Volker	Anmerkung zu LG Limburg/Lahn, Beschluss vom 15.09.2005 –6 T 2/05, GmbHR 2006, 262
Römermann, Volker	Der Entwurf des „MoMiG" – Die deutsche Antwort auf die Limited, GmbHR 2006, 673
Römermann, Volker	Die Limited in Deutschland – eine Alternative zur GmbH?, NJW 2006, 2065
Römermann, Volker	Kurzkommentar zu OLG Hamm, Beschluss vom 28.06.2005 – 15 W 159/05, EWiR 2005, 889
Römermann, Volker (Hrsg.)	Private Limited Company in Deutschland. Praxis-Leitfaden für Berater und Unternehmer, 2006
Römermann, Volker; Wachter, Thomas (Hrsg.)	GmbHR-Sonderheft: Die Limited und andere EU-Gesellschaften im Praxistest, 2006
Roth, Günter H.	Gründungstheorie: Ist der Damm gebrochen?, ZIP 1999, 861
Roth, Wulf-Henning	Der Einfluß des Europäischen Gemeinschaftsrechts auf das Internationale Privatrecht, RabelsZ 55 (1991), 623
Roth, Wulf-Henning	Die Sitzverlegung vor dem EuGH, ZIP 2000, 1597
Roth, Wulf-Henning	Internationales Gesellschaftsrecht nach Überseering, IPRax 2003, 117
Roth, Wulf-Henning	Methoden der Rechtsfindung und Rechtsanwendung im Europäischen Kollisionsrecht, IPRax 2006, 338
Sandrock, Otto	BB-Forum: Nach Inspire Art – Was bleibt vom deutschen Sitzrecht übrig?, BB 2003, 2588
Sandrock, Otto	Das Internationale Gesellschaftsrecht nach der Daily Mail-Entscheidung des Europäischen Gerichtshofs: Quo vadis?, RIW 1989, 249
Sandrock, Otto	Die Multinationalen Korporationen im Internationalen Privatrecht in: Berichte der deutschen Gesellschaft für Völkerrecht, BerDtGesVR 18 (1978), S. 169
Sandrock, Otto	Die Schrumpfung der Überlagerungstheorie, ZVglRWiss 102 (2003), 447

Sandrock, Otto	Sitztheorie, Überlagerungstheorie und der EWG-Vertrag: Wasser, Öl und Feuer, RIW 1989, 505
Sandrock, Otto	Spanische Gesellschaften in Deutschland, deutsche Gesellschaften in Spanien: kollisionsrechtliche Probleme, RIW 2006, 658
Sandrock, Otto (Hrsg.)	Festschrift für Günther Beitzke zum 70. Geburtstag, 1979
Schack, Haimo	Internationales Zivilverfahrensrecht, 4. Aufl. 2006
Schall, Alexander	Englischer Gläubigerschutz bei der Limited in Deutschland, ZIP 2005, 965
Schall, Alexander	Kurzkommentar zu EuGH, Rs. C-453/04 – innoventif, EWiR 2006, 713
Schall, Alexander	Kurzkommentar zu LG Freiburg, Beschluss vom 22.07.2004 – 10 T 5/04, EWiR 2004, 1225
Schanze, Erich; Jüttner, Andreas	Anerkennung und Kontrolle ausländischer Gesellschaften – Rechtslage und Perspektiven nach der Überseering-Entscheidung des EuGH, AG 2003, 30
Schanze, Erich; Jüttner, Andreas	Die Entscheidung für Pluralität: Kollisionsrecht und Gesellschaftsrecht nach der EuGH-Entscheidung „Inspire Art", AG 2003, 661
Schaub, Renate	Grundlagen und Entwicklungstendenzen des europäischen Kollisionsrechts, JZ 2005, 328
Schilling, Simon	Kurzkommentar zu LG Kiel, Urteil vom 20.04.2006 – 10 S 44/06, EWiR 2006, 429
Schlichte, Johannes	Die Zulässigkeit der Ltd. & Co. KG, DB 2006, 87
Schlichte, Johannes	Existenzvernichtungshaftung in der Ltd. & Co. KG, DB 2006, 2672
Schlichte, Johannes	Kapitalerhaltung in der Ltd. & Co. KG, DB 2006, 1357
Schmidt, Claudia; Maul, Silja	Anmerkung zu EuGH, Rs. C-411/03 – SEVIC, BB 2006, 13
Schmidt, Holger	Die Private Limited Company in der deutschen Bankpraxis, WM 2007, 2093

Schmidt, Jessica   Haftung und Rechtsverhältnisse im Gründungsstadium einer „deutschen" Limited, RIW 2005, 827

Schmidt, Karsten   Gesellschaftsrecht, 4. Aufl. 2002

Schmidt, Karsten   ...ut aliquid fiat – Von der „GmbH-Reform 2005" zum Referentenentwurf eines Mindestkapitalgesetzes, DB 2005, 1095

Schmidt, Karsten   Brüderchen und Schwesterchen für die GmbH?, DB 2006, 1096

Schmidt, Karsten   Eigenkapitalersatz, oder: Gesetzesrecht versus Rechtsprechungsrecht?, ZIP 2006, 1925

Schmidt, Karsten   GmbH-Reform, Solvenzgewährleistung und Insolvenzpraxis – Gedanken zum MoMiG-Entwurf, GmbHR 2007, 1

Schmidt, Karsten   Sitzverlegungsrichtlinie, Freizügigkeit und Gesellschaftsrechtspraxis, ZGR 1999, 20

Schmidt, Karsten   Verlust der Mitte durch „Inspire Art"? – Verwerfungen im Unternehmensrecht durch Schreckreaktionen der Literatur –, ZHR 2004, 493

Schmidt, Karsten   Reform der Kapitalsicherung und Haftung in der Krise nach dem Regierungsentwurf des MoMiG, GmbHR 2007, 1072

Schmidt, Karsten (Hrsg.)   Münchener Kommentar zum Handelsgesetzbuch, 1. Aufl. ab 1996/2. Aufl. ab 2005

Schmidtbleicher, Roland   Verwaltungssitzverlegung deutscher Kapitalgesellschaften in Europa: „Sevic" als Leitlinie für „Cartesio"?, BB 2007, 613

Schneider Uwe H.; Hommelhoff, Peter; Schmidt, Karsten; Timm, Wolfgang; Grunewald, Barbara; Drygala, Tim (Hrsg.)   Festschrift für Marcus Lutter zum 70. Geburtstag, 2000

Schockenhoff, Martin; Höder, Andreas   Gutgläubiger Erwerb von GmbH-Anteilen nach dem MoMiG: Nachbesserungsbedarf aus Sicht der M&A-Praxis, ZIP 2006, 1841

Scholz, Franz	Kommentar zum GmbH-Gesetz, 10. Aufl. 2006
Schotten, Günther; *Schmellenkamp,* *Cornelia*	Das Internationale Privatrecht in der notariellen Praxis, 2. Aufl. 2007
Schröder, Henning; *Schneider, Maria*	Geschäftsführerhaftung bei der Private Limited Company mit Verwaltungssitz in Deutschland, GmbHR 2005, 1288
Schulze, Reiner *(Hrsg.)*	Bürgerliches Gesetzbuch: Handkommentar, 5. Aufl. 2007
Schumann, *Alexander*	Die englische Limited mit Verwaltungssitz in Deutschland: Kapitalaufbringung, Kapitalerhaltung und Haftung bei Insolvenz, DB 2004, 743
Schumann, *Alexander*	Die englische Limited mit Verwaltungssitz in Deutschland: Buchführung, Rechnungslegung und Strafbarkeit wegen Bankrotts, ZIP 2007, 1189
Schurig, Klaus	Ererbte Kommanditanteile und US-amerikanischer Trust, IPRax 2001, 446
Schwarze, Jürgen	EU-Kommentar, 2000
Sedemund, Jan	EU-weite Verschmelzungen: Gesellschaftsrechtliche Vorgaben und steuerliche Implikationen des SEVIC-Urteils des EuGH vom 13. 12. 2005, BB 2006, 519
Sedemund, *Jochim; Hausmann,* *Friedrich Ludwig*	Kommentar zu EuGH, Rs. C-208/00, Slg. 2002, S. I–9919 – Überseering, BB 1999, 810
Seibert, Ulrich	BB-Gesetzgebungsreport: Entwurf eines Mindestkapitalgesetzes (MindestkapG) – Substanzielle Absenkung des Mindeststammkapitals, BB 2005, 1061
Seibert, Ulrich	GmbH-Reform: Der Referentenentwurf eines Gesetzes zur Modernisierung des GmbH-Rechts und zur Bekämpfung von Missbräuchen – MoMiG, ZIP 2006, 1157
Seibert, Ulrich	Der Regierungsentwurf des MoMiG und die haftungsbeschränkte Unternehmergesellschaft, GmbHR 2007, 673

Seifert, Bernd	„Daily Mail", „Centros", „Überseering", „Inspire Art" ... und kein Ende in Sicht!, GewArch 2003, 18
Shearman, Jennifer	Die Gesellschaft mit beschränkter Haftung in England und Wales, GmbHR 1992, 149
Siebert, W.; Baur, Jürgen F. (Hrsg.)	Soergel, Bürgerliches Gesetzbuch mir Einführungsgesetz und Nebengesetzen, 12. Aufl. ab 1987/13. Aufl. ab 1999
Siegmann, Matthias	Zur Fortbildung des Rechts der Anteilsvererbung, NJW 1995, 481
Siehr, Kurt	Das Internationale Privatrecht der Schweiz, 2002
Siems, Mathias	SEVIC: Der letzte Mosaikstein im Internationalen Gesellschaftsrecht der EU?, EuZW 2006, 135
Sinewe, Patrick	Eintragungsfähigkeit grenzüberschreitender Verschmelzungen, DB 2005, 2061
Solomon, Dennis	Der Anwendungsbereich von Art. 3 Abs. 3 EGBGB – dargestellt am Beispiel des internationalen Erbrechts –, IPRax 1997, 81
Sonnenberger, Hans Jürgen	Europarecht und Internationales Privatrecht, ZVglRWiss 1996, 3
Sonnenberger, Hans Jürgen; Bauer, Frank	Vorschlag des DeutSchen Rates für Internationales Privatrecht für eine Regelung des Internationalen Gesellschaftsrechts auf europäischer/nationaler Ebene, Beilage 1 zu RIW 2006, Heft 4
Sonnenberger, Hans-Jürgen (Hrsg.)	Vorschläge und Berichte zur Reform des europäischen und deutschen internationalen Gesellschaftsrechts, 2007
Spahlinger, Andreas; Wegen Gerhard	Internationales Gesellschaftsrecht in der Praxis, 2005
Spindler, Gerald; Berner, Olaf	Der Gläubigerschutz im Gesellschaftsrecht nach Inspire Art, RIW 2004, 7
Spindler, Gerald; Berner, Olaf	Inspire Art – Der europäische Wettbewerb um das Gesellschaftsrecht ist endgültig eröffnet, RIW 2003, 949

Staudinger, J. v. (Begr.)	Staudingers Kommentar zum Bürgerlichen Gesetzbuch mit Einführungsgesetz und Nebengesetzen, mit Angabe der Jahreszahl der Bearbeitung zitiert
Steffek, Felix	Zustellungen und Zugang von Willenserklärungen nach dem Regierungsentwurf zum MoMiG – Inhalt und Bedeutung der Änderung für GmbHs, AGs und ausländische Kapitalgesellschaften, BB 2007, 2077
Steffek, Felix	Geschäftsleiterpflichten im englischen Kapitalgesellschaftsrecht – Kodifizierung der directors' duties im Companies Act 2006, GmbHR 2007, 810
Scherer, Stephan (Hrsg.)	Münchener Anwaltshandbuch Erbrecht, 2002
Stieb, Stephan	Anmerkung zum Beschluss des BayObLG vom 11.02.2004 – 3 Z BR 175/03, GmbHR 2004, 492
Stieb, Stephan	Anmerkung zum Urteil des BGH vom 13.03.2003 – VII ZR 370/98, GmbHR 2003, 529
Stöber, Michael	Anwendbares Recht und Gerichtsstand bei Bestellung und Abberufung des Geschäftsführers einer in Deutschland tätigen Limited, GmbHR 2006, 1146
Streinz, Rudolf	Europarecht, 7. Aufl. 2005
Streinz, Rudolf (Hrsg.)	Vertrag über die Europäische Union und Vertrag zur Gründung der Europäischen Gemeinschaft, 2003
Stumpf, Cordula	Europäisierung des Erbrechts: Das Grünbuch zum Erb- und Testamentsrecht, EuZW 2006, 587
Stürner, Michael	Zur Anerkennung US-amerikanischer Gesellschaften in Deutschland, IPRax 2005, 305
Süß, Rembert	Auf dem Weg zum Einheitlichen Europäischen Erbrecht, ZErb 2005, 28
Süß, Rembert	Häufige Probleme mit Zweigniederlassungen englischer Limited Companies, DNotZ 2005, 180
Süß, Rembert	Muß die Limited sich vor Gründung einer Ltd. & Co. KG in das deutsche Handelsregister eintragen lassen?, GmbHR 2005, 673

Süß, Rembert (Hrsg.)	Erbrecht in Europa, 2. Aufl. 2007
Süß, Rembert; Wachter, Thomas	Handbuch des internationalen GmbH-Rechts, 2006
Teichmann, Christoph	Binnenmarktmobilität von Gesellschaften nach „Sevic", ZIP 2006, 355
Thiessen, Jan	Eigenkapitalersatz ohne Analogieverbot – eine Alternativlösung zum MoMiG-Entwurf, ZIP 2006, 253
Thiessen, Jan	Insolvenzeröffnungskapital statt Mindestkapital – ein Vorschlag zur GmbH-Reform, ZIP 2006, 1892
Thole, Christoph	Die internationale Zuständigkeit deutscher Gerichte bei Klagen gegen Scheinauslandsgesellschaften, IPRax 2007, 519
Thomas, Heinz; Putzo, Hans; Reichold, Klaus; Hüßtege, Rainer	Zivilprozessordnung, 27. Aufl. 2005
Tiedemann, Andrea	Internationales Erbrecht in Deutschland und Lateinamerika, 1993
Tietze, Andrea; McGuire, Mary-Rose; Bendel, Christian; Kähler, Lorenz; Nickel, Nicole; Reich, Barbara; Sachse, Kathrin; Wehling, Eileen (Hrsg.)	Jahrbuch Junger Zivilrechtswissenschaftler 2004, 2005
Tillmann, Tobias	Der Entwurf des „MoMiG" und die Auswirkungen auf die Gesellschafterfremdfinanzierung – Verstrickte und privilegierte Darlehen, GmbHR 2006, 1289
Timme, Michael; Hülk, Fabian	Das Ende der Sitztheorie im Internationalen Gesellschaftsrecht? – EuGH EuZW 1999, 216, JuS 1999, 1055

Torwegge, Christoph	UK Company Companies Act 2006 – (Almost entirely) Enacted!, GmbHR 2007, 195
Torwegge, Christoph	UK Company Law Reform Bill – Think Small First!, GmbHR 2006, 919
Triebel, Volker; Hodgson, Stephen; Kellenter, Wolfgang; Müller, Georg	Englisches Handels- und Gesellschaftsrecht, 2. Aufl. 1995
Triebel, Volker; Otte, Sabine	20 Vorschläge für eine GmbH-Reform: Welche Lektion kann der deutsche Gesetzgeber vom englischen lernen?, ZIP 2006, 311
Triebel, Volker; Otte, Sabine	Reform des GmbH-Rechts MoMiG – ein vernünftiger Schritt zur Stärkung der GmbH im Wettbewerb oder Kompromiss auf halber Strecke?, ZIP 2006, 1321
Triebel, Volker; Otte, Sabine; Kimpel, Bert	Die englische Limited Liability Partnership in Deutschland: Eine attraktive Rechtsform für deutsche Beratungsgesellschaften?, BB 2006, 1233
Triebel, Volker; von Hase, Karl	Wegzug und grenzüberscheitende Umwandlungen deutscher Gesellschaften nach „Überseering" und „Inspire Art", BB 2003, 2409
Triebel, Volker; von Hase, Karl; Melerski, Peter	Die Limited in Deutschland: Leitfaden für die Unternehmens- und Beratungspraxis, 2006
Ulmer, Peter	Schutzinstrumente gegen die Gefahren aus der Geschäftstätigkeit inländischer Zweigniederlassungen von Kapitalgesellschaften mit fiktivem Auslandssitz, JZ 1999, 662
Ulmer, Peter (Hrsg.)	Hachenburg, Gesetz betreffend die Gesellschaften mit beschränkter Haftung (GmbHG), 8. Aufl. 1992
Ulmer, Peter; Schäfer, Carsten	Die Zugriffsmöglichkeiten der Nachlaß- und Privatgläubiger auf den durch Sondervererbung übergegangenen Anteil an einer Personengesellschaft, ZHR 1996, 413
Veil, Rüdiger	Die Reform des Rechts der Kapitalaufbringung durch den RegE MoMiG, ZIP 2007, 1241

Veil, Rüdiger	Die Unternehmergesellschaft nach dem Regierungsentwurf des MoMiG, GmbHR 2007, 1080
Veit, Martin, *Wichert, Joachim*	Unternehmerische Mitbestimmung bei europäischen Kapitalgesellschaften mit Verwaltungssitz in Deutschland nach „Überseering" und „Inspire Art", AG 2004, 14
Vorpeil, Klaus	Neuere Entwicklungen im englischen Handels- und Wirtschaftsrecht, RIW 2006, 221, 540, 928; 2007, 443, 752
Vossius, Oliver	Gutgläubiger Erwerb von GmbH-Anteilen nach MoMiG, DB 2007, 2299
Wachter, Thomas	Aktuelle Probleme bei der Ltd. & Co. KG, GmbHR 2006, 79
Wachter, Thomas	Anmerkung zu EuGH, Rs. C-453/04 – innoventif, GmbHR 2006, 709
Wachter, Thomas	Anmerkung zu LG Bielefeld, Beschluss vom 08.07.2004 – 24 T 7/04, GmbHR 2005, 99
Wachter, Thomas	Anmerkung zu OLG Celle, Beschluss vom 01.12.2006 – 9 W 91/06, GmbHR 2007, 205
Wachter, Thomas	Anmerkung zu OLG Hamm, Beschluss vom 28.06.2005 – 15 W 159/05, GmbHR 2005, 1131
Wachter, Thomas	Anmerkung zu OLG Hamm, Urteil vom 26.05.2006 – 30 U 166/05, BB 2006, 2489
Wachter, Thomas	Anmerkung zu OLG München, Beschluss vom 02.05.2006 – 31 Wx 009/06, GmbHR 2006, 601
Wachter, Thomas	Anmerkung zu Thüringer OLG, Beschluss vom 09.03.2006 – 6 W 693/05, GmbHR 2006, 544
Wachter, Thomas	Auswirkungen des EuGH-Urteils in Sachen Inspire Art Ltd. auf Beratungspraxis und Gesetzgebung, GmbHR 2005, 88
Wachter, Thomas	Der Entwurf des „MoMiG" und die Auswirkungen auf inländische Zweigniederlassungen von Auslandsgesellschaften, GmbHR 2006, 793
Wachter, Thomas	Ende der Wegzugsbeschränkungen in Europa, GmbHR 2004, R 161

Wachter, Thomas	Errichtung, Publizität, Haftung und Insolvenz von Zweigniederlassungen ausländischer Kapitalgesellschaften nach „Inspire Art", GmbHR 2003, 1254
Wachter, Thomas	Existenz- und Vertretungsnachweise bei einer englischen Private Limited Company, DB 2004, 2795
Wachter, Thomas	GmbHR-Kommentar zu BGH, Urt. v. 19.09.2005– II ZR 372/03, GmbHR 2005, 1484
Wachter, Thomas	Handelsregisteranmeldung der inländischen Zweigniederlassung einer englischen Private Limited Company, MDR 2004, 611
Wachter, Thomas	Insichgeschäfte bei englischen private limited companies, NZG 2005, 338
Wachter, Thomas	Internationale Erbfälle und Anteile an Gesellschaften mit beschränkter Haftung, GmbHR 2005, 407
Wachter, Thomas	Kurzkommentar zu LG Berlin, Vorlagebeschluss vom 31.08.2004 – 102 T 57/04, EWiR 2005, 499
Wachter, Thomas	Kurzkommentar zu LG Cottbus, Beschluss vom 14.02.2005 – 11 T 1/05, EWiR 2005, 733
Wachter, Thomas	Kurzkommentar zu LG Göttingen, Beschluss vom 12.07.2005 – 3 T 1/05, EWiR 2005, 797
Wachter, Thomas	Kurzkommentar zu LG Leipzig, Beschluss vom 14.09.2004 – 06HK T 3146/04, EWiR 2005, 655
Wachter, Thomas	Kurzkommentar zu OLG München, Beschluss vom 04.05.2006 – 31 Wx 23/06, EWiR 2006, 401
Wachter, Thomas	Kurzkommentar zu Rs. C-411/03 – SEVIC, EWiR 2005, 581
Wachter, Thomas	Notwendigkeit eines Zweigniederlassungszusatzes bei inländischer Zweigniederlassung einer englischen plc?, BB 2005, 1289
Wachter, Thomas	Persönliche Haftung des Gründers einer englischen private limited company, BB 2006, 1463
Wachter, Thomas	Persönliche Haftungsrisiken bei englischen private limited companies mit inländischem Verwaltungssitz, DStR 2005, 1817
Wachter, Thomas	Reform des englischen Gesellschaftsrechts, GmbHR 2006, R 317

Wachter, Thomas Wettbewerb des GmbH-Rechts in Europa, GmbHR 2005, 717

Wegen, Gerhard; GmbH oder EU-inländische Gesellschaft – die
Schlichte, Johannes Qual der Wahl für Unternehmer und Berater in der Praxis, RIW 2006, 801

Weinreich, Gerd; BGB Kommentar, 2. Aufl. 2007
Prütting, Hanns;
Wegen, Gerhard
(Hrsg.)

Weller, „Inspire Art": Weitgehende Freiheiten beim
Marc-Philippe Einsatz ausländischer Briefkastengesellschaften, DStR 2003, 1800

Weller, Scheinauslandsgesellschaften nach Centros, Über-
Marc-Philippe seering und Inspire Art: Ein neues Anwendungs-feld für die Existenzvernichtungshaftung, IPRax 2003, 207

Weller, Zum identitätswahrenden Wegzug deutscher Ge-
Marc-Philippe sellschaften, DStR 2004, 1218

Wengler, Wilhelm Anmerkung zu KG, Beschluss v. 15.10.1962 – 1 W 1945/62 = NJW 1963, 51, NJW 1963, 593

Werlauff, Erik Ausländische Gesellschaft für inländische Akti-vität, ZIP 1999, 867

Werner, Rüdiger Anmerkung zu OLG Frankfurt a.M., Beschluss vom 28.07.2006 – 20 W 191/06, GmbHR 2006, 1158

Werner, Rüdiger Anmerkung zu OLG Hamm, Beschluss vom 21.07.2006 – 15 W 27/06, GmbHR 2006, 1202

Werner, Rüdiger Die Ltd. & Co. KG – eine Alternative zur GmbH & Co. KG?, GmbHR 2005, 288

Wernicke, Thomas Die Niederlassung der ausländischen Gesellschaft als Hauptniederlassung: Zwangsweise Durchset-zung ihrer Eintragung als „Zweigniederlassung" widerspricht der Rechtsfähigkeit, BB 2006, 843

Wertenbruch, Der Abschluss des „Überseering"-Verfahrens
Johannes durch den BGH – Folgerungen, NZG 2003, 618

Westermann, Harm Peter	Die GmbH in der nationalen und internationalen Konkurrenz der Rechtsformen, GmbHR 2005, 4
Westermann, Harm Peter (Hrsg.)	Erman, Handkommentar zum Bürgerlichen Gesetzbuch, 11. Aufl. 2004
Westhoff, André O.	Die Verbreitung der *limited* mit Sitz in Deutschland, GmbHR 2006, 525
Westhoff, André O.	Die Verbreitung der englischen *Limited* mit Verwaltungssitz in Deutschland, GmbHR 2007, 474
Wicke, Hartmut	Die Euro-GmbH im „Wettbewerb der Rechtsordnungen", GmbHR 2006, 356
Wiedemann, Herbert	Gesellschaftsrecht, Band I, 1980
Wilhelm, Jan	Cash-Pooling, Garantiekapital der GmbH und die GmbH-Reform, DB 2006, 2729
Wilhelm, Jan	„Unternehmergesellschaft (haftungsbeschränkt)" – Der neue § 5a GmbHG in dem RegE zum MoMiG, DB 2007, 1510
Wilhelmi, Rüdiger	Das Mindestkapital als Mindestschutz – eine Apologie im Hinblick auf die Disskussion um eine Reform der GmbH angesichts der englischen Limited, GmbHR 2006, 13
Wilmowsky, Peter von	EG-Vertrag und kollisionsrechtliche Rechtswahlfreiheit, RabelsZ 62 (1998), 1
Winegarten, Jonathan; D'Costa, Roland; Synak, Terry (Hrsg.)	Tristram and Coote's Probate Practice, 29. Auflage 2001
Witthoff, Eberhard	Die Vererbung von Anteilen deutscher Personengesellschaften im Internationalen Privatrecht, 1993
Wolff, Martin	Das Internationale Privatrecht Deutschlands, 3. Aufl. 1954
Wolff, Martin	Private International Law, 2. Aufl. 1950
Ziemons, Hildegard	Freie Bahn für den Umzug von Gesellschaften nach Inspire Art?!, ZIP 2003, 1913
Zimmer, Daniel	Internationales Gesellschaftsrecht, 1996

Zimmer, Daniel	Ein Internationales Gesellschaftsrecht für Europa, RabelsZ 67 (2003), 298
Zimmer, Daniel	Grenzüberschreitende Rechtspersönlichkeit, ZHR 2004, 355
Zimmer, Daniel	Internationales Gesellschaftsrecht und Niederlassungsfreiheit: Das Rätsel vor der Lösung?, BB 2000, 1361
Zimmer, Daniel	Nach „Inspire Art": Grenzenlose Gestaltungsfreiheit für deutsche Unternehmen?, NJW 2003, 3585
Zimmer, Daniel	Wie es Euch gefällt? Offene Fragen nach dem Überseering-Urteil des EuGH, BB 2003, 1
Zitelmann, Ernst	Internationales Privatrecht, Band 1, 1897
Zöllner, Wolfgang	Konkurrenz für inländische Kapitalgesellschaften durch ausländische Rechtsträger, insbesondere durch die englische Private Limited Company, GmbHR 2006, 1

Sachverzeichnis